제자도의 원리와 실제

-한 역사신학자의 목회현장 체험 지침서-

서 요 한

전 총신대학교 신학대학원 교수
역사신학

하나님의 사람을 받들어가는
엘맨(ELMAN)

Discipleship

by
Rev.Yohahn Su,. Th.M., Ph.D.

Professor of Ecclesiastical Theology
in Chongshin University
& Theological Seminary(Seoul, Korea)
&
Director
Centre for the Puritans & Reformed Theology

헌정사

삼가 이 책을
한국의 원로 작곡가로 전 국민이 애창하는 가곡
"강건너 봄이 오듯"을 작곡하신
사랑하고 존경하는 創音 임긍수 선생님께
드립니다

"여호와는
나의 목자시니
내게 부족함이 없으리로다...나의 평생에
선하심과 인자하심이
정녕 나를 따르리니 내가 여호와의 집에
영원히 거하리로다"
(시 23:1, 6)

"항상 기뻐하라
쉬지 말고 기도하라? 범사에 감사하라
이것이 그리스도 예수 안에서 너희를 향하신
하나님의 뜻이니라"
(살전 5:16-18)

차 례

한국판 서문

필자는 1985년 3월, 한 동기 목사의 제안과 설득으로 타의반 자의반 뜻밖에 영국으로 유학을 떠났다. 당시 나에게 유학은 필요한 물질과 학문적 소양, 그리고 어떤 인맥도 없는 중에 아무런 대책없이 실로 무모하게 저질러진, 도저히 상상할 수 없는 도전으로 자칭 "사치스런" 모험이었다. 하지만 저질러진 유학 생활을 위하여 대략 2-3년 정도 런던에 머물며 영어 회화 정도만 익히고 귀국할 생각이었다. 그리하여 런던 중심가의 한 영어 학원을 소개받고 그곳에서 영어를 배웠다. 그러던 어느 날 뜻밖에 한 전도사님을 그곳에서 만났고, 그 전도사님과 대화 중에 나의 계획은 완전히 바뀌었다. 당시 전도사님은 나에게 향후 계획을 묻고 몇 몇 학교를 소개하였다. 그리하여 그 중에서 당 년 9월 영국의 수도 런던 북부에 소재한 2년 6학기 과정의 런던신학교(London Theological Seminary, Rev. Dr. Martyn Lloyd-Jones가 1977년 설립)에 입학하였다. 이 학교는 Dr.로이드-존스 목사의 제자 5분 교수님들이 전공별로 2년 동안 신학의 기초와 핵심 원리를 교육하는 중에, 필자는 그들을 통하여 신구약 성경의 성경신학적 이해와 적용, 조직신학과 역사신학의 학문적 및 실제적인 훈련, 그리고 이슬람권에서 선교사를 지내신 교수님을 통하여 사도행전에 나타난 선교신학을 학습하였다.

2년 과정을 마친 후 귀국을 계획하던 즈음에 처음 영어 학원에서 만났던 전도사님께서 스코틀랜드의 수도 에든버러에 소재한 장로교 신학교, 자유교회대학(Free Church College, founded in 1843, 현재는 Edinburgh Theological Seminary, since 2014)을 소개하며 런던신학교와 전혀 다른 전통의 정통 장로교 신학 수업을 강력히 권장하였다. 그리하여 갑자기 서둘러 입학을 신청하고 합격하여 곧바로 그곳에 올라가 대학원 1년 과정(Diploma in Theology, Post-Graduate)을 하였다. 그 과정에서 필자는 유학 3년 차, 혹시 마지막이 될지도 모르는 상황에서 필요에 따라서 교수님들의 강의를 수강하며, 필자가 유학 전에 서울에서 강도사와 부목사, 특별히 IVF 간사로 현장에서 대학생들을 섬기는 중에 경험한 것들을 학문적으로 정리하였다.

본서에서 필자는 제자도, 제자훈련의 성경적 원리와 실제적 방안, 특별히 영국 교회의 역사 속에서, 비록 시대는 달라도 크게 기여한 네 분의 존경받는 목회자들, 17세기의 리차드 백스터, 18세기의 찰스 시므온, 19세기의 찰스 해돈 스펄전, 20세기의 마틴 로이드-존스의 목회 사역과 특징을 개괄적으로 분석하였다. 그 이유는 그들의 처한 시대와 예측할 수 없는 도전에 맞서서 오직 말씀 중심으로 먼저 자신을 살피고, 또한 목회자로서 뿐만 아니라 양 떼들을 위하여 일심으로 헌신한 분들이기 때문이다. 그들은 이후 지금까지도 후대의 목회자들과 평신도들에게 존경을 받으며 많은 저술을 통하여 크게 영향을 끼치고 있다.

2022년 3월 현재, 코로나19와 오미크론으로 전 세계는 최첨단 과학과 정보화 시대에 뜻밖의 도전에 직면하였으며, 무엇보다도 향후 생활 환경이 불확실한 중에 대부분의 교회사역이 위축되었다. 이러한 상황에서 지금까지 차일피일 미루어온 본서를 교회의 회복과 부흥을 열망하는 소원을 담아서 본서를 출간하였다. 그 과정에서 본서의 일부 내용은 현실적 상황에 맞게 수정 보완하였고, 여기에 부록으로 2편의 논문 칼빈주의와 문화와 칼빈주의 신앙을 첨가하였다. 전자는 주로 개혁자 존 칼빈의 생애와 문화관을, 후자는 격동기 칼빈주의 신앙고백서를 다루었다. 첨가한 이유는 제자도, Discipleship의 가장 중심적인 원리는 코람데오(Coram Deo)로, 하나님 앞에서의 실천적 및 고백적 삶이기 때문이다.

본서의 출간을 위하여 재직 당시(총신대학교 신학대학원) 필자의 조교 박이래 목사가 많은 수고를 하였다. 박 목사는 지교회 목회 사역과 유학 준비로 분주한 중에 수고를 아끼지 않은바, 지면을 통하여 심심한 감사를 전한다. 특별히 코로나19와 오미크론 변이 바이러스의 확산으로 온 국민과 교회가 큰 고통과 시련을 겪는 중에 예수 그리스도의 지상명령을 실천하기 위하여 서울의 도심 중앙에 한 뜻으로 설립된 예수사랑교회의 존귀한 성도들, 강성철 장로님, 박근형 장로님, 현종필 장로님, 김도영 집사님, 김상균 집사님, 정명희 권사님, 윤정래 권사님, 양미 선생님에게 감사를 드린다.

바라기는 본서를 통해서 지금까지는 제자훈련의 방향과 대상이 주로 평신도였다면 이후로는 성경적, 신학적, 영적 그리고 실제적 기초와 방법 위에서, 필자가 제시한 영국의 네 분 목회자들처럼 목회자들이 주체가 되어야 할 것이다. 그리하여 우리의 대 목자장 되시는 주님의 지상명령, 땅끝까지 복음전파와 제자 삼는 사역을 성취해야 할 것이다. 끝으로 세기말적 혼란기에 교회의 참된 회복과 영적 부흥을 열망하며 하루하루를 살아가는 모든 성도들에게 주님의 크신 은총을 기원한다.

2022년 4월 17일 부활절에

中甫 서요한 배상

원문 머리말

필자는 본 주제를 대중의 눈높이에서 신중하게 기술하였다. 다만, 본 논문에서 강조하고자 하는 바는 명백하다. 바로 우리의 제자도는 하나님의 택함 받은 성도로 교회와 세상 속 전반에 걸쳐서 일어나야 한다는 점이다. 특별히, 필자는 본고를 통해서 과거부터 현재까지(1983-1988), 목사요 또한 IVF 간사로 경험했던 바를 몇 가지로 정리하였다.

최근 제자도는 교회로부터 외면당하고 있다. 이러한 상황에서 우리는 복음 선포를 통해 그리스도께 의가 되며 온 열방이 제자가 되도록 성경-신학적, 영적-상호 교통적, 목회-실천적인 원리와 사례들을 검증할 필요가 있다. 이에 따라 본서에서 필자는 미래 목회사역에 활용할 방안을 마련함과 동시에 개인적인 생각을 명료하게 논증하였다.

먼저 본서를 준비하는 과정에서 기도로 지원해주신 가족들과 또한 변증학과 목회신학 강의로 영감을 주시고 조언을 아끼지 않고 지도해 주신 자유교회대학의 Principal Clement Graham 목사님과 논문 교정에 도움을 준 친구 마크 스쿨딩(Mark Schooding)과 스티븐 트래시(Stephen Tracey, Director, IVF of Scotland), 이 모든 분들의 도움과 격려에 심심한 감사의 마음을 전한다.

부디 이 논문이 목회자로부터 신학생 및 교회 성도에 이르기까지 진정한 제자도의 책임감을 독려하고, 더 나은 주의 제자가 되는데 도전이 되었으면 한다.

1988
Yohahn Su

제자도의
원리 1

1장

제1장 사람을 향한 하나님의 목적은 무엇인가?

주지하듯이, 성경은 하나님의 구원계획에 대해 말씀하는 유일한 책으로, 그의 자녀가 그의 선택받은 백성으로 어떻게 살아가야 하는지를 말씀한다. 구약성경이 밝히는 바는, 하나님의 계획된 사역이 그가 택한 백성과 맺으신 언약과 관계한다. 우리가 성경을 보면 하나님께서 선택하시고 그의 백성을 직접 돌보시는 것에는 두 가지 사실이 두드러지게 나타난다. 하나는, 하나님의 전능하신 창조와 보전과 섭리하시는 주권이다. 다른 하나는 그의 사랑하심과 돌보심의 속성이다. 구약성경의 저자들에게 이러한 성품은 사실상 상상조차 할 수 없는 것으로 하나님의 의지와 사역과는 별개로 무엇이든 일어날 수 있었다. 사실상 현재 발생하는 일은 만세 전에 계획된 것으로, 주님께서 매일의 삶에 질서를 놓으시고 설계하신 것이다. 즉, 하나님은 그의 섭리 속에 실패함 없이 모든 것을 실제 현실로 일어나게 하신다. 그가 약속하신 것은 모두 이루신다.

하나님의 목적과 계획은 신약에서도 현저하게 나타난다. 예수님은 그분의 삶에서 일어난 일들과 일어날 일들을 보이셨는데, 하나님의 계획에 따라 반드시 이루어져야 할 것들이었다. 예수님께서는 하나님이 크고 복잡한 사건들, 가령 예루살렘의 멸망뿐 아니라 유다의 배교와 신실하게 남은 제자들에 관하여 하신 약속을 단언하셨다. 심지어 예언의 성취에 관하여 불명료한 것조차 미래에 일어날 필수불가결한 사건으로 말씀하시기도 했다. 사도들은 사도행전에서 하나님의 목적을 강조한다. 베드로는 오순절과 다른 시기에 이에 대해 언급했고, 바울도 그랬다. 바울은 국가의 운명이 하나님에 의해 결정되고 개인과 나라의 선택이 하나님의 것이며, 그 결과 일어나는 사건들은 하나님의 주권의 증거임을 강조한다. 바울은 "모든 일들이" 그의 자녀를 향한 하나님의 부분적인 목적으로 간주하였다.[1]

이에 따라, 본 장에서는 위대한 지상명령을 성취하기 위한 시도로, 그 동안 무시되고 사실상 불필요한 것으로 좌시된 몇 가지 기본적인 질문들을 취급한다. 따라서, 하나님께서 우리에게 주신 지상 과제를 다루기 전에, "하나님은 누구신가?", "하나님의 목적은 무엇인가?"와 같은 기초적인 질문을 시작으로 하는 것이 성경적으로 본질적일 뿐만 아니라 유용할 것이다. 계속되는 하나님의 성품과 계획에 대한 이해의 깊이를 넓혀가는 것은 사역과 삶의 모든 국면에서 우리의 사고를 형성하는데 필수적이다. 이를 통해서만이 우리가 수행하고자 하는 모든 것에 튼튼한 기초를 제공할 것이다.

우리는 하나님의 계획의 보편적인 특징들과 다양한 성경 자료들을 한 데로 모아야 한다. 이는 우리가 하나님께 기대하는 바와 그분의 계획이 어떠함을 더욱 철저히 이해할 수 있게 해주기 때문이다.

1. 하나님의 계획은 무엇인가?

1) 하나님의 계획은 영원 전부터 존재하였다.

우리는 하나님께서 날이 생기기 전에 모든 날을 미리 계획하셨다는 시편 기자의 말을 주목해야 하는데, 이는 이사야의 말처럼 하나님께서 모든

---

1) Millard J. Erickson, *Christian Theology*, Vol.1., (Baker, 1983), 350-51.

것을 "옛적부터 경영하셨다."2) 바울은 에베소서에서 "곧 창세 전에 그리
스도 안에서 우리를 택하셨고"3), 이후 이어서 "곧 영원부터 우리 주 그
리스도 예수 안에서 예정하신 뜻대로 하신 것이라"4)고 말한다. 바울은
"하나님이 우리를 구원하사 거룩하신 소명으로 부르심은 우리의 행위대
로 하심이 아니요 오직 자기의 뜻과 영원 전부터 그리스도 예수 안에서
우리에게 주신 은혜대로 하심이라"5)고 말씀한다. 하나님은 역사 속에서
그의 목적을 드러내보셨지만, 그의 작정은 이미 오래전에 계획된 것이다.
모든 것들은 항상 하나님의 계획이었고, 영원 전부터 이루어진 것, 곧 창
세 전에 예정된 것이었다.

  2) 하나님의 계획 속에 있는 결정들은 하나님의 자유이다.

  이는 "그의 기쁘신 뜻"이라는 표현에 암시되었다. 그 누구도 그에게
조언한 적이 없음을 시사하는 대목이다. 이사야 40:13-14에서 "누가 여호
와의 영을 지도하였으며 그의 모사가 되어 그를 가르쳤으랴 그가 누구와
더불어 의논하셨으며 누가 그를 교훈하였으며 그에게 정의의 길로 가르쳤
으며 지식을 가르쳤으며 통달의 도를 보여주었느냐"고 말한다. 바울은 이
말씀을 인용하면서 하나님 사역의 불가해성과 주권에 대해 결론을 내린
다.6) 바울은 욥기 35:7의 하나님께서는 아무에게도 빚지지 않으신다는 취
지로 "이는 만물이 주에게서 나오고 주로 말미암고 주에게로 돌아감이라
그에게 영광이 세세에 있을지어다 아멘"7)으로 끝을 맺는다. 바울은 또한

---

2) 사 22:11.
3) 엡 1:4.
4) 엡 3:11.
5) 딤후 1:9.
6) 롬 11:34.
7) 롬 11:36.

이사야 40:13을 고린도전서에서 인용한다. 하나님의 지혜가 만세 전부터 결정된 것으로 그가 묻기를, "누가 주의 마음을 알아서 주를 가르치겠느냐 그러나 우리가 그리스도의 마음을 가졌느니라."[8] 하나님이 계획하신 것을 사람이 이해하지 못하는 것은 얼핏 불리해 보이는 것 같다. 하지만 다시 생각해보면 도리어 우리에게 평안이다. 사람에게 이러한 이해가 없다 한들, 하나님의 계획이 인간의 불완전한 지식이나, 오류투성이인 사람의 계획과 전혀 비교될 수 없다.

하나님의 작정은 어떠한 외부적인 결단에 비롯된 것도, 내적인 충동에 의한 것도 아니다. 말하자면, 하나님의 작정과 행동은 그의 속성과 연관되지만, 그의 속성에 의해 제한되는 것이 아니다. 즉, 하나님은 여느 다신론의 신들처럼 의지의 속성에 갇혀 자신의 뜻을 행하는 신들 중 하나가 아니다. 하나님은 창조하실 필요가 없었다. 그가 행하시는 것들을 사랑과 거룩한 방식으로 하셨지만, 그 누구의 창조적 요구를 받으실 필요가 없었다. 그는 우리에게 알려지지 않은 이유로 자유롭게 창조하시기로 선택하신 것이다. 그가 가진 사랑의 속성은 그가 만드신 피조물들을 향한 사랑의 행위였지만, 그 속성이 피조물들의 사랑을 위해서 창조를 요구하지는 않았다. 영원한 사랑의 표현은 삼위일체 가운데 있었기 때문이다.[9]

3) 궁극적으로, 하나님의 계획의 목적은 하나님의 영광 그 자체이다.

이는 모든 가치 중에 최상의 것으로, 하나님께서 선택하시고 행하신 일의 모든 것을 움직이는 동력이다. 바울은 "만물이 다 그로 말미암고 그를 위하여 창조되었고"라고 말한다.[10] 하나님은 그리스도 안에서 우리를 선택하셨고 "그 기쁘신 뜻대로, 그의 은혜의 영광을 찬송하게 하려"고 우리

---

8) 고전 2:16.
9) 요 17:24.
10) 골 1:16.

를 예정하셨다.[11] 요한계시록의 이십사 장로들이 보좌에 앉으신 이 앞에 엎드려 경배하며 "우리 주 하나님이여 영광과 존귀와 권능을 받으시는 것이 합당하오니 주께서 만물을 지으신지라 만물이 주의 뜻대로 있었고 또 지으심을 받았나이다"고 찬송한다.[12] 하나님께서 행하시는 것은 기쁘신 뜻을 따라서 그의 이름을 위해 하시는 것이다.[13] 즉, 총체적인 구원계획의 목적은 그의 백성이 행하도록 준비하신 선한 일들을 통하여 나타나는 하나님의 영광이라는 점이다.

예수님께서 그의 제자들에게 "그들로 너희 착한 행실을 보고 하늘에 계신 너희 아버지께 영광을 돌리게 하라"고 말씀하셨다. 우리는 그의 영광을 찬양하는 삶으로 부름을 받았고, 그의 영광을 찬송하는데 합당하도록 성령께서 우리를 인치셨다.[14] 그렇다고 하나님의 계획과 그 결과에 따르는 행하심의 배후에 부차적인 동기부여가 없다는 말은 아니다. 하나님은 그들의 범사를 생각하시고 인류에 대한 사랑을 성취하시려고 구원의 수단을 준비하셨다. 그럼에도 이는 궁극적인 끝이 아니고, 단지 하나님 자신의 영광을 위한 더 큰 귀결로의 수단이다. 따라서 우리는 하나님만이 참 주이시며, 그분이 우리의 영광과 기쁨을 위해 존재하기보다 우리가 그분을 위해, 그분의 영광과 기쁨을 위해 존재한다는 사실을 명심해야 한다.

4) 하나님의 계획은 모든 것을 아우른다.

이는 성경에서 매우 다양한 항목들로 하나님 계획의 일부로 언급된다. 그러나 이를 넘어, 하나님 계획의 범위는 명백히 진술되었다. 바울은 하나님에 대해, "모든 일을 그의 뜻의 결정대로" 하시는 분으로 말한다.[15] 시

---

11) 엡 1:5-6.
12) 계 4:11.
13) 사 48:11.
14) 엡 1:13-14.

편의 시인은 "만물이 주의 종"이라고 고백한다.[16] 모든 것의 끝이 하나님 계획의 일부이기에, 모든 구원의 수단도 하나님 계획의 일부이다. 그렇기에 신적 결정의 포괄성은 우리가 기대하는 것 이상이다. 비록 우리가 때로 삶의 신성하고 세속적인 영역들을 생각할지라도, 하나님의 시야에서는 두 영역의 분리는 없다. 즉, 하나님의 생각과 결정에 있어서 그의 이해 범위 밖에 있는 영역은 존재하지 않는다는 것이다.

5) 하나님의 계획은 효과적이다.

하나님께서 영원 전에 계획하신 일은 반드시 이루어진다. 주께서 "내가 생각한 것이 반드시 되며 내가 경영한 것을 반드시 이루리라. ...만군의 여호와께서 경영하셨은즉 누가 능히 그것을 폐하며 그의 손을 펴셨은즉 누가 능히 그것을 돌이키랴"고 말씀하셨다.[17] 즉, 하나님은 자기 생각을 바꾸지 않으실 뿐만 아니라, 자신의 의도를 바꿀 만큼 고려할 만한 사항들은 발견되지 않는다. 이사야 46:10에서 주님은 "나의 뜻이 설 것이고 모든 것을 이루리라" 말씀하셨다. 이는 "여호와의 계획은 영원히 서고 그의 생각은 대대에 이르리로다[18]"의 말씀처럼, 주님의 뜻이 영원토록 완전하기 때문에 결코 사라지거나 대체되지 않는 영원함을 가르친다.

6) 하나님의 계획은 그의 본성보다는 그의 행동과 관련이 있다.

하나님의 계획은 그의 개인적인 속성보다 그가 무엇을 행하는지에 따르는 그의 결정과 관계있다. 이는 하나님이 권능적으로 사랑을 결정한다는 말이 아니다. 하나님은 스스로 하나님이시기에 사랑과 권능 그 자체를

---

15) 엡 1:11.
16) 시 119:91.
17) 사 14:24, 27.
18) 시 33:11.

지니신 분이라는 것이다. 즉, 사랑과 힘, 능력을 굳이 선택할 필요가 없다는 것이다. 실제로 그는 스스로 다른 분이심을 선택할 수 없다. 따라서 하나님의 결정들은 그가 어떤 분인지 또는 그의 인격 내에서 어떤 일이 일어나고 있는지에 대한 것과 관련된 것이 아니라, 신성한 본성과 외부의 대상, 사건과 그 과정들과 깊은 관련이 있다.

7) 하나님의 계획은 주로 창조와 보존, 감독과 구속의 측면에서 하나님 자신이 하시는 일과 관련이 있다.

그것은 인간의 의지와 행동을 포함하지만 이차적으로, 즉 하나님의 계획하시는 목적의 수단으로서 그가 수행하는 행동의 결과이다. 여기서 하나님의 역할은 특정한 방식으로 행동하라는 명령을 내리는 것이 아니라 우리 삶에서 특정한 일이 일어날 것을 결정하는 것이다. 단연, 하나님의 결심은 필수 요소를 포함하지만, 하나님의 세부적인 계획은 일어날 일에 대한 설명보다는 명령으로 간주 되어야 한다. 하나님의 계획은 사람들로 하여금 특정 방식으로 행동하도록 강요하는 것이 아니라 그들이 그러한 방식으로 자유롭게 행동할 것이라는 확신을 준다.

8) 따라서 하나님의 계획은 주로 하나님이 하시는 일과 관련이 있지만, 사람의 행동도 포함된다.

예를 들어, 예수님은 자신의 메시지에 대한 개개인의 반응이 아버지의 결정의 결과라고 언급하셨다. "아버지께서 내게 주시는 자는 다 내게로 올 것이요... 나를 보내신 아버지께서 이끌지 아니하시면 아무도 내게 올 수 없으니[19]". 누가는 사도행전 13:48에서 "영생을 주시기로 작정된 자는 다 믿더라"라고 말한다. 하나님의 계획에는 우리가 보통 선한 행위라고 부르는 것이 포함되었다. 개인적으로 여호와를 알거나 인정하지 않았

---

19) 요 6:37, 44; 17:2, 6, 9.

던 고레스는 예루살렘과 성전을 재건하려는 하나님의 목적을 성취하도록 예정되었다.[20) 바울은 우리 신자들에 대하여 "우리는 그가 만드신 바라 그리스도 예수 안에서 선한 일을 위하여 지으심을 받은 자니 이 일은 하나님이 전에 예비하사 우리로 그 가운데서 행하게 하려 하심이니라"[21)라고 말한다. 반면에, 하나님의 율법과 도덕적 의도에 어긋나는 인간의 악행 또한 하나님께서 미리 정하신 계획의 일부로 성경에 나타난다. 이는 예수의 유죄 판결과 십자가 처형이 대표적인 실례이다.[22)

9) 하나님의 계획은 세부적인 측면에서 변하지 않는다.

이 생각은 하나님의 계획의 효력에 관한 진술에서 이미 소개된 바 있다. 여기서 우리는 하나님이 자신의 마음을 바꾸거나 특정한 결정에 관한 결정을 바꾸지 않으신다는 것을 강조한다. 이것은 니느웨(요나)에 대한 그의 의도가 변경된 것처럼 보이는 것과 사람을 만든 것에 대한 후회를 비추어 보았을 때 이상하게 보일 수 있다.[23) 그러나 창세기 6장의 진술은 의인화의 화법으로 이해 되어야 하며, 요나를 통한 임박한 멸망의 선언은 하나님의 실제 계획에 영향을 미치기 위한 경고로 보아야 한다. 즉, 우리는 하나님의 위대한 속성 중에 하나가 불변성임을 반드시 기억해야 한다.

2. 그는 왜 사람을 만드셨나?

우리는 하나님이 누구이며 성경에 계시 된 하나님의 계획이 무엇인지에 대해 앞에서 간략히 살펴보았다. 하나님의 영원한 계획이 그분의 말씀과 자유 의지를 통해 그가 만드신 피조물과 우주에 실현되었다.

---

20) 사 44:28.
21) 엡 2:10.
22) 눅 22:22; 행 2:23, 4:27-28.
23) 창 6:6.

따라서 우리는 하나님께서 말씀을 통해 창조하신 실물을 볼 수 있으며, 창조의 마지막 날에 하나님께서는 자신의 형상대로 지혜와 거룩함과 의로움으로 사람을 창조하셨다. 원래 사람은 하나님을 닮았다. 왜냐하면, 하나님 자신이 인간이 만들어진 패턴 또는 원형이었기 때문이다. 하나님께서 사람을 포함하여 피조물을 만드셨을 때, 그분 보시기에 모두 심히 좋았다. 창조 세계 안에 있는 존재 그대로를 가져온 것은 정말 현명한 계획이었다. 피조물로써 각기 제 위치가 있는데, 하나님은 이를 의도하신 것이다.24) 하나님은 창조물의 특정 부분만이 아니라 그의 모든 창조물을 사랑하신다. 그러므로 우리는 하나님의 창조물을 보존하고 보호하며 발전시키는 모든 것에 관심을 가져야 한다. 우리는 창조의 일부에 지나지 않는다. 하나님은 자신의 필요를 위해 사람으로 창조물을 사용하여 창조의 유익을 위해 이를 지배하고 다스리도록 의도하셨다. 창조 기사는 하나님께서 그 만드신 것을 보고 좋았다고 다섯 번 말한다(창 1:10, 12, 18, 21, 25) 그리고 사람을 창조하셨을 때, 하나님께서 만드신 모든 것을 보시고 매우 좋았다고 하셨다(창 1:31) 원래 하나님께서 창조하신 만물에는 악이 없었다.

그런데, 인류의 머리인 아담이 하나님의 뜻을 어기므로 하나님께서 창조하신 인류를 무죄의 상태에서 타락으로 끌어내렸다. 성경은 인간의 첫 번째 죄로 인한 타락이 천지에 급속한 변화를 가져왔음을 말한다. 죽음과 사망이 인류에게 임한 것이다.25) 그래서 첫 사람 아담의 죄 때문에 하나님은 출산의 고통, 아내에 대한 남성의 지배, 고된 노동, 엉겅퀴와 가시 같은 것들로 나타나는 저주를 인류에게 선언하셨다.26) 이것은 창조 세계에 나타나는 실질적인 효과의 샘플에 지나지 않는 것처럼 보인다. 바울이 로마 8장에서 말했듯이, 모든 피조물은 인간의 죄로 인해 영향을 받아 썩

---

24) 같은 책, 385.
25) 창 2:17, 3:19, 23.
26) 창 3:16-18.

어가는 속박 속에 있고, 그 속박에서 구속되기를 기다리고 있다. 따라서 첫 사람의 죄로 인해 온갖 종류의 자연적 악이 초래되었다. 즉, 사람은 물질의 악한 영역을 비난함으로써 자신의 악한 행동을 정당화 할 수 없고, 자신의 행동에 대한 책임을 피할 수 없다.

그러므로 우리는 성경에 근거하여 인간이 타락을 통해 하나님의 형상인 지혜와 의와 거룩을 완전히 잃어버렸다는 의미에서 그 지성은 이제 영적 어둠에 가려지고 그의 뜻은 하나님께 반하는 것으로 볼 수 있다. 따라서 타락한 인간은 본(本)의와 거룩을 잃어버렸고, 이제 부패한 상태에 있게 되었다. 사실 인간의 타락은 하나님을 배도한 것으로 그 본질과 행위 모두가 악하다. 성경의 가르침에 따르면 타락 후에는 어떤 사람도 율법의 행위, 즉 선행을 통해 의롭게 되고 구원받을 수 없다. 로마서 3:20에서 "그러므로 율법의 행위로 그의 앞에 의롭다 하심을 얻을 육체가 없나니"라고 말한다. 율법의 행위로 구원을 얻으려고 애쓰는 모든 사람은 의롭게 되지 못하고 저주를 받는다. 갈라디아서 3:10에서 "무릇 율법 행위에 속한 자들은 저주 아래에 있나니"라고 말한다. 그 이유는 타락 후에는 어떤 사람도 신성한 율법을 성취하거나 신성한 정의의 요구를 충족시킬 수 없기 때문이다. 로마서 3:10, "기록된 바 의인은 없나니 하나도 없으며"라고 말씀하며, 로마서 3:23, "모든 사람이 죄를 범하였으매 하나님의 영광에 이르지 못하더니"라고 기록되었다. 그러므로 신성한 율법에 관한 한 타락 이후의 모든 사람은 영원히 잃어버린 바 되어 정죄를 받는다.

그러나 성경이 분명하게 가르치듯이, 하나님의 은혜로운 뜻은 세상의 죄인을 한 사람도 잃지 않는 데 있다.[27] 이런 이유로 하나님께서는 율법의 행위 없이 그리스도를 믿는 믿음 안에서 죄인들이 구원받도록 자비로운 구원의 길을 베푸셨다.[28] 이 은혜로운 구원의 길은 복음에서 드러나는

---

27) 벧전 3:9.
28) 롬 3:24.

데, 이러한 이유로 "하나님의 은혜의 복음", 즉 선물이라고 말하는 것이다.[29] 타락한 사람의 관점에서 우리는 신성한 은혜의 필요성을 논할 수밖에 없는데, 은혜 없이는 인간이 구원받을 수 없기 때문이다. 인간을 향한 하늘 아버지의 목적은 타락한 인간의 구원이기에, 갈보리 언덕의 속죄 제사는 필수적인 수단으로 채택되었고, 구원의 성취가 속죄의 효과적인 적용으로 가능하게 되었다.[30]

결국, 만물을 창조하신 아버지 보시기에 그리스도의 십자가는 우리를 하나님의 나라로 인도한다. 이것이 그의 영원한 계획의 주요 목표이다. 타락한 첫째 아담은 이러한 특권을 잃었지만, 그리스도의 은혜로 의로움을 회복했다. 아담은 그의 파멸에 우리를 연루시켜 그와 함께 우리를 멸망에 이르게 했지만, 그리스도께서는 그의 은혜로 우리를 구원으로 회복시키셨다.[31] 그래서 그분의 자녀로서 우리는 그분이 다시 오실 때까지 성화 되고 그분의 형상을 따라 변화되어야 한다. 이것이 하나님께서 인간과 우주를 창조하신 주요한 목적이다. 하나님은 인간을 구속할 목적으로 역사를 역동적으로 다스리신다. 이 목적을 이루기 위해 하나님은 성경에서 그분의 뜻을 나타내 보이셨다. 그리고 그의 목적은 실재를 존재하도록 만드는 것이었다. 그래서 창조 세계는 하나님의 구속 경륜을 성취하는 것이다.

특별히 창조 세계는 그분의 뜻을 행함으로써 하나님께 영광을 돌린다. 무생물은 하나님을 영화롭게 하고, 생물은 무생물을 향한 계획에 순응한다. 창조의 각 부분은 그것에 대한 하나님의 목적을 성취할 수 있지만, 각각 다른 방식으로 순종한다. 무생물은 물리적 세계를 지배하는 자연법칙에 따라 기계적으로 순응한다.[32] 그래서 타락 후에 인간의 구속은 신적인

---

29) 창 20:24.
30) Archdeacon T. C. Hammond, *In Understanding Be Men*, (Inter-Varsity Fellowship, 1961), 99.
31) 같은 책, 248.
32) 같은 책, *Christian Theology*, 373.

사랑에 의해 작동된 것이다. 또한, 인간의 창조는 타락 이전에 하나님의 형상에 있었다. 그러므로 이 계획의 완성은 그리스도의 십자가로 성취되었다.

하나님의 목적과 일치하고 그분의 사랑이 의미하는 모든 것을 가져오는 것은 그리스도를 영접한 사람이 그의 아들의 형상을 따르는 것이다. 그리스도의 순종은 아담이 실패한 일을 온전히 성취하였다. 그리스도는 근본적으로 다른 조건에서 순종하도록 부름을 받았으며 근본적으로 다른 요구를 충족시켜야 했다. 이 목적 때문에 아담과 달리 그리스도는 구속을 위해 오셨다. 그래서 그리스도는 아담이 실패한 곳에서 영혼을 다한 순종을 따르셨는데, 완전히 다른 그 어떤 조건과 비교할 수 없을 정도의 더 큰 요구에 순종하셨다.[33]

---

33) John Murray, *Collected Writings of John Murray*, Vol Ⅱ, (Banner of Truth Trust, 1977).

제자도의 원리 2

제2장
하나님과 협력하기

제 2 장 하나님과 협력하기

만약 하나님이 창조주로서 이 세상을 주권적으로 통제한다면, 우리의 역할은 더 이상 무의미하며 대 위임령은 공허한 메아리에 불과하다는 점이 쟁점이 될 것이다. 그러나 이러한 추론은 잘못된 것이다. 하나님의 주권적 목적과 계획은, 하나님께서는 당신의 백성이 세상에 복음을 선포하고 영적으로 성숙한 기독교인으로서의 성도들을 강화시키는데 있어서 그의 백성이 매우 실질적인 역할을 할 것이라고 선언하셨다. 성경은 신성한 주권과 인간의 책임을 분명히 가르친다. 그래서 이 장(chapter)에서 우리는 다음과 같은 몇 가지 질문에 답함으로써 우리의 임무를 더 명확하게 정의할 것이다.

1) 제자도(Discipleship)의 맥락은 무엇인가?
2) 제자(Disciple)는 무엇인가?
3) 제자를 삼는 하나님의 역할은 무엇인가?
4) 제자를 삼는 우리의 역할은 무엇인가?

1) 제자도(Discipleship)의 시대적 상황은 무엇인가?

주지하듯이, 우리 주 예수 그리스도의 주요 가르침 중에 하나는 그분의 복음에서 계시된 명령대로 제자를 삼는 것이었다(마 28:18-20). 역사는 예수님의 탁월함을 모방한 사람들에게 모범으로 계승된 생활 방식을 발전시키거나, 제자를 두었던 최초의 선생이 예수가 아니었다는 것을 보여준다. 이는 "선생"과 "제자"라는 용어가 이미 손 가까이에서 사용되고 있었는데, 이는 인류의 경험상 이미 많은 교사들과 각자 자신의 제자들이 있었기 때문이다.

잠시 고대 문서를 고찰해 보면 헬라 철학자들은 순회 교사였음을 발견하는데, 그들의 철학은 삶을 설명하는 그 이상은 아니었으나 분명히 삶의 한 방식이었다는 것이다. 철학자의 제자들은 스승의 말을 기억할 뿐만 아니라 스승의 생활 방식을 모방하는 방식으로 배웠다. 추종자들과 후임자들의 모습은 금세 식별되는데, 바로 그들의 스승이 살았던 진실 된 삶의 방식을 실천하기 때문이다. 이러한 역사적인 정황에서, 특히 헬라 제국의 황금기 동안 어린 플라톤 자신(B.C. 427-347)은 소크라테스에 의해 특별히 대화와 자기 이해, 이성의 중요성에 관한 영역에서 깊은 영향을 받았다.

이후 플라톤은 소크라테스의 사형으로 깊은 충격을 받았고, 그 때문에 스승의 일을 지속하고자 했다.[1] B.C. 385년경에 그는 아테네에 아카데미를 설립했고, 이곳에서 그의 성품은 일평생 강력한 영향력을 행사했으며 그의 철학과 과학은 이후 900년 동안 지속적으로 가르쳐졌다. 더 나아가 스토아 철학의 역사는 교리 발전의 역사가 아니라 선생들의 본보기와 성품, 그리고 그들의 변론과 웅변으로 존경심과 제자도를 자아낸 선생들의 역사였다. 그리고 사도 바울과 동시대 사람인 세네카(A.D. 4-65)는 사람들에게 "삶과 대화, 영혼을 표현하는 얼굴로 당신을 만족시키는 주인을 택하십시오. 그를 항상 당신의 보호자이자 본으로 생각하십시오. 진실로 우리의 성품을 조절할 수 있는 누군가가 필요합니다"[2]라고 하였다.

특별히 B.C. 500년경 소아시아 연안에는 헬라 제국이 점령한 여러 국

---

1) Keith Phillips, *The Making of a Disciple*, (Kingsway Publications, 1982), 15.

가 중에 특별히 페르시아와 접촉하는 국가가 많았다. 이 역사적 점령으로
헬라인들은 동쪽에 있는 문명으로부터 사상적 영향을 받았을 뿐만 아니라
헬라인도 유대인들에게 엄청난 영향을 끼쳤다. 알렉산더 대왕은 B.C. 333
년경 팔레스타인의 유대인을 포함하여 페르시아 제국을 점령하였다. 알렉
산더 대왕 시대에 헬라의 학교, Gymnasia이 예루살렘에 설립되었고, 귀족
들은 "새로운 생활 방식과 그에 따른 교육"에 가장 개방적이었으나 헨
겔(Hengel)은 반대조차도 "새로운 시대적 사상의 영향을 벗어나지 못했
다"고 생각한다. 요세푸스는 피타고라스 주의자들과 에세네파 사람들 사
이의 유사점에 주목하였다. 두 학교 모두는 구성원 간에 "우정"을 강조하
고, 상품 공동체, 침묵의 실천, 일몰과 침몰 때의 기도, 일반적인 식사와
같은 것으로 특징지어지는데, 그래서 요세푸스는 에세네파 사람들이 "피
타고라스가 그리스인들에게 가르친 삶의 방식을 따르는 그룹"이라 말할
수 있다.3) 그러나 유사점이 존재할지 몰라도 그 영향은 직접적이지 않았
을지도 모른다.

　유대인 학교는 헬라 문화의 도입에 대항하는 종교적 반응은 일부였지
만, 정작 그들이 강력하게 반대하는 문화권 사람들의 교육 방식에 영향을
받았는지 여부를 혹자는 궁금해 할지도 모른다. 외경에 있는 집회서
(Ecclesiasticus)는 "네가 지혜자를 보면 그에게 취침 시간을 주어라. 당신의
발이 그의 문턱을 닳도록 하라"(집 6:36)의 말처럼 헬라 사상이 유대인 사
상에 영향을 미치기 시작한 방식을 반영한다. 따라서 헬라 문화인 제국주
의에 맞서 유대인의 정체성을 유지하려는 투쟁에도 불구하고 랍비-제자
관계의 동일한 측면은 헬레니즘 세계의 스승의 성품을 숭배하는 데에서
파생되었다.

---

2) Michael Griffiths, *The Example of Jesus*, (Hodder and Stoughton, 1985) 17.
3) *Ibid.*, 20.

앞서 헬라 문화가 유대인의 사고방식에 의심의 여지가 없는 유사점과 영향을 끼치는 동안에, 스승과 제자 관계에 관하여 구약에서 그 뿌리를 찾는 것은 확실히 가능하다. 모세와 여호수아, 엘리와 사무엘, 무엇보다 엘리야와 엘리사의 관계가 이를 명확히 암시한다. 예를 들어, 요세푸스에 의하면 엘리야를 "따르라"라는 엘리사의 부르심(왕상 19:19-21)을 제자도 라고 묘사한다. 엘리사는 "엘리야를 따랐다." 그리고 엘리사가 엘리야를 따라가기 위해 부모에게 작별 인사를 고하고자 했을 때, 엘리야는 그가 그렇게 하도록 했다. 그는 부모를 떠난 뒤로 엘리야를 따라 일평생 종이 자 제자가 되었다. 이후 엘리사는 엘리야의 성령이 하시는 일의 갑절의 역사와 그를 모방하여 겉옷으로 요단강 물을 치는 엘리야를 모방하는 갈 망은(왕하 2:7-15) 이스라엘 초기 역사 가운데 발견되는 스승에서 제자로의 진정한 계승을 보여주는 모범적인 사례요 사상을 보여준다.[4] 이방 사상이 손쉽게 소개되고 받아들여질 때, 대게는 기존의 토착 개념과 흡사하기 때문인데, 스승과 제자 관계는 이스라엘에서 오랜 역사와 더불어 헬레니즘 모델에 의해 영향을 받았다.

신약에서 바리새인의 제자들은(막 2:18) 스승의 말씀뿐만 아니라 생활 방식도 배웠다. 랍비는 그가 행한 일과 그가 한 말들로 가르쳤다. 제자들 은 이들의 모든 행동을 자세히 살펴보았고 랍비들은 제자들의 행동에 오 해가 없도록 주의를 기울였다. 한 랍비가 안식일에 붕괴된 벽을 헝겊으로 대체하라고 명령했을 때, 손님으로 참석한 두 번째 랍비가 그것이 주최자 의 관할권 내에 있음을 인정하면서도, 이 일이 안식일에 행해지는 것을 그가 찬성한 것으로 그의 제자들이 잘못된 인상을 받지 않을까 하여 거부 하였다.

제자들은 그가 앞에서 당나귀를 타거나 걷거나 할 때, 말 그대로 선생

---

4) *Ibid.*, 21.

님을 "따랐을" 뿐만 아니라 도덕적인 면에서도 그의 행동들을 "따랐다". B. Gerhardsson은 그의 저서 "복음 전통의 기원"에서 다음과 같이 말했다.

> 율법을 배우려면 스승에게 가야 한다. 어디로 가야 하는가? 제자들은 선생들 주변으로 모여든다. 그리고 스승과 제자 사이의 그룹 형성은 모종의 대가족이 된다. 스승은 영적 아버지이고, 학생은 그들의 영적 자녀이다. 그들은 스승과 함께 시간을 보내고, 그들은 스승을 따르고 섬긴다. 제자들은 경청을 통해 율법 전통의 많은 부분을 배우고, 그들의 선생이나 앞서나가는 제자들에게서 뿐만 아니라, 예의범절로 규정한 범위 안에서 스스로 기여한 것과 의문을 제기함으로 배운다. 한편, 단순한 관찰을 통해서도 많이 배우는데, 세심한 눈으로 교사가 하는 모든 일을 살펴본 다음에 그를 모방하는 것이다. 율법은 무엇보다 삶과 삶의 방식에 대한 거룩하고 권위 있는 태도이다. 이는 사실이기 때문에 배운 사람들을 보고 모방하는 것만으로도 많은 것을 배울 수 있다는 것이다.[5]

위에서 살펴본 바와 같이, "증인"이 된다는 것, 즉 예수님의 제자들이 예수께서 무엇을 말씀하셨는지와, 그가 하신 일에 대해 진정한 증언을 해야했는지를 설명하는 것이다. 예수님은 그의 제자들이 무엇을 말하고 행해야지, 직접 말씀으로 명하고 모범을 보였다. 더 나아가, B. Gerhardsson이 제시하는 또 다른 예가 있다.

> "이렇게 가장 성숙한 교사들은 아버지로부터, 시내산으로부터, 그리고 신의 완벽한 전통을 육화했다. 그래서 그들의 말과 행동은 관심을 끈 것이다. 제자들은 '눈과 귀로, 모든 구성원'과 함께 랍비의 동료를 찾고, 그를 섬기고, 그를 따르며, 그를 모방하며 그의 말을 들음으로써 모든 전통의 지혜를 흡수해야 했다. 그러므로 제자는 듣는 것뿐만 아니라 잘

---

5) *Ibid.*, 23.

보아야 한다는 것이다. 이로써 제자는 스승의 가르침뿐만 아니라 그의 행동에 대한 증인이기도 하다. 그래서 제자는 '선생에게서 들었다' 뿐만 아니라 '선생님이 이것저것 하는 것을 직접 목격했다' 고 말한다."[6]

이는 이스라엘 랍비시대에 함께 교제했던 선생과 제자 사이의 관계를 잘 설명해주고 있다. 이러한 예시 외에도 탈무드에는 이를 설명하는 많은 실례가 포함되어 있다. 그래서 랍비의 맥락을 염두에 두고, 우리는 제자도에 관한 성경적 개념이 신약 성경을 타고 흐르는 개념이라는 것을 알게 된다.

2) 제자(Disciple)는 무엇인가?

제자도(Discipleship)의 맥락이나 배경은 유대인들 사이에서 헬라와 로마 제국의 상당한 영향을 받은 랍비 시대의 상황을 보여준 것처럼, 이러한 배경 속에서 우리는 왜 바울이 헬라 세계에 보낸 편지 중에 고린도 사람들에게 "내가 그리스도를 본받는 자가 된 것 같이 너희는 나를 본받는 자가 되라"(고전 11:1 개역 개정)와 같은 말이나, 빌립보 사람들에게 "형제들아 너희는 함께 나를 나를 본받을 그리고 너희가 우리를 본받은 것처럼 그와 같이 행하는 자들을 눈여겨 보라...너희는 내게 배우고 받고 듣고 본 바를 행하라"(빌 3:17, 4:9 개역 개정)라고 말한 것을 알 수 있다.

사실 이것은 우리가 고대 제자도의 역사적 맥락에 대해 알아야 할 한 부분이다. B.C. 2,400년에 사람들은 이집트와 메소포타미아 사이를 광범위하게 여행했다. 시리아에 있는 에블라(Ebla)의 위대한 도서관은 넓은 지역에 걸쳐 도시 국가들 간의 외교적 서신을 포함하고 있으며 국가들 사이에서 문학과 언어, 사상에 대한 상당한 교류가 있음을 보여준다. 한편, 비

6) *Ibid.*, 23.

옥한 초승 지역에서는 설형 문자와 상형 문자는 원래 문화 밖에서 사용되었다. 이 역사적 진보를 통틀어 로마 제국이 초대 교회를 통치하고 박해하는 동안, 헬라인과 유대인, 유대인과 로마인들이 상호 간에 영향을 끼친 것이다. 이러한 이유로, 예수는 인성에 따라 비록 그가 갈릴리 출신의 유대인으로 어떤 의미에서 이 모든 역사적 맥락에서 영향을 받았다고 볼 수 있지만, 예수는 그들 모두와 다른 독특한 차이점이 있다. 즉, 예수님은 당시 영적 리더십의 개념(마 20:25-26, 23:8)과 다른 가르침을 주었고, 제자도에 대한 기대치도 달랐던 특정한 역사적 상황에서 살았다.

예수님은 자신이 훈련시킨 사람들과의 관계를 이용하여 하나님의 나라를 전파하셨다. 그의 제자들은 3년 동안 밤낮으로 그분과 함께 있었고, 그분의 설교와 가르침을 받았다. 그들은 예수님께서 가르치신 삶을 직접 사는 것을 보았다. 그래서 예수님의 승천 후 제자들은 그리스도의 말씀을 다른 사람들에게 위임하여 그분의 생활 방식을 따라 살고, 그분의 가르침에 순종하도록 독려했다. 그래서 제자란 다른 사람을 가르치기 위해 스승의 말씀과 삶과 행동을 외우며 실천하는 준비과정을 거친다.

우리가 성경적으로 제자도에 대해 다루기 전에 우리는 제자도가 새로운 이해의 지평을 여는 수많은 영역과 측면을 지닌 광범위한 주제임을 깨달아야 한다. 그리하여 이 모든 것이 우리를 깨우침으로써 성도의 완전함에 이르러 주께서 명령하신 "온전한" 제자가 되도록 해야 한다. 그 결과 역사 속에 사라진 수많은 철학 사조와 예수 그리스도의 참된 제자도 사이를 면밀히 살펴보고 구별하는 데 큰 도움이 될 것이다.

(1) 예수님이 가르치신 제자도와 헬라 이교도와 유대인 랍비주의의 제자도를 구분하는 독특한 특징은 무엇인가?

앞서 우리는 기독교 초기에, 고대 헬라와 로마 제국이 유대인들에게 어떻게 영향을 끼쳤는지에 대한 문맥을 살펴보았다. 유대인들은 알렉산더 대왕의 헬라 제국에 지대한 영향을 받았고, 또한 로마 제국의 치하 속에서 마지못해 살았다. 복음서를 살펴보면, 예수님이 당대 현존하는 문화적 양식을 사용할 때에, 상당히 수정된 방식임을 보게 된다. 그는 제자들을 선택했고, 여자들도 제자 됨을 허락하시면서, 당시 수많은 종교 지도자들이 자행한 권위주의적인 리더십의 양태를 경고하셨다. 특히, 정결 의식과 금식법, 안식일에 대한 비판의 여론이 이어질 때, 어떤 면에서는 전통을 따르기도 했으나 다른 한편으로 완전히 새로운 길을 제시하셨다. 이러한 유사 제자도에도 불구하고, 예수 그리스도의 가르침은 복음서에서 드러난 바와 같이 매우 독특하다.

A) 첫째, 그는 본성에 있어서 하나님이자 사람으로 독특하다.
B) 둘째, 그는 주(主)로서 부르심에 솔선하셨다는 점에서 독특하다.
C) 셋째, 그는 인류의 진정한 스승으로 그의 가르침이 독특하다.
D) 넷째, 그는 완전한 삶의 모델과 예시가 되므로 독특하다.

A) 첫째, 그는 본성에 있어서 하나님이자 사람으로 독특하다.

W. H. Griffith Thomas 박사는 "기독교는 예수다"(Christianity is Christ)라는 책을 집필했다.[7] 필자는 이 책의 제목이 기독교의 독특함과 심정을 그대로 요약한 책이라고 본다. 주지하듯이 기독교에 대한 모든 것은 예수 그리스도의 사역과 인격에 의해 결정된다. 기독교는 그리스도 덕분에 기독인의 모든 삶과 성품의 세부적인 것을 알게 되었다. 즉, 기독교의 가르침은 '예수'에 대한 가르침이다. 그가 기독교의 기원이자, 소망의 마침표이기 때문이다. 그렇다면 예수 그리스도는 과연 어떤 분이신가?

우리가 명확히 해야 할 것은 예수 그리스도는 참 하나님이셨다는 사실

---

7) Paul E. Little, *Know What You Believe*, (Scripture Union, 1973), 30.

이다. 그는 성경 여러 구절에서 하나님으로 소개된다. 예수님은 자신의 신성에 대해 대중들에게 선명하게 주장하셨다. 한번은, "나와 아버지는 하나이니라"(요 10:30)이라고 말씀하셨다. 또한, 예수 그리스도는 하나님께 받은 권세와 권위를 주장하였다. 가령, 인자가 죄를 사하는 권세(막 2:10)나, 권능 자의 우편에 앉은 것과 하늘 구름을 타고 오는 것을 주장하므로, 사람을 심판하는 권세를 암시하신 것이다. 예수님은 하나님의 고유한 속성을 소유하셨다. 그가 하늘과 땅의 모든 권세(마 28:18)를 지닌 전능(全能)을 주장하실 때, 그의 생애에서 바람과 바다를 잠잠하도록(막 4:39) 하거나, 물을 포도주로 변하게(요 2:7-11) 하고, 질병을 고치며(막 3:10), 귀신을 꾸짖어 쫓고(눅 4:35), 죽은 나사로를 무덤에서 일으키신(요 11:43-44) 초자연적인 힘을 보이셨다.

동시에 그는 전지(全知)하시므로 모든 것을 아신다. 하나님만이 알 수 있는 것을 아셨고, 사람이 말하기 전에 그들의 마음을 아셨다(막 2:8; 요 2:25). 더 나아가, 그는 창조주(요 1:3)이자, 만물을 붙드시는 분(히 1:3)이다. 그리고 그리스도는 하나님께만 합당한 사람의 경배를 받으셨다. 이는 예수님께서 의심하는 도마를 꾸짖기보다 권면하셨고, 도마는 그의 발 앞에 엎드려 "나의 주, 나의 하나님"(요 20:28)이라 고백하는 모습에서 볼 수 있다.

이처럼 그리스도의 신성에 관한 또 다른 차원은 그의 선재성이다.8) 그가 탄생 때에 혹은 삶의 어떤 특정한 때에 하나님의 자녀가 된 것이 아니다. 그는 영원하신 아들이었고 아들이다. 그는 하나님과 동시에 존재하며 동시에 영원하시다. 사도 요한은 "태초에 말씀이 계시니라", "지은 것이 하나도 그가 없이는 된 것이 없느니라"(요 1:1, 3)고 선언한다. 예수님은 유대인들의 나이에 대해 "네가 아직 오십 세도 못되었다"고 대적할 때에 선재성과 관련하여 "아브라함이 나기 전부터 내가 있느니라"고 명확히

---

8) *Ibid.*, 31-32.

말씀하셨다(요 8:57-58). 그리스도의 신성은 그의 가르치심과 말씀의 모든 부분에서 씨줄과 날줄처럼 연결되어 있다. 이는 다른 사람들이 예수님의 말씀을 이해하는 점에서 더욱이 확증된다. 그분이 하신 일들은 그 자체가 뚜렷한 증거로 그분의 사역이 단순히 정신 나간 사람들의 횡설수설이나 솔깃한 속임수가 아니라는 점이다.

예수님은 참 하나님이자 참 사람이다. 이는 그리스도의 인격에 핵심이다. 만약 그분이 참 사람이 아니셨다면, 그는 십자가에서 우리를 대신하지 못했을 것이며, 대제사장으로 우리의 연약함을 동정하지도, 우리를 굳게 하지도 못했을 것이다. 그러나 그분은 범사에 형제들과 같이 되셔서, 우리를 완전히 이해하시고 우리를 동정할 수 있으시다(히 2:16-18). 성령의 잉태를 통해, 우리는 그분의 탄생이 어머니의 태를 통한 일반적인 사람의 출생방식(마 1:18)임을 본다. 그분은 여자의 후손(창 3:15)으로 태어나셨고, 아브라함의 자손(히 2:16)이다. 이러한 방식으로 동정녀 탄생은 "말씀이 육신"(요 1:14)이 된 사건이다. 예수님은, 한 명의 보통 아이로, 신체적이고 정신적으로 자라나셨다. "아기가 자라며 강하여지고 지혜가 충만하며... 예수는 지혜와 키가 자라가며 하나님과 사람에게 더욱 사랑스러워 가시더라"(눅 2:40, 52).

예수님은 그 자신을 사람이라고 말씀하셨다: "지금 진리를 너희에게 말한 사람인 나를 죽이려 하는도다"(요 8:40). 다른 이들도 그분을 사람으로 보았다(행 2:22). 그는 육신과 영혼을 지니셨고, 우리와 같이 신체적이고 정신적인 경험을 하셨다. 예수께서는 주리고 목마르셨으며, 여행으로 발의 고통과 피로를 느끼셨으며, 수면과 회복을 필요로 하셨다. 그는 사랑과 배려를 공감하고 표현하셨고, 하나님의 진리를 고의로 거부하는 자들이나, 아버지의 집을 더럽히는 자들을 향해 분노하셨다. 또한, 그는 그가 사랑하시는 친구의 무덤 앞에서 울부짖었고, 십자가의 고난을 마주하며 괴로워 하셨다(요 12:27). 이러한 점에서 예수님의 본성은 참 하나님과 참 사람으로서 독특하다 할 것이다.

B) 둘째, 그는 주(主)로서 부르심에 솔선하셨다는 점에서 독특하다.

고대 랍비 시대에, 제자는 스승을 정하고 그의 학교에 들어가곤 했다. 선생의 삶과 성품을 배우고 익히기 위해, 제자들은 그들의 선생을 자유롭게 정했다. 그러나 예수님의 경우는 그 주도권이 전적으로 그에게 있었다. 신약 성경 시대의 초기에는 예수님이 그의 제자될 자들을 개인적으로 부르셨는데, 시몬과 안드레, 야고보와 요한, 레위와 빌립, 다른 이들이 예수님을 따르게 되었다. 심지어 젊은 층의 부유한 관원도 예수께 달려와 '좋은 선생'의 표본에 관한 질문을 하자, 예수님은 제자도의 값비싼 요구치를 언급하시며, "오라, 나를 따르라"고 말씀하셨다. 아마 예수님의 온전함에 이끌리는 부분도 있겠지만, 그 가르침의 가치나 표적들의 힘으로 인해 예수와 그의 제자들에게 친밀해지고자 했던 자들이 있었다.

하지만 모든 힘겨운 상황들에 관해서는 예수님이 친히 그 자신을 희생하셨다는 점이다. 이러한 특별한 부르심은 열두 제자들 뿐만이 아니라, 예수 그리스도를 믿는 모든 자들에게 해당된다. "너희가 나를 택한 것이 아니요 내가 너희를 택하여 세웠나니 이는 너희로 가서 열매를 맺게 하고 또 너희 열매가 항상 있게 하여 내 이름으로 아버지께 무엇을 구하든지 다 받게 하려 함이라 내가 이것을 너희에게 명함은 너희로 서로 사랑하게 하려 함이라."[9]

예수님의 부르심은 곧 예수를 향하도록 하는 부르심이었다. 유대 랍비와 헬라 철학자들은 어떤 분명한 사유에서나 특별한 가르침에 헌신하기를 기대했다. 그러나 예수님의 부르심은 온전히 개인적이었다. 그의 제자들은 그를 따랐고 그와 함께 했으며(막 3:14), 예수님에게 마음 다해 헌신했다. 그들은 예수를 믿어야 했고, 믿음으로 그들의 죄를 회개하게 되었다. 예수님이 개별적으로 당신의 제자들을 부르실 때, 그 자신의 삶을 그들과

---

9) 요 15:16-17.

나누셨다. 유대 랍비의 제자들은 학업의 현장을 떠나거나, 그들 자신이 랍비가 되는 순간까지는 스승의 종과 같이 복종하곤 했다. 그러나 예수님께서는 그들의 제자들을 그들의 삶 전체를 무조건적인 복종으로 부르셨다. 그래서 예수님의 제자가 된다는 말은 그를 따르는 것이고, 예수님이 걷는 그 길을 걷고, 우리를 향한 그의 의지와 계획을 수용한다는 말이다.[10]

C) 셋째, 예수는 그의 가르침에 있어서 특별하다. 그는 인류의 진정한 선생이다.

형식적으로, 예수님의 가르침은 전통적으로 율법 교사들이 사용한 방법들과 많은 공통점이 있다. 성경에 관하여, 성경으로부터 비롯된 예수님의 주장들은, 그의 도덕적인 권고와 행동의 법칙, 그리고 비유와 종말론적인 예언이 당대 랍비나 유대종파 가르침의 방법과 모두 평행을 이룰 수 있다. 즉, 그 가르침의 내용과 어조에 독특함이 서려 있고, 이는 예수님이 왕국에 관한 복음을 직접 설교한 것에서 비롯된다. 이는 예수님이 갈릴리와 유다에서 사역하실 때에 가르치신 주된 주제였고, '하나님의 나라'의 종합된 주제의 가르침은 곧 바리새인과 이교도와의 차이를 보이는 제자들을 향한 부르심인 것이다.

예수님은 "그들처럼 되지 말라"고 말씀하셨다. 그들이 세상의 빛과 소금이라면, 그들의 의가 서기관과 바리새인들의 의보다 더욱 뛰어나야만 한다. 그의 제자들은 분명 삶과 기도와 바라는 것들에 대하여 이방인들과도 달라야만 한다. 그들은 형제뿐만 아니라 원수들을 사랑해야 하며, 물질적인 필요를 위해 지성을 사용하는 헛된 욕망의 기도를 내려놓고, 하나님의 의와 통치를 먼저 구해야만 한다. 사람들은 예수님의 권위에 놀라움을 감추지 못했는데, 그의 가르침이 서기관이나 선지자들의 가르침과 달랐으

---

10) David Watson, *Discipleship*, (Hodder and Stoughton, 1973), 30.

며, 그의 권위는 "진실로, 진실로 내가 이르노니"의 선언처럼 자신의 이름을 권위로 삼았다는 것이다.[11]

무엇보다, 예수님은 인상적인 비유들로 당신의 가르침을 이어가셨다. 그 비유들은 죄인들을 향한 하나님의 사랑, 구원을 주시는 하나님의 긍휼을 신뢰하는 겸손의 필요성과 우리가 서로를 위해야 하는 사랑, 하나님의 말씀이 심기어지는 방법과 하나님 나라의 확장, 그리고 제자들에게 주어진 은혜를 실천하는 의무와 복음을 거부하는 자들에 대한 심판에 대해 묘사하셨다. 또한, 예수님은 그의 죽음과 부활 뒤에 제자들이 서로를 섬기게 될 것을 가르치셨다. 이것들은 예수님께서 그리스도인의 삶을 더욱 풍성히 하는 가르침으로 우리 사역에도 필수적이다. 결국, 예수님의 갈리리 사역에서 군중들이 자라나기 시작했다. 그 지역 전체는 흥분과 기대감으로 가득했으며, "큰 무리가 듣기 위해 모였고, 그들의 병약함을 치유받았다." 왜 그들은 예수 그리스도 앞으로 모였는가? 이유는 그의 가르침이 특별했기 때문이다. 예수 그리스도는 인류의 진정한 선생이셨다.

D) 넷째, 예수님은 그의 삶에 있어서 특별하다. 그는 삶의 완전한 표본이자 모델이다.

우리는 본받을 만한 위대한 사람들의 유형들을 많이 봐왔다. 겁 없는 예언자들과 파란만장한 철학자들, 경건한 랍비들 모두는 위대한 스승들이었고, 많은 이들의 마음을 끌었다. 그들은 우리에게 스승의 면모를 모방하는 제자의 모습을 제공해왔다. 그러나 우리는 예수님이 하늘 아버지에게서 오셨고, 이 세상으로 오신 방법이 단순히 어떤 사람에게도 일어날 수 없는 방식이라는 점에서 그분만의 주장들을 무시할 수 없다(요 1:14, 17:4-6, 22, 24). 예수님은 우리에게 오셔서 하나님의 영광을 드러내셨고, 당신

---

11) Oswald Sanders, *Christ Incomparable*, (Marshall, Morgan and Scott), 13-14.

의 육신의 얼굴을 통하여 하나님의 형상을 보이셨다. 즉, 예수님은 그의
영광을 드러낼 새로운 공동체 내에서 예수 자신의 삶의 방식을 이어나갈
자들을 세우기 위해 오셨다.[12] 요한복음에서 예수님은 계속하여 하나님을
모방하고 있음을 볼 수 있다. 영원 가운데 아버지와 아들의 관계가 지상
에서 보여지는데, 요한복음은 다음과 같이 기록하였다.

> "예수께서 그들에게 이르시되 내 아버지께서 이제까지 일하시니 나도
> 일한다 하시매.. 아버지께서 아들을 사랑하사 자기가 행하시는 것을 다
> 아들에게 보이시고...아버지께서 죽은 자들을 일으켜 살리심 같이 아들
> 도 자기가 원하는 자들을 살리느니라... 아버지께서 자기 속에 생명이
> 있음 같이 아들에게도 생명을 주어 그 속에 있게 하셨고"(요 5:17, 19-
> 21, 26).

이는 예수님이 당신의 아버지를 어떻게 사랑하셨는지와 어떻게 하나님
의 형상으로 살아가셨는지에 관한 사례이자, 성령 충만하셨음을 보여준다.
그렇기에 그는 제자들에게 "그러므로 하늘에 계신 너희 아버지의 온전하
심과 같이 너희도 온전하라(마 5:48)"고 명하셨다. 참으로 예수 그리스도
는 고대 헬라와 이교도 철학자들뿐만 아니라 세상 그 어느 스승과도 견줄
수 없는 유일한 선생으로서 우리에게 완전한 표본이자 모델이 되신다. 예
수님은 지상의 삶으로 그 자신의 특별하심을 드러낸다. 참으로 그는 선생
으로 우리에게 온전한 원형이시다.[13]

(2) 제자도의 의미는 무엇인가?

예수 그리스도의 제자들을 향한 "대위임령"은 모든 자들을 제자로 삼

---

12) *Op. cit.*, 39.
13) *Ibid.*, 41-42.

는 것에 집중한다. 이 명령을 의미있게 온전히 수행하고자 한다면, '제자'
에 관한 명확한 이해가 필요하다. 국제신약신학사전(NIDNT)에 따르면,
제자(마테테스)에 대한 헬라 어원이 명사 형태로 사용된 것은 신약에 264
회가 나오고, 특별히 복음서와 사도행전에 독보적으로 나온다. 이 단어는
구체적으로 열두 제자를 지칭하는 것으로 종종 쓰이는데, '마테테스'는
신약 성경의 용례에 따르면 공통적으로 그리스도인을 지칭한다.

> "하나님의 말씀이 점점 왕성하여 예루살렘에 있는 제자의 수가 더 심히
> 많아지고"(행 6:7). "누구든지 자기 십자가를 지고 나를 따르지 않는
> 자도 능히 내 제자가 되지 못하리라"(눅 14:27).

그러나 여기서 '제자'라는 단어는 신약의 저자들이 만든 단어는 아니
다. 고대 헬라어에서는 "원리적으로 실천적인 지식을 위해 누군가에게 결
박하는 자를 마테테스라 부른다."[14] 제자는 제자로서의 목적이 기술을 얻
기 위함이든, 학문적인 지식을 구함이든, 그 스승에게서 얻을 수 있는 모
든 것을 배운다 해도 결국 그 스승을 사랑하는 자이다. 이러한 의미에서
공용되는 개념을 견습생 정도로 이해할 수 있다. 마테테스는 지식에 있어
서 더욱 뛰어나고, 특정 분야에 권위를 가지고 있는 자의 지도가 필요한
학습자이다.

앞서 제2장에서 보았듯이, 견습직에 대한 강조는 유대 랍비 전통에서
찾아볼 수 있다. 즉, '제자'는 탈무드에 의하면 랍비의 가르침에 경청하
고 그의 삶을 모방하면서 배웠다. 탈무드의 전통에 의하면, 제자는 그의
스승에게 강한 애착심을 보였는데, 그 수준이 거의 종의 모습으로 종속된
것과 같았다. 게하르드슨의 말을 인용하자면, "율법을 배우기 위해 선생

---

14) Colin Brown(ed.), *New Dictionary of NT Theology*, (Zondervan, Vol 1, 1975),
Article on 'Mathetes' by D. Muller, 484.

에게 가야지 그 누구에게 가서 배우겠는가? 학생들은 그들의 선생 주위에 둘러앉았는데, 이같은 선생과 제자로 형성되는 구도는 일종의 대가족으로 확대되었다. 선생은 학생들의 영적인 아버지이고, 학생들은 영적인 자녀가 되는 것이다..."15)

마이클 그리프스는 탈무드에서 "한 가지 필수적인 조건을 스승의 개인적인 영향과, 그 스승의 떠남을 통해 배우게 되는 쉬머쉬(shimush)이다"라고 지적한다.16) 이는 예수님의 제자들이 친숙하게 느꼈을 제자에 관한 함축된 의미 중 일부로 볼 수 있다. '마테테스(mathetes)'의 신약적 용례는 엄밀한 의미에서 이러한 사상에 기반하고, 키텔의 신약신학 성경사전에서 '마테테스(mathetes)'가 "무엇보다 예수를 자신의 주인으로 헌신하는 의미로 확장된다는 것을 볼 수 있다. 마테테스(μαθητής)는 항상 마테테스(μαθητής)로 묘사되는 한 사람의 전체 삶을 형성하고... 의심의 여지 없이 그 삶을 효율적으로 형성시킨 애착의 존재가 있음을 암시한다."17)

'제자가 되는 것'은 단순히 선생-제자 관계 그 이상을 넘어, 예수 그리스도와의 인격적 연합으로 인한 한 사람의 삶과 사상에 영향을 주고 인도하는 소유와 같다. "신약성경에서 그분께 헌신하기로 자처한 제자들(mathetai)의 지배권은 내적 생활의 연장 선상에 있"18)기 때문이다. 즉, 모든 영역에서 그리스도를 따르는 것이다. 그렇다면, 신약에 등장하는 한 제자의 두드러진 성품을 면밀하게 살펴보기로 하자.

A) 제자는 예수를 지극히 사랑하는 자이다.

"무릇 내게 오는 자가 자기 부모와 처자와 형제와 자매와 더욱이 자기

---

15) *Ibid.*, Machael Griffiths, (1985), 23.
16) *Ibid.*, 24.
17) G. Kettel(ed), *Theological Dictionary of the NT*, vol 4, (Eedmans, 1967), Article on 'Mathetes by K. Renegstorf, 441.
18) *Ibid.*, 444.

목숨까지 미워하지 아니하면 능히 내 제자가 되지 못하고"(눅 14:26).

위 구절의 강조점은 예수님을 뜨겁게 사랑하는 것으로, 이것에 비하면 다른 이들을 사랑하는 것은 증오처럼 보이는 것과 비교됨을 기억하는 것이다. 그 이유는 그리스도를 향한 사랑은 제자의 마음과 생각을 사로잡아 모든 세상의 것들을 압도하게 되기 때문이다. 그의 삶에 관여된 모든 것, 가령 관계, 직장, 소유, 열망과 같은 것을 그리스도를 향한 사랑에 비추어 볼 수 있다. 다른 스승의 제자들은 특별한 기술을 개발하거나 특수한 지식을 얻을 수 있다는 욕구로 인해 선생을 따르는 것일지도 모르지만, 그리스도의 제자는 그 주인의 사랑 안에 거한다. 그분의 제자는 단순히 도덕적 본보기를 채택하기 위해, 또는 특정 교리에 동의를 표하고 찬성하는 것으로 머무는 것이 아니다. 진정한 제자는 예수 그리스도의 인격에 사랑으로 묶인다. "예수의 경우... 모든 것이 그의 인격에 달렸다."[19] 이것은 단순히 제자도의 선택적인 사항이 아니다. 예수께서는 우리가 하나님을 소모적인 방식으로 사랑하지 않는 한, 당신의 제자가 될 수 없다고 말씀하셨다.

B) 제자의 삶은 하나님의 왕국이 최우선이 된다.

"또 다른 사람에게 나를 따르라 하시니 그가 이르되 나로 먼저 가서 내 아버지를 장사하게 허락하옵소서 이르시되 죽은 자들로 자기의 죽은 자들을 장사하게 하고 너는 가서 하나님의 나라를 전파하라 하시고"(눅 9:59-60). "누구든지 자기 십자가를 지고 나를 따르지 않는 자도 능히 내 제자가 되지 못하리라"(눅 14:27).

이것은 성경적인 제자도에 관한 또 하나의 본질적인 자질이다; 이것이

---

19) Kittel, *op. cit.*, 447.

없이는 우리는 예수님의 제자가 될 수 없다. 하나님의 관심은 우리의 뇌리를 사로잡는 것이다. 주인과 같이 우리의 음식은 아버지의 뜻을 행하는 것이어야만 한다(요 4:34). 그리고 그분의 사역을 성취하는 것에 있다. 그러나 우리의 사적 관심사는 하나님의 왕국을 후위로 미루어 생각한다: "그런즉 너희는 먼저 그의 나라와 그의 의를 구하라 그리하면 이 모든 것을 너희에게 더하시리라(마 6:33)." 우리는 주님의 말씀을 믿고 그의 제자들의 관심사를 살펴 주실 것을 믿어야 한다. 그렇지 않다면, 우리는 삶의 염려로 불구가 되어 주를 위한 봉사에 무능해질 것이다(딤후 2:4).

결국 제자도는 '순종'의 문제이다. 제자는 그리스도를 사랑하고 그의 명분이 전달되기를 소망해야 한다. 예수는 하나님의 우선순위와 가치에 복종했고, 그분의 주된 목적이 그의 것이 된다. 예수의 생애는 모든 면에서 하나님을 영화롭게 하셨다. 따라서 모든 결정과 행동의 순간마다, 제자는 그의 주인에게 복종해야만 한다. "너희는 나를 불러 주여 주여 하면서도 어찌하여 내가 말하는 것을 행하지 아니하느냐"(눅 6:46). 그리스도의 제자가 그분에게 행동으로 복종하지 않으면서, 정작 그를 사랑한다고 고백하는 것이 얼마나 어리석은 것인지 조금씩 깨닫게 된다.

C) 제자는 하나님의 말씀 안에 거한다.

"그러므로 예수께서 자기를 믿은 유대인들에게 이르시되 너희가 내 말에 거하면 참으로 내 제자가 되고"(요 8:31).

주의 제자는 하나님의 말씀이 그의 삶 속에 풍성히 거하는 삶을 살아간다(골 3:16). 그가 그리스도를 사랑하기에, 성경은 그분의 뜻을 찾고 구하는데 소중한 것이 된다. 하나님의 말씀에는 주인을 기쁘시게 하는 필수적인 모든 것을 발견한다(딤후 3:16-17). 그래서 제자는 성경을 가볍게 여겨서는 안 되고, 부지런히 자주 살펴야 하며, 주님과의 관계를 발전시키고 그를 섬기도록 온전히 갖춰져야 한다(잠 2:1-5). 말씀 안에 거하고, 말씀을 찾아보기를 멈추지 않으며, 말씀의 약속을 계속 믿어야 한다; 그리고 말씀의 교훈들을 삶 속에서 지속 실천해야 한다(약 1:22).

D) 제자는 그리스도에 대한 평생의 충실한 헌신을 증거한다.

"또 다른 사람이 이르되 주여 내가 주를 따르겠나이다마는 나로 먼저 내 가족을 작별하게 허락하소서 예수께서 이르시되 손에 쟁기를 잡고 뒤를 돌아보는 자는 하나님의 나라에 합당하지 아니하니라 하시니라" (눅 9:61-62).

제자도의 정신은 고대 헬라와 랍비 시대의 문맥에서 영원한 조건이 아니었다. 즉, 한정된 시간 속에 유효한 것으로, 만약 제자가 필요로 하는 모든 기술을 습득하거나 지식을 쌓았다고 판단이 되면, 자신의 스승에게 작별을 고할 것이다. 랍비의 학생이면 그가 결국엔 스스로 랍비가 되듯, 제자는 어떤 지점까지 발전하면 스승으로 자리매김하는데 그의 스승을 떠나게 된다는 것이다. 그러나 크리스천은 평생 제자로 남는다. 즉, 삶의 전부가 제자도의 삶이기에, 그의 스승을 떠나지 않는다. "제자로 예수를 따른다는 것은 그의 모든 삶이 조건 없는 희생으로 가득한 삶의 전부를 의미한다."[20] 제자는 쟁기에 손을 잡고 뒤돌아보지 말아야 한다. 크리스천 랍비가 "불필요"하단 말이 아니다. 제자는 주인처럼 되어야 하고(마 10:24-25), 제자도는 그분으로부터 멀어지지 않고, 그리스도와 가까워지게 한다. 제자는 그의 영원한 구세주이자 주이신 예수 그리스도께 영원한 빚을 지고 있다. 그리스도의 제자는 하나님의 은혜로 어떠한 장애물 앞에서도 좌절하지 않고, 예수님께 눈을 단단히 고정하고 끝까지 인내할 것이다(히 12:1-2).

---

20) Colin Brown, *op. cit.*, 448.

E) 제자는 형제를 사랑한다.

"새 계명을 너희에게 주노니 서로 사랑하라 내가 너희를 사랑한 것 같
이 너희도 서로 사랑하라 너희가 서로 사랑하면 이로써 모든 사람이
너희가 내 제자인 줄 알리라"(요 13:34-35).

그리스도의 제자는 고립된 삶을 살도록 부름받은 것이 아니라, 서로 의
존하는 공동체 안의 한 부분으로 부름을 받았다. 위의 구절과 같이, 예수
님께서는 제자들 사이의 이타적인 그리스도의 사랑이 그들을 그러한 방식
으로 특징지어서 모든 사람이 제자도와 제자들이 주인을 닮았음을 인정할
수밖에 없게 될 것을 말씀하신다. 이러한 사랑은 이타적이어야 한다(요일
3:16). 요한은 그의 독자에게 다음과 같이 촉구한다: "자녀들아 우리가
말과 혀로만 사랑하지 말고 행함과 진실함으로 하자"(요일 3:18). 우리 주
변으로 펼쳐진 이질적인 세상 가운데, 사랑의 자질은 그것을 실제로 인식
한 사람들의 이목을 집중시킬 것이다. 더 나아가 요한은, 이 사랑이 성경
적인 제자도에 필수불가결한 것으로 본다: "누구든지 하나님을 사랑하노
라 하고 그 형제를 미워하면 이는 거짓말하는 자니 보는 바 그 형제를 사
랑하지 아니하는 자는 보지 못하는 바 하나님을 사랑할 수 없느니라"(요
일 4:20).

F) 제자는 "많은 열매"를 맺는다.

"너희가 열매를 많이 맺으면 내 아버지께서 영광을 받으실 것이요 너희
는 내 제자가 되리라"(요 15:8).

그리스도의 제자는 열매를 맺음으로 설명할 수 있다. 안타깝게도, 어떤
경우에는 이러한 특징이 잘못 해석되어 전달될 때가 있는데, 한 사람의
제자도는 그를 따르는 개종자의 수가 얼마나 많은지로 측정할 수 있다.

그럼에도 불구하고 이러한 관점은 그 영광이 스승을 향하기 보다는 제자에게 돌려지는 경향이 있음이 확실하다. 성경 시대와 교회사 속에 유명한 하나님의 종들이나 그리스도의 충성되고 진실 된 제자들 모두가 열심히 심었으나, 개종한 숫자로 보았을 때는, 단지 "적은 열매"만 거두었을 뿐이었다. 이러한 결과가 그들을 누구보다 못한 제자로 바라보게 한다고 할 수 있을까? 분명 아닐 것이다.

단연, 제자는 여기서 '많은 열매'로 특징 지워진다. 그렇다면 이것이 의미하는 바가 무엇인가? 필자에게는 크리스천의 경험이 총체가 그 결과라고 본다. 요한복음 15장의 문맥에 예수님께서는 우리의 근본적인 의존과(5): 그분과 끈끈한 관계를(5, 9); 그분의 말씀에 대한 철저한 순종과(7, 10); 효과적인 기도(7)를 다루신다. 그리스도 안에 거하는 자는 이러한 각각의 분야에서 결실하게 될 것이다. 열매를 맺음으로 제자의 전 인격에 영향을 미칠 것이다: "오직 성령의 열매는 사랑과 희락과 화평과 오래 참음과 자비와 양선과 충성과 온유와 절제니..."(갈 5:22-23). 성령의 열매는 제자의 안팎에 변화를 가져올 것이다. 헨리히센이 우리에게 상기하듯, "제자도는 겉치레로 드러나기 보다 내적인 삶의 자질에 대해 다루고 있다."[21] 물론, 내적인 열매에만 갇혀있으면 안 된다. 생활 속에 퍼지고 그리스도를 영광되게 하는 간증으로 이어져야 한다. 그리스도를 사랑하는 제자의 매력을 통하여 큰 결실이 되어 하나님께 영광이 될 것이다.

G) 제자는 제자들을 삼는 일에 관여한다.

"그러므로 너희는 가서 모든 민족을 제자로 삼아...내가 너희에게 분부한 모든 것을 가르쳐 지키게 하라"(마 28:19-20).

---

21) Walter Henrichesen, *How to Disciple Your Chilren*, (Victor Book, Wheaton Illinois, 1981) 15.

"예수님의 제자도를 이해하고 제자로의 부르심은 항상 봉사로의 부르심을 포함한다는 것을 깨닫는 것은 중요하다."[22] 예수님이 베드로와 안드레를 부르셨을 때, 그들의 섬김을 고려한 부르심이었고, 그들이 사람을 낚는 어부로 빚어지게 될 것임을 약속하셨다(막 1:17). 크리스천은 택한 족속으로, 거룩한 나라로, 왕 같은 제사장으로, 하나님의 사람의 일부가 되는 모든 특권을 누려야 한다. 그러나 이러한 특권은 제자로 하여금 그렇게 친절하게 대하신 분의 탁월함을 선포하도록 이끌어야 한다(벧전 2:9). 예수께서 마태복음 28장에서 그리스도의 제자들이 반드시 지키도록 배워야 하는 명령이 모든 족속으로 제자를 삼는 것임을 상기시킨다. 모든 사람이 목사가 아니고, 설교자나 선교사는 아니지만, 모두가 이 명령에 동참하고, 헌신해야 한다. 우리는 하나님의 말씀에서 제자 삼는 일에 소극적이고, 그저 자기만족에 머무르는 자로 생각하도록 만드는 명분을 그 어디에서도 결코 찾아볼 수 없다. 제자는 끊임없이 세상을 향해 나아가 복음을 전하고, 그의 형제와 자매된 자들을 굳건히 하고 교화하여 주는 자가 되어야 한다. 즉, 제자는 그가 사랑하는 이의 아름다움과 위대함을 끊임없이 증언하는 자이다(행 1:8).

H) 제자는 예수를 따르는 대가를 계산한다.

"너희 중의 누가 망대를 세우고자 할진대 자기의 가진 것이 준공하기까지에 족할는지 먼저 앉아 그 비용을 계산하지 아니하겠느냐 그렇게 아니하여 그 기초만 쌓고 능히 이루지 못하면 보는 자가 다 비웃어 이르되 이 사람이 공사를 시작하고 능히 이루지 못하였다 하리라... 이와 같이 너희 중의 누구든지 자기의 모든 소유를 버리지 아니하면 능히 내 제자가 되지 못하리라"(눅 14:28-33).

---

22) Colin Brown, *op. cit.*, 488.

그리스도의 제자는 대가를 계산하고, 그를 섬김에 있어서 큰 희생이 없다고 생각한다. 그는 자신과 그 주인 사이에서 어느 것이든 포기할 준비가 되어 있다. 그리스도를 섬김은 제자에게 있어서 그 스승이 처했던 똑같은 위험으로 이끈다. 예수님의 첫 제자들은 의심의 여지 없이 그분을 따름으로 인한 고통을 자처했다(마 16:24-25). 이는 오늘날 그리스도의 제자들에 관한 관점도 다르지 않다. "무릇 그리스도 예수 안에서 경건하게 살고자 하는 자는 박해를 받으리라"(딤후 3:12).

지금까지, 신약 성경에서 드러난 제자도에 관하여 간략히 살펴보았다. 이는 우리가 모든 민족을 제자로 삼는 것이다(마 28:19-20). 지금까지 우리가 살펴본 것은 특정한 계층이나 믿는 자의 유형에 관한 것이 아니라 크리스천의 성경적 정의가 무엇인지에 관한 것이다. 대위임령(The Great Commission)은 복음 전도를 포함하는데, 사람들을 회개에 이르게 하고, 주 예수 그리스도의 믿음으로 이끈다. 또한, 모든 성도로 믿음 안에서 성장하도록 지속적인 책임의식을 포함한다. 이 위임령은 바울이 다음과 같이 말한 부분에서 선명하게 드러난다: "우리가 그를 전파하여 각 사람을 권하고 모든 지혜로 각 사람을 가르침은 각 사람을 그리스도 안에서 완전한 자로 세우려 함이니 이를 위하여 나도 내 속에서 능력으로 역사하시는 이의 역사를 따라 힘을 다하여 수고하노라"(골 1:28-29). 우리가 앞에서 자세히 살펴본 특징들은, 제자가 그리스도 안에서 장성할 때에, 모든 제자의 삶 가운데서 점차 입증될 것이다.

3) 제자를 삼는데 하나님께서 하시는 일은 무엇인가?

"여호와께서 집을 세우지 아니하시면 세우는 자의 수고가 헛되며 여호와께서 성을 지키지 아니하시면 파수꾼의 깨어 있음이 헛되도다"(시 127:1).

참 성도는 자신의 삶에 나타나는 회심과 성장의 역사에 관한 모든 영

광과 타인의 삶을 통해 성취되는 모든 업적이 오직 하나님께 속해있음을
인정한다. 그 어떤 기독교인도 감히 이러한 것들에 대해 공적인 주장을
하거나, 그런 주장을 하고 싶어하지도 않을 것이다. 성도는 그 안에서 일
어나는 이러한 역사가 오직 은혜로 성취됨을 깨닫고, 그가 믿음 안에 성
장할 때, 이것이 은혜로 인함이라는 이해가 더욱 깊어진다. 만약 주께서
먼저 행동하지 않으셨다면 그 누구도 구원받지 못할 것이라는 사실은 우
리는 안다.

더욱이 주께서 돕지 않으신다면, 그 누구도 그리스도인의 삶으로 어떠
한 성장도 이룰 수 없다. 우리의 구원이 그의 주권에 달려있기에, 우리가
끝까지 인내의 소망을 기뻐하게 되는 것이다. 그래서 그 어느 한 제자라
도 주께서 재창조하지 않으신다면, 빚어지지 못한다. 이에 바울은 우리의
구원 과정에 대해 처음부터 끝까지 하나님의 사역이라고 명확하게 말하는
것이다. "또 미리 정하신 그들을 또한 부르시고 부르신 그들을 또한 의롭
다 하시고 의롭다 하신 그들을 또한 영화롭게 하셨느니라"(롬 8:30). 하나
님께서는 모든 나라로부터 수많은 제자를 구원하여 성화시키심으로 그의
영광을 드러내기로 작정하셨고, 그가 계획하신 것을 이룩해 나아가신다.

제자 삼는 일은 성부 하나님과 성자 예수님, 그리고 성령 하나님의 주
권적인 사역이다. 성부 하나님께서는 만물에 기초가 놓이기 전부터 각 제
자를 택하셔서, 그분 앞에 흠 없고 티가 없도록 하신다. 이러한 제자 한
사람의 모습은 곧 하나님의 솜씨이고, 하나님은 각 사람이 누리도록 좋은
일들을 예비해두셨다. 아버지께서는 그의 백성들을 구원하기 위해 그의
유일한 아들 예수를 보내셨는데, 아버지께로 부름받고 이끌리지 않는 한
그 누구도 그리스도께로 나올 수 없다.

주 예수 그리스도의 완전한 삶과 대속적 죽음으로 각 제자에게 구원을
가져다 주셨다: "친히 나무에 달려 그 몸으로 우리 죄를 담당하셨으니 이
는 우리로 죄에 대하여 죽고 의에 대하여 살게 하려 하심이라 그가 채찍
에 맞음으로 너희는 나음을 얻었나니"(벧전 2:24). 예수 그리스도께서는 언

제나 아버지의 뜻을 행하신 분으로, 완벽한 제자의 본을 선보이셨다; 그렇기에 우리는 그에게 시선을 고정하고 우리 앞에 놓인 믿음의 경주를 인내하도록 요구된다. 성령께서는 우리를 돕는 자로, 위로자로, 상담가로 예수 그리스도를 통하여 구체적으로 명령하신다. 그래서 예수님께서는 당신이 떠나고 성령이 오는 것을 유익이라고 말씀하신 것이다. 우리를 곁에서 도우시는 분이 우리 안에 거하시는 이 특권은 가히 믿기지 않을 정도로 실로 기이한 일이 아닐 수가 없다. 이러한 의미에서 성령께서는 모든 성도의 삶을 제자로 탈바꿈하신다. 그분이 이 구원 사역을 위해 얼마나 완전하신지 생각해보라;

- 그분은 나의 강점과 약점을 정확히 아신다. 가령 내가 범하기 쉬운 죄악이나 내게 힘주는 것이나, 내 인생에 미칠 모든 영향에 대해 말이다 (시 139:1-7).

- 그분은 하나님의 계획과 하나님 자신을 온전히 아신다(고전 2:10-11).

- 그분은 나를 성화시키실 능력과, 하나님을 영광되게 할 모든 변화를 내 삶에 일으킬 수 있는 분이다: "우리가 다 수건을 벗은 얼굴로 거울을 보는 것 같이 주의 영광을 보매 그와 같은 형상으로 변화하여 영광에서 영광에 이르니 곧 주의 영으로 말미암음이니라"(고후 3:18; 고전 6:9-11).

가장 경험이 많고 경건한 기독교 지도자들보다 그분은 얼마나 우월하신가! 그들은 사람이 어디에 있는지 알 수 없을 뿐만 아니라, 사람들의 필요를 분별할 수 없다. 더욱이 그들 스스로가 다른 이들의 삶에 영구적인 변화를 가져올 수도 없다. 그럼에도 불구하고 우리는 여전히 사람들의 역할에 너무 치중한 나머지, 하나님의 개입을 모호하게 한다. 심지어 서로에 대한 사역의 유용성이 궁극적으로 성령께서 부여하시는 권능에 있다. 그분은 지체의 성장을 위해 각 성도에게 각각의 은사를 나누어 주시는 주권이 있다(고전 12:6-11). 그분은 교회가 필요로 하는 리더십을 허락하시고, 사역을 위한 봉사에 필요한 것들을 갖추도록 하신다(엡 4:11-13).

바울은 그리스도 안에서 성숙함을 모든 사람에게 보여주기 위해 끊임없이 고생했지만, 그가 이러한 일을 한 것은 그 안에서 강력하게 역사하신 주를 힘입었다는 사실을 잊지 않았다(골 1:29). 이에 대해 예수님은 다음과 같이 요약하신다. "나는 포도나무요 너희는 가지라 그가 내 안에, 내가 그 안에 거하면 사람이 열매를 많이 맺나니 나를 떠나서는 너희가 아무것도 할 수 없음이라"(요 15:5).

4) 제자를 삼을 때 우리의 역할은 무엇인가?

지금까지 우리는 제자를 삼기 위한 하나님의 주권적인 역할을 강조해 왔고, 그 역할의 필요성을 보았다. 이는 제자 삼는 사역을 성취하도록 하는 우리의 소망에 그 기초가 되기 때문이다. 이제는 우리가 해야 할 실제적이고 필수적인 부분이 있다는 의심이 들지 않도록 그 역할을 우리의 '책임'으로 그 관심을 옮겨야 한다. 그래야만 하는 이유는 예수님의 대위임령의 말씀에서 분명히 나타난다. 예수님은 "그러므로 너희는 가서 모든 민족을 제자로 삼아 아버지와 아들과 성령의 이름으로 세례를 베풀고(마 28:19)"라고 말씀하셨다. 이 말씀을 누구에게 하셨는가? 바로 열 한 제자에게 직접적이고 세세하게 하셨는데(.."내가 분부한 모든 것을 가르쳐 지키게 하라"). 이 말씀은 명령의 성질상 전 하나님의 교회에도 하신 것이다. 그리스도의 모든 제자에게 말이다. 제자 삼는 책임감은 모든 사람에게 명확히 전가된다. 우리 주께서 그리스도의 지체된 당신과 내게 순종하도록 명령하셨다(눅 6:46).

대위임령에 따라 예수 그리스도께서는 그분과 협력하는 엄청난 특권과 책임을 그의 모든 제자에게 위임하시며 그의 사명에 동참시키신다. 바울은 하나님과 협력하는 사역의 비전을 보고 붙잡았는데, 고린도전서의 말씀을 주목해야 한다. "그런즉 아볼로는 무엇이며 바울은 무엇이냐. 그들은 주께서 각각 주신 대로 너희로 하여금 믿게 한 사역자들이니라. 나는 심었고 아볼로는 물을 주었으되 오직 하나님께서 자라나게 하셨나니 그런즉 심는 이나 물 주는 이는 아무 것도 아니로되 오직 자라게 하시는 이는 하나님뿐이니라 심는 이와 물 주는 이는 한가지이나 각각 자기가 일한 대로 자기의 상을 받으리라 우리는 하나님의 동역자들이요 너희는 하나님의 밭이요 하나님의 집이니라 내게 주신 하나님의 은혜를 따라 내가 지혜로운 건축자와 같이 터를 닦아 두매 다른 이가 그 위에 세우나 그러나 각각 어떻게 그 위에 세울까를 조심할지니라"(고전 3:5-10). 이 부분이 바로 성경에서 주권과 책임의 균형을 보여주는 아름다운 말씀으로, 하나님께서 모든 영광을 받으신다는 점이다. 그분의 주권적 사역은 제자를 삼는 것이다. 그러나 동시에 그것은 우리의 책임이 된다. 우리는 그의 은혜로 말미암아 가슴 뛰고 의미있는 진정한 사역에 일부가 된 것이다.

모든 성도는 잃은 양을 전도하는 일과 성도를 강하게 하는 이중적 사역에 동참하게 된다. 이는 몇 안 되는 선택받은 자들만의 의무가 아니요, 모든 제자의 책무이다. "제자 삼음"이라는 말을 한편에서 요약하자면, 전(全) 교회의 사역에 전부라고 할 수 있다. 그럼에도 이 주제가 다루어질 때면, 제자 삼는 사역은 마치 설교 목회나, 초신자들을 돕고 가르치는데 특화된 목회와 같이 후순위로 밀려나 있다. 이런 방식으로 제자 삼는 일을 정의하는 것은 사역의 영역을 매우 좁히는 것이다. 반대로, 성경적인 정의는 모든 것을 아우르며 더욱 큰 것으로 보여진다. 우리의 역할을 더욱 잘 이해하기 위해, 필자는 6가지의 중대한 '재료들'을 제시함으로 제자 삼는 일에 기여하고자 한다. 이 여섯 가지 재료들은 각각에 상호 연관된 요인들로 그리스도의 지상명령을 성취하도록 하는 중요한 작용을 한다.

(1) 성도의 성화.
(2) 제자의 사적인 책무.

(3) 말씀의 목회.
(4) 성도의 교제.
(5) 집중적인 사적 도움.
(6) 기도의 목회.

이상의 여섯 요소들을 차례로 살펴보고자 한다. 우리는 이후의 장들에서 몇몇 주제들을 보다 깊게 다룰 것이다.

(1) 하나님은 성도를 거룩하게 하신다.

우리는 그동안 다소 도외시됐던 요인을 이미 강조했고, 몇 가지 지나가는 말로 제한할 것이다. 예수 그리스도께서 장차 교회를 향한 마음의 짐에 대해 요한복음 17장에서 아버지께 자신의 마음을 쏟아내실 때, 특별히 그의 제자들이 진리 안에서 거룩하게 되도록 아버지께 탄원했다(요 17:17). 사도 바울이 그랬던 것처럼, 예수님께서는 "자라게 하시는 이는 하나님(고전 3:7)"이심을 알고 있었다. 비록, 다른 성장의 요인을 놓치고 있다 할지라도, 우리는 그의 교회를 세우시는 전능하신 주를 의지할 수 있다. 이는 분명 고립된 상황에 처한 많은 성도들의 간증이며, 아마 복음전도가 공식적으로 금지된 땅에서도 그러할 것이다. 많은 이들은 그들의 믿음 때문에 투옥당했고, 다른 성도와의 어떠한 접촉도 차단되었으며, 성경을 빼앗겼다. 그러나, 그러한 상황 가운데에도, 제자들은 생겨났다. 우리는 몇 년의 투옥 생활 끝에 풀려난 이들이 그리스도의 사랑과 신뢰 안에서 성장한 이야기를 접한다. 그분의 사랑과 신뢰에 대한 제자들의 열정이 꺾이지 않는 것임을 보게 된다.

(2) 제자의 사적인 책무.

우리가 주목해야 할 사실은 하나님은 우리 개개인의 성장을 위해 우리

자신에게 그 책임을 지우신다. "오직 우리 주 곧 구주 예수 그리스도의
은혜와 그를 아는 지식에서 자라 가라 영광이 이제와 영원한 날까지 그에
게 있을지어다"(벧후 3:18). 우리는 우리 스스로가 먼저 제자가 되어야 함
을 반드시 기억해야 한다. 모든 성도는 자신을 부인하고, 매일 자기 십자
가를 지고 그리스를 따라야 한다(눅 9:23). 이는 다른 사람들이 우리를 위
해 해줄 수 있는 것이 아니다. 단지 우리를 격려하고, 가르치며, 도와주고
우리를 위해 본이 되어줄 뿐이지, 우리 스스로가 자기 십자가를 져야 한
다. 우리가 마땅히 따라야 할 그리스도를 따르지 못한 우리의 잘못으로
하나님과 다른 성도를 탓할 수 없다. 만약 우리를 낙담하게 하고 잘못 인
도하는 자들에 대해서는 하나님께서 합당한 책임을 물으실 것이다(마
18:8).

그러나 이것이 그리스도를 섬기는 우리의 책임을 줄이지는 않는다. 결
국, 우리 주변은 메마르고 영적으로 불모지이지만, 우리에겐 여전히 성령
의 내주하심이 있고, 말씀으로 우리를 붙드신다는 점이다. 그러므로 우리
는 핑계의 여지가 없다.

이것의 결론은 물론 제자도의 요구에 대한 반감이 있는데, 아무리 좋은
가르침과 격려와 친교를 가지더라도, 성장이 없고, 그리스도 안에서 결실
이 없이는 무용하게 될 것이라는 점이다(벧후 1:8-10). 기독교는 단순히 윤
리적인 행동의 종교이거나, 교회를 출석만 하는 것, 또는 성경 지식을 소
유하는 것으로 그치지 않는다. 기독교는 마음의 종교이다. 제자의 개인적
인 부르심의 이유는 "모든 지킬 만한 것 중에 더욱 네 마음을 지키라 생
명의 근원이 이에서 남이니라(잠 4:23)"에 있다. 제자가 된다는 것은 모든
남자와 여자 그리스도인이 주님과의 관계를 자라나도록 하고, 죄를 멀리
하며 그분의 명령을 따르는 것을 포함한다.

우리는 "두렵고 떨림으로 구원을 이루라(빌 2:12)"는 말씀을 명심해야
한다. 이러한 제자도의 기초는 제자 삼는 것을 논의할 때 결코 놓쳐서는
안 될 것이다.

(3) 말씀의 목회

하나님께서는 우리의 영적인 삶을 양육하실 때에 결코 홀로 두지 않으
신다. 하나님께서는 영적으로 은사가 있는 지도자들로 교회를 풍성히 하
시고, "성도를 온전하게 하는 봉사의 일을 하게 하므로 그리스도의 몸을
세우신다"(엡 4:11-12). 하나님께서는 "바른 교훈으로 권면하고 거슬러 말
하여 책망(딛 1:9)"할 수 있는 지혜롭고 경건한 자들을 임명하셔서 각 지
교회를 섬기게 하신다(딛 1:5-8; 딤전 3:1-16). 하나님의 말씀은 성도를 교훈
하고, 책망하고, 바르게 하고, 교육하도록 하나님의 감동으로 된 것으로
성도들을 온전하게 하며 모든 선한 일을 행할 능력을 갖추게 한다(딤후
3:16-17). 하나님께서 주신 리더십은 말씀 목회를 위해 전심으로 드려져야
한다. "너는 진리의 말씀을 옳게 분별하며 부끄러울 것이 없는 일꾼으로
인정된 자로 자신을 하나님 앞에 드리기를 힘쓰라"(딤후 2:15). 하나님의
말씀을 전하고 가르치는 일은 하나님 백성의 맺는 모든 친교에 중심이 되
어야만 한다. "지금 내가 여러분을 주와 및 그 은혜의 말씀에 부탁하노니
그 말씀이 여러분을 능히 든든히 세우사 거룩하게 하심을 입은 모든 자
가운데 기업이 있게 하시리라"(행 20:32).

하나님의 말씀을 설교하고 가르치는 것은 제자 삼는데 부차적인 선택
사항이 아니다. 오늘날 대부분은 하나님의 말씀을 설명하는 일은 경시하
고 소모임이나 사적인 제자훈련에 치중하는 경향이 있다. 그러나 제자는
오직 말씀을 먹을 때라야 길러진다(벧전 2:2). 하나님의 말씀을 공적인 자
리에서 설교하고 설명하며 성경적 진리를 적용하는 일은 제자를 만드는데
가장 중요한 목회이면서, 단번에 많은 사람들의 요구를 충족시킨다. 이 내
용에 대해서는 필요할 경우 이후 보다 깊게 논의하도록 할 것이다.

(4) 성도의 교제

모든 그리스도인은 한 공동체 내에 동료 그리스도인의 성장에 대한 책

임을 지게 된다. 이는 다음 히브리서에서 명확하게 말씀하고 있다.

> "오직 오늘이라 일컫는 동안에 매일 피차 권면하여 너희 중에 누구든지
> 죄의 유혹으로 완고하게 되지 않도록 하라"(히 3:13). "서로 돌아보아
> 사랑과 선행을 격려하며 모이기를 폐하는 어떤 사람들의 습관과 같이
> 하지 말고 오직 권하여 그 날이 가까움을 볼수록 더욱 그리하자"(히
> 10:24-25).

위의 말씀은 제자를 만드는 데 매우 흥미로운 측면을 보여주는데, 이는
성도의 나이나 연륜이나, 은사에 상관없이 모든 성도를 아우르기 때문이
다. 아마 정신적으로나 육체적으로 장애를 지닌 사람들이나, 학력이나 물
질이 부족한 사람들이라도 모두 친교를 통해 제자를 삼는 목회에 가담할
수 있다. 그리스도 안에서 형제 자매를 사랑하는 그리스도인의 삶을 사는
자로, 이들 모두는 그리스도의 대위임령을 수행하는데 의미 있는 공헌을
하고 있다. 격려의 한 마디, 하나님의 일을 지속하는 헌신의 본보기, 고통
가운데 기쁨과 믿음의 간증, 애정의 행동이 모두를 더욱 사랑하고 선한
일을 하는데 이르도록 한다.

(5) 집중적인 사적 도움

우리가 이 영역을 언급할 때면, 오늘날 많은 사람들이 제자를 만드는
방법으로 보는 한 요소를 다루는 것일 것이다. 이 영역은 경험이 많은 형
제나 교회 리더들이 다른 이들에게 제공하는 집중적인 도움의 어떠한 양
식이든 포함한다. 이 요소는 공적인 설교나 비공식적인 친교를 보완하는
역할을 한다. 많은 책에서는 개인 관리에 대한 아주 중요한 역할을 강조
한다. 우리가 다루는 이 영역에서는 물론 많은 시간과 노력을 쏟아서 제
자를 만드시고 다른 이들을 섬기도록 하시는 우리 주 예수 그리스도께서
그 중심에 계신다. 사도 바울조차 다른 이들을 섬기는 집중된 사역에 대

해 디모데에게 강조하고 있는 것이다. "또 네가 많은 증인 앞에서 내게 들은 바를 충성된 사람들에게 부탁하라 그들이 또 다른 사람들을 가르칠 수 있으리라"(딤후 2:2).

이 방법은 교회의 목회 업무에 더 일반적으로 적용되겠지만, 물론 리더십 훈련에는 특히 유용하다. 이 방법은 소모임이나 일대일 양육 또는 아마 두 영역 모두에 수행될 수 있다. 위험한 점은 이 방법이 너무 강조된 나머지 믿음으로 성도를 세우는 효과적인 유일한 길이라고 보게 되어,[23] '당신'의 제자에게 끊임없이 적용하는 '훈련자'의 지나친 집중으로 이어질 수도 있다는 것이다. 또한, 이 특별한 방법은 그리스도의 지체인 특정한 성도에게만 허용되는데, 예를 들어 설교하고 가르치는 자들이나, 영적인 은사가 있는 자들, 또는 개개인을 집중적으로 돌보는 목회에 시간적인 여유가 있는 자들이다. 이는 많은 대위임령을 수행하는데 중요하지 않다고 느끼는 사람들을 배제한다.

(6) 기도의 목회

마침내, 제자를 만드는데 있어서 기도의 중요성은 강조되어야 한다. 예수님은 군중들을 보시고 불쌍히 여기시고는 제자들에게 말씀하셨다. "이에 제자들에게 이르시되 추수할 것은 많되 일꾼이 적으니 그러므로 추수하는 주인에게 청하여 추수할 일꾼들을 보내 주소서 하라 하시니라"(마 9:37-38). 우리는 예수님께서 제자 삼으신 자들을 위해 시시때때로 기도하신 것을 본게 된다(요 17:6-26). 기도가 제자 삼는 목회에 시작이어야 한다.

---

23) "덜 성숙한 새신자가 지질 수 있는 많은 요구와 문제점들 때문에 비교적 성숙한 성도가 그렇지 못한 개인을 돌보는 것은 매우 중요하다." (p. 9) Allen Hadidian, 'Successful Discipling', Moody Press, 1979. "모든 사람은 시간을 들여 의미 있는 일대일 관계를 발전시키기 위해 노력한 신뢰할 수 있는 멘토가 목표로 삼아야 할 특정한 요구를 가지고 있다." (p.122) Bill Hull, 'Jesus Christ Disciplemaker', (NavPress, 1984).

설교하고 가르치고 친교를 맺으면서 기도는 게을리 하는 것이 너무 쉽다. 하나님께서 주권자라면, 우리의 모든 노력을 지도하고 인도하여 그의 영광으로 결실을 맺게 하실 그분을 찾아야 한다. 때때로 우리는 손이 묶여 있어서 우리가 갈망하는 영성을 가진 사람들과 함께할 수 없다고 느낄지라도, 우리는 늘 기도할 수 있고 하나님께서 동료들에게 힘주심을 보게 된다: "모든 기도와 간구를 하되 항상 성령 안에서 기도하고 이를 위하여 깨어 구하기를 항상 힘쓰며 여러 성도를 위하여 구하라"(엡 6:18)고 하셨다.

기도의 목회는 모든 하나님의 자녀에게 열려있다. 나이와 질병, 영적인 성숙도와 상관없이, 모두가 기도할 수 있고, 기도를 통해 모든 나라로 제자 삼는 일에 크게 기여할 수 있다. 특히, 동료들의 삶 속에서 제자들이 개입하는 한계가 없는 것이 기도이기에, 모든 지면에 있는 하나님의 자녀로 든든하게 세워지도록 하는 실질적이고 중요한 역할이 가능하다. 이상의 여섯 가지 요소들을 통합할 때, 우리는 성경적인 안목으로 보는 '교회의 제자화'의 실현을 볼 것이다. 이는 특정한 지역교회의 특정 부서만의 책임이나, 제자를 만드는 특정 집단의 것이 아닌, 전(全) 교회의 과제이다. 많은 사람들은 이 일의 단면만을 보고 그들의 삶을 바치지만, 우리는 성경의 전면이 복원되는 것을 보기 위해 노력해야 한다. 건전한 설교나, 따뜻한 친교만이 아니라, 소모임이나 사적인 제자 삼는 소명뿐만 아니라, 하나님께 기도하는 마음에 철저히 의존하므로 이 모든 각각의 요소들을 통합해야 한다.

우리가 이 종합적인 일에 어떤 공헌을 했든 간에, 우리는 스스로에게 다음과 같은 중요한 질문을 던져야 한다. "한 사람의 결실함에는 누가 더 큰 영향력을 끼쳤는가? 하나님인가 나인가?" 하나님께서 요구하시는 것은, 그분께 모든 것을 맡기고 겸허히 인정하는 모습이다. 누가 "나를 떠나서는 너희가 아무 것도 할 수 없음이라(요 15:5)"라고 솔직히 고백할 수 있는가? 즉, 나의 역할과 달리 하나님의 역할은 필수불가결하다. 단, 하나님의 열망은 그의 계획 속에서 나를 사용하는 것이고, 그의 종들로 하여금 그분의 사역에 깨끗한 통로가 되기를 원하시는 것이다. 따라서 우리는 우리만의 전략을 구축하여 하나님께 찾아가 '고무도장'을 받는 자들이 아니라, 그분이 원하시는 방향이 무엇인지 계속 묻는 자들이어야 한다. 우리가 그분과 협력할 때만이 제자를 삼는 일에 효과적으로 관여할 수 있다. "우리가 이 보배를 질그릇에 가졌으니 이는 심히 큰 능력은 하나님께 있고 우리에게 있지 아니함을 알게 하려 함이라"(고후 4:7).

무엇보다 성경적인 균형 안에 이 모든 보완적인 요소들은 유지하는데 힘써야 한다. 특별히, 우리의 역할과 하나님의 역할을 혼돈해선 안 된다. 그렇지 않다면, 우리의 역할을 너무 강조하여 모든 일을 우리 스스로 하는 것이라 착각하게 되어 우리의 공로로 생각하게 되거나, 반대로 하나님의 역할에만 치중하여서 스스로 수동적이고 게을러지게 된다. 부디 하나님께서 우리 각 사람의 역할을 양심적으로 수행하도록 도와주시길 간구한다.

[예시 1]

이렇게 2장을 마무리하면서 그동안 많은 책에서 언급됐던 '제자화'에 대해 필자는 한 삽화를 통하여 제자를 만드는 것이 무엇인지 적용해보길 원한다.

위 도표는 '영적인 곱셈' 개념을 설명하기 위한 것이다. (한 개인에게 집중된 영적인 도움을 주는데 나의 시간을 '투자'함으로 내 삶의 영향을 배가되게 하는 개념으로, 성도는 다른 사람의 삶에 똑같은 과정을 반복시킬 수 있는 제자가 된다). 디모데후서 2:2은 이 과정을 묘사하기 위해 사용된다: "또 네가 많은 증인 앞에서 내게 들은 바를 충성된 사람들에게 부탁하라 그들이 또 다른 사람들을 가르칠 수 있으리라." 바울은 디모데를 제자로 길러내고, 디모데는 신실한 성도들을 제자로 길러내며, 이들은 차례로 다른 이들을 제자로 길러낸다. 이제 아래의 다이어그램은 리더십 훈련의 유용한 원칙을 포착하고, 목회적인 관심의 요소임을 강조하는 데 동의하더라도, 제자를 만드는 과정을 설명하는 것으로는 동의할 수 없다. 이 과제의 한 측면만을 두고 보면 '그렇다' 할지라도, 전체적인 측면에서는 그렇지 않다. 아마, 아래의 다이어그램은 모든 개념을 대표하도록 의도되지는 않았을 것이다. 다만, 해석에 따라 그럴 수도 있고 그러하기도 하다. 아래의 도표가 그러하다면, 제자를 '생산' 하는데 개인적인 책임이 있음을 말하는 것처럼 보일 것이다. 만약 이 도표가 제자를 생산하는 개념을 대표한다면, 적어도 세 개의 예시로 이를 보충해야 한다. (예시 2, 3, 4)

[예시 2]

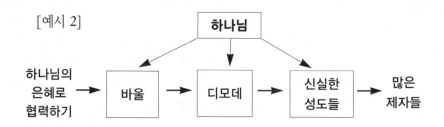

이 도표(예시 2)는 하나님께서 모든 제자를 보존하고 교훈하며 거룩하게 하시는 하나님의 역할을 강조한다. 이는 하나님을 의존하며 남을 굳건하게 세우는 사역에 우리의 역할이 있음을 보여준다. 물론 영적인 삶을 진척시키고 영적인 성장을 불러일으키는 그 시작은 늘 하나님이시다. 그렇기에 제자는 나의 제자가 결코 아니다. 제자 삼는 목회자나 제자가 된 자나 모두 예수 그리스도의 제자로, 그분 안에 거해야 하는 책임이 있다.

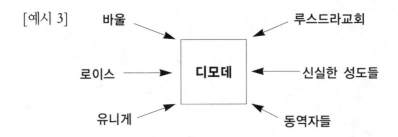

[예시 3] 바울 → 디모데 ← 루스드라교회

로이스 → 디모데 ← 신실한 성도들

유니게 → 디모데 ← 동역자들

　위의 다이어그램(예시 3)은 단순히 한 사람만의 목회로 인해 생겨난 제자는 없음을 묘사한다. 교회는 그리스도의 몸이고, 모든 지체는 나의 교화를 위해 사역한다. 내가 마주하는 모든 성도는 좋든 나쁘든 간에 나의 삶과 성장에 그 흔적을 남긴다. 우리는 앞서 다이어그램으로 이러한 몇가지 영향들이 디모데의 삶에 있었던 것을 묘사해 보았다.

　믿음의 아버지였던 바울은 디모데의 삶에 의심의 여지 없이 크고 영속적인 영향을 주었다(딤후 3:10-11, "나의 교훈과 행실과 의향과 믿음과 오래 참음과 사랑과 인내와 11 박해를 받음과 고난과 또한 안디옥과 이고니온과 루스드라에서 당한 일과 어떠한 박해를 받은 것을 네가 과연 보고 알았거니와 주께서 이 모든 것 가운데서 나를 건지셨느니라").

　그렇다면 다른 군중들은 그에게 어떠한 영향을 주었는가? 바울 자신은 디모데에게 "이는 네 속에 거짓이 없는 믿음이 있음을 생각함이라 이 믿음은 먼저 네 외조모 로이스와 네 어머니 유니게 속에 있더니 네 속에도 있는 줄을 확신하노라(딤후 1:5)"라고 말했다.

　과연 누가 한 신실한 집안에서 거대한 제자를 만들어내는 그 잠재성을 측량할 수 있겠는가? 디모데후서 3:15("또 어려서부터 성경을 알았나니 성경은 능히 너로 하여금 그리스도 예수 안에 있는 믿음으로 말미암아 구원에 이르는 지혜가 있게 하느니라")에서 바울은 디모데가 어려서부터 성경을 알았다고 말하고 있다! 그렇다면 이러한 영향력이 디모데가 다니던 루스드라 교회의 다른 성도들에겐 어떠했겠는가? 에베소 교회나 다른 지역의 동역자들에겐 또 어떠했겠는가?

[예시 4]

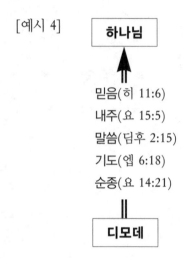

하나님

↑
믿음(히 11:6)
내주(요 15:5)
말씀(딤후 2:15)
기도(엡 6:18)
순종(요 14:21)

디모데

마지막 도표(예시 4)는 디모데 자신이 그가 제자 삼는 일에 책임을 다하는 모습을 우리에게 상기시켜준다. 사도바울은 디모데에게 이 점을 명확하게 인식시켰다: "망령되고 허탄한 신화를 버리고 경건에 이르도록 네 자신을 연단하라"(딤전 4:7). 디모데는 자기 스스로 통제하고, 기도로 인내하며, 말씀 안에 거해야 했다(딤후 2:15). 그가 일생을 바친 신실한 성도들에게 받은 격려는 어떠했겠는가? 이러한 것들은 모두 제자 삼는데 사람이 끼치는 영향력이 매우 다양함을 우리에게 시사한다. 하나님께서는 우리 주변에 있는 형제 자매로 우리를 계속 자극하셔서 삶과 말씀과 기도를 통하여 그리스도의 참 제자로 살게 하고, 하나님께 영광이 되게 하신다.

우리는 결코 경건함에 자라나고 그리스도 안에 거하는 개인적인 책무를 강조하는 성경 말씀으로 회피할 수 없다. 우리는 이상의 예시들 속에서 진리를 함께 볼 필요가 있는데, 이로써 우리는 성경이 말하는 제자를 만드는 다면적인 본성의 명확한 그림을 발전시킬 수 있다할 것이다.

제자도의
원리

3

제3장
역사 속 성경적인 제자도를
위한 노력들

제3장 역사 속 성경적인 제자도를 위한 노력들

하나님의 목적과 계획에 대해 논하고 하나님과 협력하도록 교회에 주신 엄청난 특권을 상세히 살펴보았듯이, 이제 우리는 이러한 기본 원칙들이 교회사에 어떻게 적용되어 왔는지를 고찰해 볼 것이다. 우리는 지난 수세기 동안 성경의 우선순위에 전적으로 충실한 순수한 교회의 꾸준한 발전을 내다보고 있는가? 우리는 지역교회가 성장하는 상황에서 대위임령에 헌신하는 제자들의 지속성을 보는가?

이에 대한 답은 안타깝게도 부정적이다. 우리는 그리스도의 교회가 하나님의 은혜로 말미암아 온 세계에 복음을 전하는 것을 보게 된다. 그러나 동시에 우리는 어려움과 실패, 불결함과 쇠락을 마주한다. 우리는 대단한 순간들도 마주했지만, 씁쓸한 실망의 순간들도 본다. 본 장에서는 특별히 제자들을 만드는데 성경적인 관점이 다시 부각된 사례들을 강조하는 교회사의 특정한 순간들에 집중하고자 한다. 아래의 소주제를 따라 살펴보자.

1) 구약의 제자화에 대한 성경적 조사
2) 신약 초대 교회의 제자화
3) 제자화의 역사적인 사례
4) 성경적인 제자화의 퇴보

1) 구약의 제자화에 대한 성경적 조사

구약에는 제자도의 훈련에 대한 몇 가지 예시들이 있다. 무엇보다 구약성경에서 하나님과 선택받은 민족인 이스라엘 사이에 나타난다. 학습의 원천으로서 인생 경험의 중요성은 아무리 강조해도 지나치지 않고, 수많은 사건에서 설명된다. 예를 들어, 유대 국가는 출애굽을 통하여 하나님의 성품과 그들을 향한 관심에 대해 많은 발견을 했다(출 12-14장). 시내 광야에서 방황한 사십년의 경험은 그들의 이해를 발전시키고 태도를 형성했다(출 16-20장, 32-34장). 사람들이 이러한 경험을 이해하는 방법 중 하나는 그것에 대해 곰곰이 생각하고 다시 말하고, 토론하는 것이었다(신 6:4-9).

출애굽은 오늘날까지 하나의 사건으로 기억되고 재탐색되고 있다(신 8:2-20). 다윗 또한 삶에 대한 고찰을 노래와 시학의 형태로 기록했고, 많은 시편의 말씀들은 사람들의 삶이 성장하고, 변화하며, 투쟁하고 있음을 해설해준다(시 3, 18편). 구약에서는 하나님께서 그의 백성의 사회적, 정치적, 경제적 생계를 염려하고 있음에 대한 반복적인 증거들을 제시한다(신명기 19-28장에 사회, 경제, 정치적 양상의 삶을 다루는 법률과, 아모스 2, 5장에 선지자적 경고를 살펴보라).

신, 구약의 삶의 특징을 조사해보면 어떻게 한 개인의 모든 삶의 영역이 하나님과의 관계와 맞닿아 있는지를 잘 드러낸다. 가령, 건강 영역의 신체조건이나, 감정적이고 심리적인 영역이나, 예를 들면, 태도와 가치, 반응과 의사결정, 관계와 소통, 그리고 지적이고 정신적인 영역으로 지식과 이해, 사회적이고 영적인 영역이 그것이다.[1] 그의 백성을 교육하여 그들의 존재 자체가 영향을 받아 변화되기 위해서, 하나님은 정식적인 교육에서 일상의 경험에 이르기까지 다양한 수단을 쓰셨다. 때로, 하나님은 나이를 전혀 고려하지 않으신다는 점에서, 그 변화는 충격적이다. 아브라함

---

1) Anton Baumohl, *Making Adult Disciples*, (Scripture Union, 1984), 16-17.

은 칠십오 세의 나이에 그 변화를 겪었고(창 12:4), 사라와 엘리사벳 모두
는 모성애를 경험하기까지 한참을 기다리려 노년에 이르게 되었다(창
17:15-22; 눅 1:5-25).[2]

둘째로, 모세가 제자를 삼은 경우이다. 모세는 여호수아에게 삶을 나누
고 마음을 열었다. 그러나 모세로서 이러한 접근은 자연스럽지만은 않았
다. 하나님께서는 신명기 3:28에 모세를 향하여 그의 삶을 여호수아에게
공유하라고 명하시므로 가르침의 본보기를 세우셨다: "너는 여호수아에게
명령하고 그를 담대하게 하며 그를 강하게 하라 그는 이 백성을 거느리고
건너가서 네가 볼 땅을 그들이 기업으로 얻게 하리라 하셨느니라". 모세
는 하나님께서 그에게 가르치신 모든 것을 여호수아에게 쏟아냈다. 이 말
씀은 관찰과 대화를 통해 배울 수 있는 사적인 상당 시간을 여호수아에게
주었다는 것이다. 하나님의 종 모세는 여호수아를 하나님의 종으로 길러
내도록 하는 통로가 되었다. 이러한 경험을 바탕으로 여호수아는 그의 사
역기간 중에 모세의 사역을 성공적으로 수행했고 가나안의 모든 땅을 점
령했다.[3]

셋째로, 엘리야에게도 젊은 선지자를 배출하는 학교에 제자들이 있었
다. 하나님은 이 무리를 통해 이스라엘의 부흥과 심판을 내리시고자 했다.
그 무리 중에 한 사람이 그와 마음이 맞는 젊은 청년 엘리사였다. 하나님
의 선지자들 중에 엘리야는 자신의 사역을 이어나가도록 돕는 엘리사를
선택했다. 엘리야는 그를 공부하고 묵상하고 있는 선지자 학교에서 찾지
않았고, 일터에서 발견했다(왕상 19:15-16, 19). 엘리야는 엘리사에게 함께
가자고 빌거나, 그의 선지자직을 이용하여 그의 뜻에 따라 목회에 동참하
도록 강요하지 않았다. 놀랍게도 엘리사는 엘리야에게 그 능력의 갑절을
달라고 부탁했다. 그는 줄곧 엘리야의 권능의 팔을 통하여 하나님의 능력

2) *Ibid.*, 17.

3) Leroy Eims, *The Lost art of Disciple Making*, (Zondervan/NavPress, 1978), 32.

과 기적을 봐왔고, 훈련과 비전을 함께 보게 되므로 엘리사는 하나님께 대담하게 구하는 것을 배우게 되었다.

우리는 이 두 사람의 연합을 통해 배울 점이 있다면, 엘리야는 그 사역을 계속하도록 엘리사에게 결코 강요하지 않았다는 점이다. 엘리야는 엘리사에게 그들의 관계를 다시 재평가하고 그가 원한다면 떠나라고 세 번씩 권면했지만, 엘리사는 세 번 모두 거절했다. 엘리사는 올바른 선택을 했다. 바로 길갈에서와 벧엘에서, 그리고 여리고에서 엘리사는 그만 둘 기회가 있었음에도 불구하고, 그는 엘리야 옆에 남아있기로 했던 것이다(왕하 2:1-6).

마지막 넷째로, 이사야와 다른 선지자들에게는 그들을 선생으로 여기던 제자들이 있었는데, 그들은 스승에 대한 전통을 수집하거나 집필하기 전에 그것들을 암기하여 한동안 구두로 전파했었다. 가장 중요한 참고문헌은 이사야 8:16-18이다. "너는 증거의 말씀을 싸매며 율법을 내 제자들 가운데에서 봉함하라...보라 나와 및 여호와께서 내게 주신 자녀들이 이스라엘 중에 징조와 예표가 되었나니...만군의 여호와께로 말미암은 것이니라."

이 밖에도, 구약성경에는 한 사람이 다른 사람을 위해 헌신하는 삶의 모범이 등장하는데, 다윗과 그의 용사들이나, 자녀들을 족장으로 만드는 것이나, 자기 자식과 그 이후의 자식에게 차례로 가르칠 아버지에게 하는 구체적인 명령(신 4:9, 6:6-7)이 그것이다. 이러한 선생-제자에 대한 강조는 신약 성경의 훈육사역에 기초가 되었다.

2) 신약 초대 교회의 제자화

우리가 훈련자로서 본보기가 되시는 예수님께 시선을 돌린다면, 그가 배움의 측면에서 인간의 필요에 대해 가지셨던 통찰력이 꽤 흥미로운 것임을 보게 된다. 사람들을 향하는 접근방법은 그들이 누구인지, 그들이 무

엇을 하는지, 그리고 어느 문화권에 사는지에 따라 달리 관계를 맺으셨다
는 점에서 다양하게 나타난다. 열두 제자들은 가장 강한 제자훈련을 거쳤
다. 열 두명 가운데, 우리는 적은 수의 사람들이 관계 속에 성장하며, 고
난을 통해서 서로를 돕는 끈끈함으로 신약 교회에 기초가 놓였음을 보게
된다. 이것은 제자가 되는 과정에서 삶의 일부였으며, 그들이 예수님과 함
께 시간을 보내며 받았던 가르침과 목격했던 사건들과 들어맞는다.

이와 같이 예수님의 제자훈련 방식은 그의 모든 사역의 기초였다. 즉,
공생애 기간의 대부분은 제자들에게 집중되었다. 특별히 예수님은 세 명
의 제자들을 개인적으로 훈련하셨는데, 그들은 베드로와 요한과 안드레였
다. 인도적으로 말하면, 예수님께서는 그의 사역이 성공하기 위해서, 상당
부분이 그가 선택하고 훈련한 사람들의 헌신과 충성, 그리고 용기와 믿음
에 달려있음을 아셨다. 제자가 되기 위한 변화는 의심의 여지 없이 배움
에 한 중요한 요소였다. 예수님께서는 그의 나라 밖에 있는 자들에게 변
화를 요청하셨지만, 그의 제자들도 계속해서 배우고 변화되기를 기대하셨
다(눅 18:18-30). 정식적인 가르침이 있는 곳에서, 예수님은 다양한 방법을
사용하셨는데, 주로 개인의 경험이나, 사건으로 시작하시거나, 아니면 비
유를 통해 익숙하고 생생한 그림 언어를 사용하셨다.

복음서에 의하면 안드레는 항상 예수님께 사람들을 데리고 왔다. 그는
형제 시몬을 데려왔는데(요 1:40-42), 그는 신앙의 거목으로 불리는 베드로
였다. 오순절에 베드로는 수천의 유대인들에게 복음을 전파하여 그리스도
를 영접하게 했다(행 2장). 예루살렘에서 회심한 자들은 결국 핍박을 피해
(행 8:1-4), 안디옥으로 떠났는데(행 11:19), 거기서 개인적인 복음전도를 통
해 다른 유대인들 또한 회심하게 되었다. 부활 이후 베드로는 은혜 안에
서 성장했고, 하나님께서 베드로로 하여금 고넬료와 그의 가족이 믿음을
가질 수 있도록 하여 이방인의 회심을 위한 포문을 열게 하셨다(행 10장).
이는 안드레에서 베드로를 통해 예루살렘에서 일어난 수천명의 회심과,
안디옥 교회의 첫 선교를 통해 보는 갑절의 역사인 것이다. 안드레는 개

인적인 복음 전도로 말씀을 전했고, 한 사람씩 예수님께 인도했다. 그의 형제 베드로를 그리스도에게 데려오므로, 안드레는 시몬 베드로가 하나님의 나라를 이루게 된 모든 상급을 받았다.

사도요한 역시 제자를 양성했다: 그가 교회 지도자들에게 쓴 세 편의 서신은 영적인 아버지로서 책임감을 계속 이어나가는 모습을 보여준다. 교회사의 기록에 따르면 요한은 이후 역동적인 증인이 된 서머나의 폴리갑이라는 사람을 양육하였다. 그리고 폴리갑 또한 이레니우스를 제자로 삼아 양육하였고, 훗날 이레니우스는 목사가 되었다. 비록 이 제자들은 2세기 무렵 극심한 박해 속에서 자신들의 삶을 드려 순교했지만, 그들의 제자 양육의 목회는 역사 속에 길이 남았다.

더 나아가, 제자 양육에 대한 바울의 접근은 성장과 변화, 그리고 제자가 되기 위한 노력의 중요성을 분명히 보여준다. 바울에게 제자란 전투와 경주에 참여하는 그리스도 안에서 성숙한 자로(고전 9:24-27), 빠르게 달성되는 상태보다는 지속적인 것을 암시하는 이미지였다. 바울은 예수님처럼 배움에 대한 공동의 차원에서 관심을 가졌고, 교회의 설립은 제자를 만드는 지속적인 과정이 집중되고 육성될 수 있는 맥락을 제공했다. 제자를 만드는 것은 기독교 공동체가 바울의 성장기에 만났던 시기로 국한되지 않고, 그가 다메섹으로 가던 길에서 부활하신 그리스도와의 만남에서 시작된 경험의 결과였다(행 22:1-21).

다메섹의 회심을 경험한 바울은 그의 남은 인생에 성령 하나님의 인도를 따라 신실한 삶을 살았고, 이후 예수 그리스도의 말씀으로 디모데와 같은 제자들을 양육했다. 바울이 전도 여행을 나섰을 때는 하나님께서 그의 노력을 풍성히 축복하셨고, 수많은 자들이 하나님께 돌아왔으며 수천 명이 복음을 듣게 되었다. 이 임무로 거의 목숨을 잃을 뻔하기도 했다. 특별히, 안디옥에서 하나님의 영이 바울의 마음을 움직이셔서, 다시 전도 여행을 떠났다. "얼마 있다가 떠나 갈라디아와 브루기아 땅을 차례로 다니며 모든 제자를 굳건하게 하니라"(행 18:23). 이후 바울은 목회의 이러한 측면을 다음과 같이 분명히 말한다.

"우리가 그를 전파하여 각 사람을 권하고 모든 지혜로 각 사람을 가르
침은 각 사람을 그리스도 안에서 완전한 자로 세우려 함이니 이를 위
하여 나도 내 속에서 능력으로 역사하시는 이의 역사를 따라 힘을 다
하여 수고하노라"(골 1:28-29).

바울의 고백을 주의 깊게 살펴 보면, 그는 하나님께서 그에게 주신 전
력을 다해 항상 사역에 임했다. 어떤 사역을 했는가? 사람들을 그리스도
께로 인도하여 그 안에서 장성하며 자라게 했다. 그 과정은 비용과 시간
이 많이 들었다. 바울은 목회사역을 하는 자들에게 다음과 같이 말하였다.
"그러므로 여러분이 일깨어 내가 삼 년이나 밤낮 쉬지 않고 눈물로 각 사
람을 훈계하던 것을 기억하라"(행 20:31). 그는 데살로니가 사람들 사이에
서도 동일한 사역을 이어나갔다.

"너희도 아는 바와 같이 우리가 너희 각 사람에게 아버지가 자기 자녀
에게 하듯 권면하고 위로하고 경계하노니 이는 너희를 부르사 자기 나
라와 영광에 이르게 하시는 하나님께 합당히 행하게 하려 함이라"(살
전 2:11-12).

우리는 예수님께서 그분의 사역을 이어나가도록 선택하신 사도들의 목
회편을 간략히 살펴보았다. 그들의 목회사역은 감옥, 구타, 위협, 지진, 난
파, 살인 음모, 기적의 정황 가운데 놓였고, 그 밖의 사건들이 오고 가는
지역과 지중해 바다를 끼고 많이 일어났다.

그러면 어떻게 초대교회는 예수님의 명령을 따라 모든 나라로 제자를
삼았는가? 우리는 이에 대해 두 가지 중요한 요소를 살펴볼 것이다.

(1) 제자들은 전방위로 사역했다.

첫 번째 제자들은, 예수님의 완벽한 본보기를 통해서, 진정한 사역은

온전한 헌신을 요구한다는 사실을 깨달았다. 예수님의 사명에 대한 제자들의 반응에는 프로다운 기미는 없었다. 그들은 사역에 무관심한 '전문가'가 아니었다. 스승의 뜻과 목적에 완전히 맡겨진 열정적인 자들이었다.

> "우리가 이같이 너희를 사모하여 하나님의 복음뿐 아니라 우리의 목숨
> 까지도 너희에게 주기를 기뻐함은 너희가 우리의 사랑하는 자 됨이라"
> (살전 2:8).

이러한 목회사역의 총체성은 바울이 에베소 장로들에게 고별 설교를 할 때 두드러지게 드러난다. 그의 설교에서 우리는 제자 삼는 것이 우리 전 인생을 포함한다는 것을 보게 되는데, 단순한 설교나 상담, 또는 기도만으로 되는 것이 아니라, 믿음 안에서 형제 자매가 잘 성장하도록 우리의 모든 전력을 다하는 데 있다. 바울이 사도행전 20장에서 언급한 몇 가지 중요한 요소들을 기억하라는 것이 중요하다.

- **동역의 지속성** "오매 그들에게 말하되 아시아에 들어온 첫날부터 지금까지 내가 항상 여러분 가운데서 어떻게 행하였는지를 여러분도 아는 바니"(18절).

- **신실한 섬김** "곧 모든 겸손과 눈물이며...시험을 참고 주를 섬긴 것과"(19절).

- **공사(公私)의 목회** "유익한 것은 무엇이든지 공중 앞에서나 각 집에서나 거리낌이 없이 여러분에게 전하여 가르치고"(20절).

- **전도의 관심** "유대인과 헬라인들에게 하나님께 대한 회개와 우리 주 예수 그리스도께 대한 믿음을 증언한 것이라"(21절).

- **생명의 헌신** "...나의 생명조차 조금도 귀한 것으로 여기지 아니하노라"(21절).

- **말씀의 선포** "...왕래하며 하나님의 나라를 전파하였으나"(25절).

- **포괄적인 교리교육** "이는 내가 꺼리지 않고 하나님의 뜻을 다 여러분에게 전하였음이라"(27절).

- **지도자들의 성장** "여러분은 자기를 위하여 또는 온 양 떼를 위하여 삼가라 성령이 그들 가운데 여러분을 감독자로 삼고...교회를 보살피게 하셨느니라"(27절).

- **돕는 손길** "그러므로 여러분이 일깨어 내가 삼 년이나 밤낮 쉬지 않고 눈물로 각 사람을 훈계하던 것을 기억하라"(31절).

- **기도** "이 말을 한 후 무릎을 꿇고 그 모든 사람들과 함께 기도하니"(36절).

- **실제적 관심사** "여러분이 아는 바와 같이 이 손으로 나와 내 동행들이 쓰는 것을 충당하여 범사에 여러분에게 모본을 보여준 바와 같이 수고하여 약한 사람들을 돕고 또 주 예수께서 친히 말씀하신 바 주는 것이 받는 것보다 복이 있다 하심을 기억하여야 할지니라"(34-35절).

- **다정한 교우관계** "다 크게 울며 바울의 목을 안고 입을 맞추고"(37절).

이렇듯 바울은 성도들이 믿음 안에서 굳건하게 자라는 것을 보아야 했기에, 그가 가진 모든 것을 내놓았고, 이러한 그의 관심을 공감할 수 있는 신실하고 책임 있는 지도자들을 교육함으로 사역의 지속성을 확보하고자 했다. 바울의 각기 다른 사역들, 예컨대 설교, 교육, 전도, 리더양성, 목회상담, 기도, 구제, 그리스도인의 사랑 등 이 모든 것들을 서로 보완하며, 에베소 지역 이외의 곳에서도 제자들을 삼는데 기여하는 요소들이었다. 우리는 어떤 공식이나, 프로그램, 방법만을 제작하다가 제자를 줄게 하는 일은 없는지 주의해야 할 것이다.

(2) 지역 교회에서 제자들이 세워졌다.

교회의 위치에 대해서는 이후의 장에서 충분히 다루겠지만, 최소한 여기서 일부 다루어야 할 필요가 있다. 제자 삼는 일은 신약에서는 교회를 세우는 것과 불가분의 관계이다. 때로 현재 출판되는 저서에서는 우리가 다루는 주제에서 그 시야를 잃을 때가 있는데, 대부분의 저서는 예수님의 목회사역에 열두 명의 제자를 삼는 것이나, 바울의 사도적인 노력에 초점을 맞춘다는 것이다. 어떻게든 신약 교회에서 제자를 삼는 일에, 보다 정상적인 방식이 간과되었다는 것이다. 바울을 포함한 다른 사도들은 자립하기 위해 애쓰는 고립된 성도들을 떠나지 않았다. 각 지역마다 사도들이 세운 교회를 뒤로하고, 기도와 서신으로 교회를 계속 격려하므로 교회들이 성장하고 잘 되는 것을 보기 원했다. 그들은 말씀을 선포했던 각 도시마다 "형제들이 어떠한가 방문하자(행 15:35)"며 돌아오기로 약속했다. 그들이 이렇게 한 이유는 "교회들을 견고하게(행 15:41)"하기 위한 명확한 목적 때문이었다.

각 지역마다 장로들이 세워질 때(딛 1:5), 신실한 성품과, 좋은 명성, 그리고 성경적으로 바른 지식을 가지고 있는 자로 세워졌다(딛 1:5-9). 그들은 하나님의 양 떼들 가운데에서 지혜와 사랑으로 본을 보이고 목회를 했다(벧전 5:1-4). 이러한 점이 하나님께서 제자 삼는 일을 명하신 맥락인 것이다. 남자와 여자, 아이들 모두는 지역 내에 있는 하나님의 사람들로 구성된 공동체 안에서 제자로 성장을 했다. "오직 사랑 안에서 참된 것을 하여 범사에 그에게까지 자랄지라 그는 머리니 곧 그리스도라 그에게서 온 몸이 각 마디를 통하여 도움을 받음으로 연결되고 결합되어 각 지체의 분량대로 역사하여 그 몸을 자라게 하며 사랑 안에서 스스로 세우느니라"(엡 4:15-16). 이렇듯, 제자들은 생동감 넘치는 공동체 안에서 하나님의 말씀으로 지속적인 지도를 받으며 믿음 안에서 세워졌다.

3) 제자 삼는 일의 역사적 사례들

"나는 옛사람의 전철을 밟으려는 것이 아니다. 나는 그들이 추구한 것을 추구한다."

우리가 방금 설명한 신약성경의 패턴은 초기에 수많은 공격을 받았다. 몇 몇 저자들은 초대 교회 제자 삼는 효과와 이러한 공격들을 분석하고자 했 다. 칼 윌슨의 저서 "그리스도로 제자 세우기(*With Christ in the School of Disciple Building*)"에서 초대교회 당시 신약 성경의 제자 세우는 7가지 원 인의 마지막이라 불리우는 것을 설명한다.4) 아래 리스트에 다음의 요소들 이 있다;

- 급증하는 불가지론과 기타 이단들: 초대 교회는 변증적으로 대응하였 고, 대부분의 관심은 이 중차대한 일에 쏠려있었다. 그 결과, 제자 삼 는 일은 간과되었다.

- 몬타니즘과 같은 운동은 감정과 경험을 강조한 나머지, 때때로 교육이 최소화되기도 했고, 많은 사람들이 믿음으로 굳건하게 세워지지 못했다.

- 성찬주의가 발전함에 따라 하나님의 말씀 선포보다 의례와 의식이 강 조됐다.

- 성직자주의의 대두와 성직자 그룹과 성도 그룹 사이의 비성경적 분리 가 있었고, 때로는 성직자 당국의 권위가 하나님 말씀 위에 있었다. 모든 지도자들에게 주어진 답이 있었기에, 성도들은 개인적인 제자도 의 발전이 필요없었다. 지도자들은 그들 자신을 위한 성경 해석을 했 고, 성도를 대신하여 하나님께 대신 간구했다.

어떤 정확한 세부 내용이라도, 이러한 요인들의 발전으로 인해 제자 삼 는 교회의 성경적인 비전이 저지된 것이 명백한 사실이다. 그러나, 하나님

---

4) Carl Wilson, *With Christ in the School of Disciple Building, a study of Christ's methods of building disciples*, (Zondervan, Grand Rapids, 1976), Chatper 1, 19.

의 은혜로 비전이 완전히 없어진 것은 아니었다. 하나님은 이 모든 난관들보다 크신 분이시다. "하나님은 사람이 아니시니 거짓말을 하지 않으시고 인생이 아니시니 후회가 없으시도다 어찌 그 말씀하신 바를 행하지 않으시며 하신 말씀을 실행하지 않으시랴"(민 23:19). 하나님께서는 모든 세대마다 그의 제자들의 끓는 마음 가운데 제자 삼는 명령을 끝까지 수행하게 하신다. 여러 곤경이 교회를 옥죄이는 위험이 될 때마다, 하나님께서는 큰 개혁을 이루셔서 복음의 진리를 비추시고, 그의 사람들을 종횡으로 보내서서 진리를 선포케 하셨다. 수많은 경우 교회가 사실상 제 역할을 하지 못할 때면, 하나님께서는 늘 그의 백성을 깨우셨다.

오늘날 어떤 사람들은 20세기를 신약성경 이후 처음으로 이 원리들이 재발견된 시기로 잘못 말한다. 하지만 그렇게 말하는 것은 교회 역사에 대한 끔찍한 무지를 드러내는 것일 뿐이며, 많은 위대한 하나님의 업적에 오점을 남기는 것이다. 아마 어떤 사람들의 생각의 문제는 제자를 삼는 것을 오직 하나의 방법으로만 동일시한다는 것인데, 예를 들어 일대일 양육이 그것이다. 하지만 신약성경에 따르면 제자는 이러한 방식으로 세워지는 것이 아니라 교회 생활의 총체성을 통해 이루어짐이 확인된다. 사실상, 교회 역사 속에서 이러한 부분을 설명한다면, 어디서부터 시작해야할지 모를 수많은 사례들을 들 수 있을 것이다.

다음에 나오는 것이 제자를 만드는 예시인가?

• 하나님의 위대한 사역은 16세기 종교개혁 당시 마틴 루터, 존 칼빈, 존 낙스와 같은 목회자들을 통해 이루어졌다. 믿음을 통하여 은혜로 구원을 받는다는 성경적인 교리가 회복되었고, 성경은 신앙과 실천의 모든 점에 있어서 유일한 권위로서 유지되었다. 하지만 종교개혁은 동시에 제자를 만드는 운동이었다. 다음 스펄전 목사가 종교개혁지인 제네바에서 한 말에 귀를 기울여보라. "열성적인 젊은이들의 심장에 글을 써서 자신의 견해를 전파하는 것 외에, 한 사람이 온 나라에 영향

을 미칠 수 없음을 인식하는 칼빈의 명백한 상식 때문에 스위스의 작
은 공화국에서 유래한 나라들이 얼마나 많은가?"5) 사람들은 제네바
를 떠나 전 지역에서 복음을 전하고 교회를 설립했다.

• 따뜻하고, 적절하며, 열성적이면서, 하나님을 높이는 성경적 설교의
  전통은 19세기 영국의 조지 휫필드와 대니얼 로우랜드, 그리고 스펄
  전과 같은 인물들에 의해 대표되는 전통이다. 에이피온 에반스는 로우
  랜드의 설교를 다음과 같이 평하였다: "지혜와 기도는 매 순간 하나님
  의 말씀을 분별하기 위해 필수적이고, 그가 그것을 어떻게 그의 회중
  과 관련지어 적용해야 하는지 분별할 필요가 있었다. 분명하고 면밀하
  게 사람들에게 적용하기 전에 정직하고 면밀한 본문 해설이 있었다."6)
  리처드 백스터가 말하기를 설교 사역은 "진리를 명확하게 하여 양심
  에 저항할 수 없는 빛을 받아들이도록 청중들을 확신시키고, 이를 그
  대로 간직하게 하여 집으로 향하게 할 것이다. 그리고 이 진리를 마음
  에 새겨두게 하여, 그리스도를 마음으로 끌어들일 것이다."7)

아마도 우리는 많은 지역에서 설교가 인기를 얻지 못하는 시대에 제자
를 만들어 내는 영향을 거의 보지 못한다. 그러나 하나님께 쓰임받는 진
정한 설교는 죄인들의 회심과 함께 성도들을 강하게 세운다.

• 상세한 묘사와 실제적인 저술과 가르침에서 사람들의 마음을 자세히
  다루는 청교도적인 관행이 '토마스 브룩스(Thomas Brooks)' 와 '사탄
  의 전략을 대항할 요법(Precious Remedies against Satan's Devices)'

5) C. H. Spurgeon, "Metropolitan Tabernacle Pulpit", Vol 7, 1861, Sermon on 'The Church-Conservative and Aggressive', 393.

6) Eifion Evans, Daniel Rowland and the Great Evangelical Awakening in Wales, (Banner of Truth Trust, 1985), 168.

7) Richard Baxter, The Reformed Pastor, (Banner of Truth, 1975), 70.

과 같은 작품을 통해 성도의 어려움과 문제들을 집어내며 실제적인 도움을 장려한다.

• 그리스도인의 진실 된 사랑과 관심은 예수님과 초기 교회 지도자들의 마음을 그대로 반영하여 기독교 전기에 수많은 사례들로 수록되어 있다. 사도 바울의 태도(살전 2:11-12)에 관하여 조지 휫필드의 저널에 자세히 인용되었다. 조지 휫필드는 연일 이어지는 부흥회로 피로한 가운데, 조지아에서 앞으로의 일을 심사숙고하며, 선내에서도 알차고도 지속적인 전도 활동을 하면서, 제임스 하버셤(James Habersham)에 대해 다음과 같이 기록했다. "오, 내가 저 사람을 양육하는 하나님의 도구가 되길!"8) 개인을 향한 관심은 그로 하여금 자라나게 하고 하나님의 유용한 종이 되게 한다. 이러한 사실은 분주한 사역에도 불구하고 휫필드에게는 매우 중요한 것이었다.

• "스위스인, 보두아인, 발덴스인의 목사는 한 명의 젊은이를 훈련시킨다. 목사들이나 목자들은 항상 어디를 향하든지 그들과 동행한 젊은 청년이 있다. 그는 연로한 목사를 돌보고, 그의 방식을 관찰하며, 거룩한 기도들을 주의 깊게 듣는다. 원로에게 영감을 받으며 울퉁불퉁한 산을 등반하는 법과, 원로에게서 보이는 담대함을 통하여 적들과 맞서 싸우는 법을 배운다. 즉, 책에서는 배울 수 없는 지혜와, 가장 저명한 대학의 가장 뛰어난 교수들에게서도 얻을 수 없는 실제적인 목회 훈련을 받는다. 이렇게 하므로 스위스인들은 진리를 변호하기 위해 똑똑하지는 않아도 항상 유용하고, 유명하진 않아도 늘 건실하고 용맹한 사람들의 계승을 유지해왔다."9)

• 윌리엄 테넷(1673-1745)은 미국 동부 펜실베니아주의 장로교 목회자로 그의 네 아들을 자가(自家)에서 양육했다. 다른 젊은 이들도 이와

8) Arnold Dallimore, *George Whitefield*, vol 1, (Banner of Truth, 1970), 143.
9) C. H. Spurgeon, "Metropolitan Tabernacle Pulpit, Vol 7, 1861, *Sermon on The Church-Conservative and Aggressive*, 393.

같은 훈련을 부탁했고, 테넷은 방 하나의 가정 학교를 세웠다('로크, 통나무 칼리지'로 폄훼되기도 했다). 테넷은 피교육자들에게 "철저한 신학교육을 제공했지만, 거기서 멈추지 않았다. 복음의 진리로 그들의 불붙는 열정과 하나님을 위해 두려움 없는 강인한 믿음으로 그들을 양육하여 파송하였다."[10]

• 1800년대, 에드워드 킴벌이라는 주일학교 선생님이 그의 학급에서 제 자를 세우기 시작한 사례를 살펴보자. 그 결과는 지금 1980년대(필자 주: 본 논문이 쓰인 시점)를 살아가는 우리에게 있다. 에드워드 킴벌 은 주일학교에서 방황하는 청소년들을 위해 헌신했다. 특히 그는 시골 에서 갓 올라와서 가까운 신발 가게에서 일하던, 한 뒤쳐진 소년에게 마음이 쓰였다. 하루는 킴벌이 그 신발 가게를 방문하여, 뒷 칸 방에 서 그 소년에게 예수를 나의 구원자로 영접하도록 설득했다. 킴벌은 그 소년에 대해 다음과 같이 묘사했다 "나는 그가 내 주일학교 수업 에 들어올 때 정신적으로 더욱 어두운 아이들이나, 분명한 주장을 지 니는 기독교인이 되리라는 기대는커녕 어떠한 영역에서든 공공의 유 용성을 확대하지 못하는 아이를 본다". 그러나 드와이트 무디라는 젊 은이는 대중적인 복음화의 현대 기술을 지닌 선구자로 알려지게 되었 고, 북미와 유럽에서 수백만 명의 마음을 울리는 성령의 기름 부음 받 은 설교자로 알려졌다. 사실상, 킴벌의 영적인 제자들이 줄고 세워지 는 사역이 힘있게 추진될 시기에, 이미 영국에서 무디의 대 부흥운동 일고 있었다.[11]

교회 역사상 모든 민족으로 제자를 삼으라는 주님의 명령을 진지하게 받아들인 사람들의 사례를 여러 번 반복하는 것은 매우 쉬운 일일 테지

---

10) Dallimore, *op. cit.*, 416.

11) Waylon B. Moore, *Multiplying Disciples-The New Testament Method for Church Growth*, (NavPress, 1981), 15-16.

만, 역사 속에 특정한 네 가지 사례를 집중해 보는 것이 더욱 도움이 될 것이다.

(1) 리처드 백스터(Richard Baxter-"개혁된 목회자")

"그리스도의인 힘은 교회의 명예에 있다...세상은 성경보다 한 사람의 삶에서 종교의 본질을 더 잘 읽을 수 있다. 그러므로 성도를 빚어가고 완전하게 하는 것에 더 많은 노력을 기울이는 것이 우리의 사역에 정말 중요한 부분이고, 그들로 주 안에서 굳건하게 되어 주를 섬기는 일에 적합하게 된다."[12]

리처드 백스터의 사역에서 우리는 제자 삼는 관심과 실천에 두드러진 사례를 보게 된다. 백스터는 1639년 영국 중부 지방 키더민스터(Kidderminster)에서 강연자로 그의 첫 사역을 시작했지만, 영국의 시민전쟁 시기에 일정 기간 동안 군목으로 섬기게 되어 그의 목회사역은 단축됐다. 1647년 백스터는 키더민스터로 돌아온 뒤로 1661년까지 노동을 했다. 키더민스터는 당시 약 20개의 마을이 있는 시장 마을이었으며, 약 3천에서 4천 명의 사람들이 살고 있었다. 이중에 약 600명 정도가 그의 설교를 들었다. 비록 교회는 신실하고 교양있는 사람들이 핵심이지만, 이 교회에는 술꾼들과 무지몽매함이 팽배했다. 백스터의 보고에 따르면 한 교구 주민은 "그리스는 태양이고, 성령은 달이라고 생각했다."[13]

백스터의 개인적인 상황은 열매가 맺히는 사역의 관점을 개발하는데 어떠한 도움도 되지 않았다. 그의 인생 절반에 있어서 백스터는 좋지 않은 건강으로 매일 고통 속에 시달렸다. 이 고통을 달래기 위해 매일 운동

---

12) Baxter, *op. cit.*, 98.

13) Geoffrey Nuttall, *Richard Baxter*, (Thomas Nelson, London, 1965), 46.

에 두 시간을 투자해야 했고, 그의 질병은 저녁 식사 이후 거의 개인 연구시간을 가지지 못했음을 의미했다. 이와 더불어 우리는 백스터가 영국과 스코틀랜드, 소위 남북전쟁의 뒤숭숭한 여파 속에서 어려운 시기에 목회를 했다는 점을 기억해야 한다. 그는 작가로서의 명성 때문에 그의 시간에 대한 수많은 외적인 요구도 있었다. 그가 키더민스터에 있는 기간 동안 세 편의 불후의 작품을 남겼는데, 그것은 "성도의 영원한 안식(*The Saints Everlasting Rest*)"(1650), "개혁된 목회자"(*The Reformed Pastor*), (1656)와 "회개하지 않은 자에 대한 부르심(*A Call to the Unconverted*)"(1658)이다.

비록 사회적 혼란에도 불구하고, 백스터는 영혼의 중요성을 바라보는 눈을 잃지 않았다. 그는 "겸손"하고, "개혁"되고, "회심"한 사람들을 특별히 주목했는데, "그는 스스로 그들을 보석이라고 부를 생각이 없었기 때문이다."[14] 그러던 중에 하나님의 은혜로 백스터의 사역은 마을에 큰 변화를 가져왔다. "내가 처음 그곳에 왔을 때, 한 거리에 하나님을 경배하고 그의 이름을 부르는 한 가족이 있었다...내가 떠났을 때는 길가에서 어느한 가족도 지나치지 않았던 몇몇 거리들이 있었다...주일 날에는 거리에 보이는 무질서함이라고는 찾아볼 수 없었고, 거리를 지나면서 수백 가정들이 시편을 노래하고 설교를 반복한 것을 들었을 것이다...가정 내에 기도나 설교를 할 수 있는 사람이 없을 때, 이를 할 수 있는 주변 이웃집이 동참하였다.[15] 하나님의 은혜 아래 백스터가 고안한 어떤 수단이 도대체 그러한 성공을 가져왔는가? 이에 대해 우리는 최소 4가지 요점을 구분해볼 수 있다.

먼저, 백스터는 교회에서 강력한 설교 목회를 했는데, 그는 명확하고 일관되게 죄인들을 회심시키고 성도들을 굳건하게 세우는 것을 목표로 했다. 이는 단순한 "연설"이 아니라, 강력하고 실제적인 하나님의 말씀에

---

14) *Ibid.*, 29.
15) *Ibid.*, 47.

대한 해설이었다. 백스터의 개인 사정들은 현실성과 성실함이라는 차원에서 그의 공적 사역에 보탬이 되었다: "나는 다시 설교할 수 없을 것처럼 설교했고, 죽을 사람처럼 죽어가는 사람들에게 그리 했다."[16] 이렇듯, 그의 설교 목회는 개인 목회를 위한 플랫폼을 제공했다.

둘째로, 백스터가 설교 목회를 높이 평가하면서, 그는 성경의 주장대로 인간의 영혼에 대한 보살핌과 목회적인 감독을 따라야 한다는 점을 확신했다. 이러한 강한 확신은 교구 주민들을 향한 권면에서 드러난다. 그가 떠날 시기가 되자, 그들에게 신실한 목회자를 구하도록 최대한 충고했다; "개인적인 감독과 공적인 가르침에 순종하라. 그것은 설교단에서 행해지는 목사의 일 중 극히 일부에 불과하다."[17] 백스터는 이러한 원리의 가장 중요한 적용으로 교구의 모든 가족과의 개인적인 회의 시간에 집중하는 것이다. 이러한 방법으로, 그는 그 마을에 있는 모든 사람들(거부하는 3-4가정을 제외하고)을 알게 됐고, 한 사람씩 신령하게 세워졌다.

백스터와 그의 동역자들은 매주 월요일과 화요일에 수행하는 사역에 헌신했다. 각 가정이 시내와 근처 마을에서 차례로 그를 찾아왔다. 매주 14가정이 백스터의 집으로 오거나, 백스터가 가정을 방문하는 형식으로 목회적 돌봄을 받았다. 그들은 어떻게 시간을 고용했나? 백스터가 직접 쓴 글에 그 해답이 있다: "먼저 그들은 신조를 우리에게 낭송하게 했다...그 이후 그들이 이해할 수 있도록 도움을 주었고, 나는 그들이 그것을 이해할 수 있도록 도왔으며, 다음으로 그들의 영혼의 상태를 겸손히 묻고 마지막으로 그들의 여러 조건에 따라서 그들의 마음을 설득하고, 각성시키고, 해결하도록 하며 모든 가족과 약 1시간을 바쳤다...눈물을 흘리지도 않고, 경건한 삶을 위한 진지한 약속도 없이 내 곁을 떠난 가족들은 거의 없었다."[18] 제임스 패커에 의하면, "자녀들을 위한 예비 훈련에서 모든

---

16) *Ibid.*, 44.
17) *Ibid.*, 44.

연령대의 목회자료가 영구적인 요소로써 개인 교리를 개선하는 것은 목회를 위한 청교도적 이상을 발전시키는 것이 그의 주요 공헌이었다."[19]

세 번째 요소는 키더민스터에서 열린 백스터의 제자 만들기 프로그램으로 기회를 가지고 간절히 바랐던 자들을 위한 목요일 저녁 강의였다. 백스터는 이 강의와 주일 설교에서 수강하는 학생들로 하여금 기독교의 기초를 확고히 다지고자 하였다. 또한, 이 밤은 매주 기도와 토론의 장으로도 활용되었다. 한 사람은 설교를 반복했고, 설교 내용에 관한 질문이 오고 갈 때, 일반적인 질문과 의문점들이 제기됐고, 기도를 끝으로 포럼이 마무리 되었다(백스터가 수강생들 중 한 사람에게 기도를 부탁했다).

네 번째 요소는 백스터가 다음과 같이 묘사한다; "...일주일에 한 번씩은 이렇게 훌륭한 집회에서 기도하기에 적합하지 않은 젊은 부류의 사람들 가운데, 몇몇 사람들끼리 개인적인 만남을 가지고 세 시간씩 함께 기도하며 시간을 보냈다. 매주 토요일 밤은 몇몇 사람들의 집에 모여 주일의 마지막 날까지 설교를 반복했고, 그다음 집회를 위한 준비와 기도를 했다."[20]

백스터는 이러한 사적 모임이 유익하다고 생각했을까? 그의 결론에 귀를 기울여보자; 이러한 사적 모임은 "그들 사이에 경건함을 전파하는 데 큰 도움이 되었다. 그리하여 흘러간 진리가 되살아났고, 민중의 진지함을 새롭게 하고 선한 갈망을 소중히 하였다. 이로써 그들의 지식은 훨씬 높아졌고 여기에서 젊은 부류는 남의 말을 자주 들으며 기도하는 법을 배웠다. 나는 여기서 그들의 사례를 알 수 있는 기회가 생겼다. 만약 누군가 공개적으로 접촉하고 깨어난다면, 나는 그가 우리의 사적인 회의에 참석하는 것을 볼 수 있을 것이다...[21] 그러나 백스터는 단지 키더민스터에 영

---

18) *Ibid.*, 57.
19) J. I. Packer, *Introduction to Reformed Pastor*, (Banner of Truth, 1974), 13.
20) Nuttall, *op. cit.*, 58.
21) *Ibid.*, 58.

향을 주는 것에 만족하지 않았다. 그는 다른 사람들을 훈련했고, 그의 사역을 증대시켰다. 리처드 서지언트(Richard Sargeant), 험프리 월드론(Humphrey Waldron), 토마스 볼드윈(Thomas Baldwin)은 모두 백스터의 조수로서 교구의 목회 감독을 도왔다. 백스터는 먼저 그들로 하여금 그와 동행할 것을 허락한 후에, 점차 더 큰 책임감과 독립성을 부여하므로 그들에게 교리를 가르쳤다. 1656년까지 세 사람 모두 키더민스터 근거리에 있는 지역의 교회에서 목회를 했다.

백스터는 또한 사역자들 사이에서 진정한 협력을 강조했는데, 이는 그가 키더민스터에 있을 때 우스터셔 협회(Worcestershire)를 설립하는 계기가 되었다. 이 협회가 생긴지 첫 3년 안에 무려 72명의 목회자들이 가입했다. 이 협회의 정신은 곧 주변으로 급속하게 퍼졌고, 케임브리지 근교(Cambridgeshire), 더번(Devon), 그리고 콘월(Cornwall)에 연이어 설립되었다. 그 중에 우스터셔 협회의 회원들은 백스터의 체계적인 교리법의 채택을 약속했다. 그들은 하나님께 축복을 감사하며 기도와 금식의 날을 재정하였고, 백스터를 설교자로 초청했다. 백스터는 건강이 좋지 않아 그 부탁에 응할 수 없었고, 다만 그가 준비했던 원고를 출판하기로 했는데, 그것은 사도행전 20:28에 대한 상세한 해설과 적용이었다. 이는 '개혁된 목회자'의 모습으로, 오늘까지 백스터의 원리와 실천이 보존되어 오는 수단이 되었다.

한 세대가 지나고, 존 웨슬리와 찰스 웨슬리(John and Charles Wesley), 윌리엄 그림쇼(William Grimshaw), 그리고 필립 도드리지(Philip Doddridge)는 이 사역을 지속한 인물들로, 설교자들에게 '백스터의 원칙'을 수용할 것을 권유했다. 그러나 백스터의 방법은 사실 전례가 없었던 것이 아니라, 신약성경의 원칙을 새롭게 발견하고 적용한 것으로 모든 진정한 목회자의 특징을 나타내야 하는 목회자의 마음에서 비롯된 동기부여였다. 백스터는 당시 세대에게 "마음을 기울이고 소통을 통해 그들이 처한 가장 위험한 죄는 무엇이며, 어떠한 의무가 가장 간과하기 쉽고, 또한 그들이 빠질만한 유혹은 무엇인지에 대해 자신의 양 떼를 알아야 함을 상기시켰다. 왜냐하면, 만약 그들의 기질이나 질병을 모른다면, 우리는 의사로서의 성공을 증명하지 못할 것이기 때문이다."[22]

(2) 찰스 시므온과 캐임브리지 - "설교 강단의 귀족"

"시므온에 관한 한, 당신이 그의 권위와 영향력이 무엇인지와, 어떻게 그가 캐임브리지에서 영국의 가장 외딴곳까지 확장했는지를 알게 된다면, 교회에 대한 그의 진정한 영향력은 그 어떤 영장류보다 훨씬 컸음을 인정하게 될 것입니다"(맥컬레이 경).[23]

1782년, 찰스 시므온(Charles Simeon)은 캐임브리지에 있는 홀리 트리니티 교회(Holy Trinity Church)에서 그의 첫 사역을 시작하여 54년 후 죽기까지 사역을 이어갔다. 그는 1779년 정신적 불모와 격식이 지배적인 상황에서, 같은 생각을 가진 신자들과의 진정한 유대관계와는 단절된 채 대학생 때 개종하였다. 홀리 트리니티 교회 초기에는 많은 반대로 교회 내에서 너무나 시달렸다. 교회의 영향력 있는 핵심 인물들은, 시므온의 임명에 적극적으로 반대하는 운동을 벌였고, 그를 곤란하게 만들기로 결심했다. 즉, 그들은 다른 사람을 임명하여 저녁 예배를 맡아줄 설교 책임있는 자로 세우고, 시므온에겐 오전 예배만 설 수 있게 하였다. 그러나 12년 후, 1794년에 이르러서, 시므온은 온전히 설교자로 임명되었다. 그럼에도 여전히, 시므온은 오전 예배에 도착했을 때는 성도들이 이용할 수 있는 통로만 남겨둔 채 몇 개의 문은 잠겨있는 것을 발견했다.

이 밖에 예배는 때때로 떠들썩한 학부생들에 의해 야기된 소란을 겪기

---

22) *Ibid.*, 90.
23) Handly Moule, *Charles Simeon*, London, IVP, 1892(IVP ed., 1948), 148.

도 했다. 시므온이 많은 사람들의 개종과 성화를 위한 광범위한 사역의 기초를 놓기 시작한 것은, 이와 같은 편안함과는 동떨어진 환경에서 비롯되었다. 과연 시므온의 삶과 목회에 무엇이 그토록 큰 영향을 미쳤을까? 다음의 몇 가지 요소를 통해 살펴볼 것이다.

첫째로, 시므온은 어떤 사람을 제자로 만들기 위해서는 그 자신이 먼저 제자가 되어야 함을 깨달았다. 이를 위하여 그는 수 년 간 변함없이 새벽 4시에 기상하여 4시간 동안 말씀을 묵상하고 기도하면서 하루를 시작했다. 시므온에 대해 J.R.S 테일러(Taylor)는 말하기를, "그의 종교, 신앙의 비밀은 진실이었다."24) 찰스 시므온은 분명 하나님을 사랑했고, 하나님을 섬기는데 진실한 사람이었다. 헨리 벤(Henry Venn)은 시므온의 경건생활에 대해 말하기를, "...내가 그를 찾아간 적은 거의 없지만, 그는 나와 함께 기도했고, 그와 함께 식사한 적이 거의 없었지만, 감사에 대한 답례의 열정은 때로는 적절한 찬송가로, 때로는 감사기도로 참석자들의 영혼을 자극했다. 그래서 내가 그를 알고 지낸 모든 세월 동안 한 번을 제외하고 누군가에게 불친절하게 이야기한 것을 기억하지 못한다. 무엇보다 나는 그가 기도할 때에 그 전날 내뱉은 험담을 수치스럽게 여기는 것에 감동을 받았다."25)

이러한 그의 경건성은 다른 사람들의 유익을 위한 열성적이고 실질적인 고민에서도 잘 드러났다. 예를 들면, 1788년 영국 전역에 빵이 부족했을 때, 이웃 마을에서 개인적으로 구호활동을 하며, 가난한 자들을 돌보기 위해 시므온은 그가 가진 것을 희생하였다.

둘째로, 시므온은 하나님의 말씀을 설교하는 것에 헌신했다. 그는 성경을 면밀하고 명확하게 선포하여 청중의 생각과 양심에 그 말씀을 쏟아냈다. 그는 모든 설교마다 "죄인들을 겸손하게 하기, 구원자를 높이기, 거룩

---

24) *Ibid.*, (Xiii)
25) *Ibid.*, 34.

성을 진작시키기"[26]와 같은 3가지 목적을 구성했다. 이러한 그의 노력은 성경적이었다: "내 노력은 성경에 있는 것을 끄집어내려는 것이지 거기에 있을 것 같은 것을 들이밀려는 것이 아니다. 내가 설명하는 구절에서 성령의 마음이라고 믿는 것보다 더 말하거나 적게 말하지 말라...나는 아무 것도 쫓지 않고, 아무것도 피하지 않을 것이다."[27] 그가 어떤 일에 연루되었든 간에, 하나님의 말씀과 기도에 자신을 바치는 주된 의무에서 벗어 나게 할 것은 아무것도 없다고 느꼈다.

세 번째로, 시므온은 그의 설교 목회를 통해 마음에 감동을 받은 사람 들에게 더 많은 교육을 기울이는데 관심을 기울였다. 그는 말씀 연구와 기도를 위해 개인적인 큰 방을 구했는데, 얼마되지 않아 이 '단체' 가 너 무 커지는 바람에, 6개의 그룹으로 나뉘었고, 시므온은 한 그룹씩 한 달에 한 번 만남을 가졌다. 이것들은 그의 사역 초기 단계에, 호별 방문이 불가 능했던 시기에 특히 도움이 되었다.

이러한 사역에 뛰어든지 3년이 지난 뒤 시므온은 다음과 같이 적었다. "이 모든 것을 경험한 후에, 이 사적인 단체들과 관련한 나의 판단은 무 엇인가? 내 판단은 그들이 가질 수 있는 곳, 한 민족이란 그들 없이는 결 코 유지될 수 없을 것이고, 그들은 부모에게 자식으로서 그들의 목사와 관련 있다고 느낄 수도 없을 것이며, 목사 자신도 그들의 복지에 대해 자 신의 의무이자 행복이라고 생각할 수 없을 것이다."[28] 이러한 목회적인 요소는 시므온에게 있어서 효과적인 목회를 위해 필수적인 것이라고 인식 되었다.

시므온은 그의 성도들을 향한 노력은 대학에서도 현저히 영향을 끼쳤 다. 그의 사역이 막 시작되었을 초반에는 보다 개인적인 방식으로 목회 준비를 하고있는 학부생들을 자기 방으로 초대하여 체계적인 교육을 시켰

---

26) *Ibid.*, 52.
27) *Ibid.*, 27.
28) *Ibid.*, 48.

다. 그는 특히 '이 사랑스럽고 사랑스러운 젊은 주의 종들이 효과적인 설교자가 되도록 훈련시키는 것에 신경을 썼는데, "목회 설교는 믿는 자들의 모임(in an assembly of living men)에서 하나님의 말씀을 전하는 위임받은 사자使者라는 것을 상기시켜주었다."[29] 그는 또한 수년간 매주 그의 방에서 학부생들을 위한 모임을 열었다. 그의 방에 60-80여 명의 참석자를 수용하기 위해 벤치를 들여왔고, 심지어 그들은 창문의 오목한 곳까지 넘쳐났다! 이러한 금요 다과회(tea-parties)는 기독교 생활 문제를 다루는 데 있어서 남자다운 기독교 사상과 실용적인 선의의 양성소로 묘사되었다.[30]

시므온의 노력은 그 모임에서와 더 나아가 다른 곳에서도 많은 열매를 맺었다. 그는 교회선교협회의 창립에 관여했고, 많은 케임브리지의 신실한 성도들도 그를 동인도 회사의 교목으로 지속적으로 추천했다.

영국과 세계 전역으로 복음의 전도자가 된 많은 사람들의 삶에 시므온이 끼친 영향은 심히 지대했다. 경건하고 이타적인 선교 개척자로 알려진 헨리 마틴(Henry Martyn)은 거의 2년 동안 시므온의 홀리 트니리티 학교의 교구장이었다. 그는 이후 인도에서 복음 사역에 매진했고, 그 이후에는 페르시아로 그 사역을 이어갔는데, 1812년 31세의 젊은 나이로 생을 마감했다. 토마스 토마슨(Thomas Thomason)도 트리니티에서 또 한 명의 총장으로 섬기다가 인도의 선교사역을 감당했다. 다니엘 코리(Daniel Corrie)는 시므온의 목회 사역 중에 케임브리지에서 개종했고, 이후 인도에서 30년간 목회를 감당했으며, 마드라스(Madras)의 첫 주교로 임명되었다. 이 세 인물들은 전 세계로 제자를 삼는 일에 전심을 다해 헌신하도록 하는 시므온의 영향 하에 동기 부여된 또 다른 수많은 사람의 대표에 불과했

---

29) *Ibid.*, 68.
30) *Ibid.*, 141.

다.

(3) 찰스 하돈 스펄전 - "설교자들의 황태자"

"우리의 설교는 우리의 정신적인 생명, 즉 지적이고 영적인 활력의 유출
(outflow)이 되어야 하거나, 또는 형상을 바꾸기 위해 잘 다듬어지고
잘 정돈된 다이아몬드가 되어서 본질적으로 소중하고 노동의 흔적이
남아있어야 한다. 하나님은 우리가 주님께 바치는 것을 금하시며, 그것
은 우리에게 아무런 비용도 들지 않는다."[31]

우리가 일반적으로 동의하는 바와 같이 역사 속에서 발견되는 설교자
들과 목회자들 사이에서 제자 삼는 자들의 두드러진 사례 중에 하나가 찰
스 하돈 스펄전(Charles Haddon Spurgeon) 목사이다. 1850년 초, 눈 오는
날씨 때문에 에섹스(Essex) 콜체스터(Colchester)의 포병거리에 있는 프리
미티브(Primitive) 감리교 예배당에 왔다가 개종하였다. 세례를 받은 후,
1851년 그는 워터비치(Waterbeach) 침례교 예배당에 목사가 되었다. 1854
년 4월, 스펄전 목사는 사우스워크(Southwark) 뉴파크 가(New Park Street)
에 있는 침례교회의 설교자로 초대되었다. 스펄전 목사의 당시 목소리는
런던에서 처음 들렸지만, 그가 1892년 1월 31일 소천하기까지 38년 동안
계속된 목회적 소명을 즉시 수용하였다.

스펄전은 사역의 입문을 위해 준비되고 빚어졌던 케임브리지와 에섹스
의 시골에서 그의 어린 시절과 청소년기를 보냈다. 스펄전에게 첫 시기는
뉴파크 가에서 시작됐는데, 때는 각성과 소동, 조롱과 격렬한 반대가 있었
던 시기였다. 그후 스펄전은 메트로폴리탄(Metropolitan) 예배당에 정착하
고, 그 폭풍이 오랜 세월의 조용한 진행과 축복으로 서서히 가라앉은 후,
스펄전의 목회 인생 중반기로 접어들었다.

---

31) J. C. Carlile, *C.H. Spurgeon*, (London, 1934), 206.

스펄전은 분명히 성경의 강력한 증인이자 해설자였고, 결코 지울 수 없는 복음적 사상에 지대한 공헌을 했다. 은혜의 교리는 스펄전에게 살과 피였고, 구원자는 분명 그에게 늘 살아있는 인격체였으며 그는 모든 사람들을 사랑하였다. 스펄전은 절차상으로 실제적인 신학자였고, 설교가요 특별히 설교학의 대가였다. 그의 문학적인 지식은 놀랍도록 광범위했다. 게나가 스펄전은 위대한 정신을 소유했다. 그의 지적인 자질은 작위상 (titles) 뚜렷하지 않은 채 이를 거듭 거절하긴 했지만 그의 광범위한 사역에서 모든 계층의 사람들에게 다가갔다. 선도하는 정치가들과 과학자들, 군 장교들, 여러 학과의 수많은 학생들, 모든 교단의 성직자들과 목회자들은 계속해서 스펄전의 청중이었고, 그는 필요할 때면 언제든지 위대한 회중들과 타협하지 않고 자신의 것을 고수하여 어떠한 상황에서든지 그들과 함께 하였다. 이러한 이유로 사람들은 스펄전을 '배짱 좋은 사나이', '회중의 선지자', '회중의 설교가', 그리고 '설교자의 황태자'로 불렀다. 스펄전의 삶과 목회에는 중요한 몇 가지 특징이 있다. 이것을 몇 가지로 다음과 같이 정리하였다.

우선적으로, 스펄전의 현저한 목회사역은 하나님의 살아있는 말씀의 능력에 사로잡힌 복음주의적 설교에서 시작된다. 스펄전이 뉴파크 가와 메트로폴리탄 예배당의 설교 강단에 들어섰을 때, 그는 하나님의 보좌로 나아갔다. 진정으로 그의 시기에 청교도 신앙은 거의 국교처럼 매우 형식적이었다. 당시 몇몇 주교들은 유신론이 깃든 아름다운 인문주의 설교를 했지만, 그들의 노력은 제한되었고, 그들 가운데 남아있는 것은 산만한 헌정 연설문과 문학에 대한 공헌일 뿐이었다. 이러한 상황에서 스펄전은 설교가가 늘 어디서든 그리스도를 선포해야 할 것을 주장했다. 그리스도의 인격의 직분과 사역은 "우리에게 모든 것을 종합하는 하나의 주제이어야 한다. 세상은 여전히 그 구원자와 그에게 닿을 수 있는 길을 알아야 한다." 그리하여 스펄전은 그 자신을 아낌없이 목회에 헌신했다. 그는 사람들을 사랑했고 최후까지 모든 노력을 쏟았다.[32]

스펄전은 설교를 위하여 고도의 집중력을 발휘했다. 그는 위대한 설교의 비밀이 개인적인 경험에서 우러나온 위대한 주제가 있다고 보았다. 설교 강단 사역에 효율을 가져다주는 그 어느 것 하나도 그에게 작거나 사소하지 않았다. 스펄전은 지역에서 설교하는 것에 대한 애착을 놓지 않았다. 그는 평신도들의 신앙을 해방시켜야 할 의무를 인식했기 때문이다. 그는 교회의 역사를 충분히 알고 있어서 평신도 간증의 가치를 확신하였다.[33] 이 사람들 중에 누군가는 스펄전이 그 사역을 밤마다 지속적으로 수행하는 것을 발견했다. 스펄전은 자신의 사역을 사랑했고, 무의식중에 미래에 펼쳐질 위대한 사역을 준비하였다. 그는 설교가 없을 때면 아침 일찍 일어나 본문이나 주제를 정하여 묵상하는 것이 습관이었다. 그는 말하길, "낮에 연구한 내용을 모아 밤에 마을 사람들에게 나누어 주었고, 이렇게 하는 것이 내게는 큰 유익이었다. 나는 항상 얻어낸 교훈을 직접 말하는 것이 좋다고 생각했다. 하나님의 자녀들은 그렇게 한다. 특히 설교자들이 그 교훈을 외운다면 동일한 효과가 있다."고 하였다

설교자로서, 스펄전은 그가 가르친 진리에 대한 무한한 확신이 있었고, 항상 자신의 믿음에 대한 성경적인 이유를 제시하였다. 성경 자체가 스펄전에게 메시지이자, 무기였고, 자신감이자 주장이었다. 은혜의 주제는 스펄전이 가장 좋아하는 주제 가운데 하나이자 그의 입술에 담기 원했던 단어였다. 진실로, 하나님은 그의 사역에 불을 내리셨다.

예배에 참여하기 위해서는, 못된 짓을 하기로 작정한 자들의 출입을 막기 위해 티켓이 필요했다. 모든 부류의 사람들은 이 티켓을 구입했다. 1857년에 드려진 예배는 "목격의 장"(an eye-witness)으로 묘사되는데, "10시 30분까지 모든 자리가 채워져 있었고, 사람들에게 문이 열리자 열

---

32) *Ibid.*, 213.
33) *Ibid.*, 73.

띤 사람들은 서둘러 몰려 들어왔다. 10분이 채 지나지 않아 입석의 모든 구석까지 인산 인해였다. 리빙스톤(Dr. Livingstone) 박사는 연단에 앉았고, 서덜랜드 공작(the Duchess of Sutherland) 부인뿐만 아니라 왕실 공주도 참석하였다. 1882년에 의심의 여지 없이 국무총리 글래드스톤(the Prime Minister Mr. Gladstone)도 참석하였다. 이 웅장한 할아버지와 함께 그의 아들이 동행했고, 두 사람 모두 스펄전 목사의 개인 방으로 들어섰다."[34]

군중들은 정기 예배에 그 건물로 계속 몰려들었다. 주일에 두 번, 주중에 한 번 설교하는 것에 만족하지 않은 스펄전은 계속해서 교회마다 순회하며 특별한 경우에 설교하므로 매번 모임에서 사회를 도왔다. 1863년에는, 311명이 홀리 트리니티 교회에서 세례를 받았고, 116명은 표창장을 받아서 한 해 동안 총 427명이 되었으며, 인원 공제 후에 회원의 총 합계가 2517명이었다. 해마다 트리니티 교회가 세계 어느 교회보다 가장 많은 영어권 교회 신자를 갖게 될 때까지 그 수는 증가하였다.[35] 인도의 반란으로 공포된 '국가 굴욕의 날'에, 스펄전은 크리스탈 궁전에서 회전식 문까지 들어선 사람을 포함하여 23,654명의 성도들에게 설교했고, 그 날까지 "그 집회는 유럽이나 전 세계의 복음 전도자가 연설한 것 중에 가장 큰 것"[36]으로 묘사되었다.

둘째로, 스펄전의 제자 삼는 사역은 목회자 대학에서 실시되었다. 스펄전은 19세기 런던에서 사역한 기간 동안 수 천 명의 사람들에게 도움을 주는 목회를 했을 뿐만 아니라, 그 사역에 필요한 수 백 명의 사람들을 훈련하는 일에도 가담했다. 이것은 오늘날 런던 중심가에 소재한 스펄전 대학으로 지속되고 있다.

스펄전이 런던에서 사역하는 첫해 동안에 그는 토마스 W. 메드허스트

34) *Ibid.*, 210.
35) *Ibid.*, 210.
36) W. Y. Fullerton, *C.H. Spurgeon*, (London, 1920), 100-103.

(Thomas W. Medhurst)라 이름하는 청년을 알게 되었다. 메드허스트는 제임스 웰 교회에서 성장했지만 믿음은 없었다. 당시 수많은 청년들처럼, 메드허스트의 배움은 짧았고 교양이 없었다. 그러나, 스펄전은 그가 하나님의 부르심을 받았다고 믿고, 그가 열정과 언변의 재주가 있음을 알았기에, 1855년 그를 도울 책임의식을 가졌다. 이때 스펄전은 불과 21살이었으나, 메드허스트를 개인적으로 가르치기 시작했다. 스펄전은 벡슬리에서 한 목회자가 운영하는 기숙학교에 다니도록 주선하고 모든 비용을 지급해주기로 했다. 일주일에 한 번씩 메드허스트는 오후 신학 수업과 전반적인 목회사역에 관한 교습을 위해 스펄전을 방문하였다. 스펄전은 자신이 받는 사례로 그를 지원하였다. 1861년, 스펄전은 말하기를, "나는 내 가계를 지탱하는데 필요한 수입까지도 그리스도의 십자가를 위하는 목회자가 될 수 있는 청년들을 교육하기 위해 자신의 모든 것을 아끼지 않은 것에 만족했다."

이후 이 학교가 '목회자 대학'으로 명명된 이유는, 목회자들을 양성하기 위해서였다. 그리고 더 높은 가능성을 위하여 스펄전 목사는 자신이 가장 소중히 여긴 창조물로 그의 생각과 공식, 지원을 아끼지 않았다. 그 대학에 대해 다시 언급하자면, 스펄전은 그 학생들에게 말하길 "이것으로 나는 내 자신을 배가시킨다." 그는 이를 "첫째이자 가장 사랑하는 자"로 최대의 관심사였다. "이는 내 삶의 사명으로 하나님이 나를 부르셨음을 믿는다"고 했다. 한번은 말하기를, "그래서 내가 해야만 한다. 복음을 전하고 다른 이들을 훈련시켜서 복음 전도를 하는 것이 내 삶의 방향과 목표이다."[37]

이 대학은 스펄전에게 집중되었고, 그의 조력자들은 다른 사람들을 훈련시키며 좋을 성과를 거두었지만, 이 모든 삶과 영감의 모든 원천은 스펄전이었다. 당시 런던 일간지에서는 "갑작스러운 변화가 일어났다"고 보

37) *Ibid.*, 227.

도되었는데, "청년들이 스펄전의 가르침에 감명을 받고 작은 마을 곳곳을 누비며 무관심에 맞서 전도하였다." 교회의 현직에 있는 사람들로부터 경멸의 눈초리와 반대파의 지도자들은 냉담했지만, 그럼에도 불구하고 그들이 호소한 사람들에게는 따뜻한 환영을 받았다. 설교자들은 "뜨거운 복음 전도자들"이었고, 실제로 그들은 마음의 언어로 서로 소통하였다. 원고 없이 연민을 자아낸 설교들과, 이웃들을 가르치는 가락의 거친 선율, 눈에 띄는 성실함, 불멸의 열정은 곧 마을 사람들을 끌어모았고, 자기 자신을 복음의 수탁자(depositories)로 생각하는 사람들의 호기심을 사방에 불러일으켰다.

그 당시 그에 대한 화두로, "그는 결코 학문의 적은 아니지만 영혼의 친구이다". 그리고 그의 제자들에게 심어주기 위해 말과 본보기로 그가 추구한 것은 인간 영혼에 대한 사랑이었다. 스퍼전은 체스헌트 대학의 학생들에게 했던 말을 그의 제자들에게 종종 상기시켰다: "너희가 목회를 위해 준비하고 있지만, 목회하기 전까지 기다리지 마라. 너는 절대로 그것을 하고 싶지 않을 것이다. 우선 최고의 명예를 얻고, 최고의 졸업장을 확보하라. 속도와 뜨거움, 학문으로 시작한다면, 지금부터 사람을 구제하고 싶을 것이다."[38]

학생들의 수는 빠르게 증가했다. 1861년 스퍼전은 20명을, 그 다음 해에는 39명을, 그리고 그 이듬해에는 66명을, 그리고 계속되는 해마다 100명 이상을 키워냈다. 게다가 생업에 종사하는 대학생들을 위해서는 야간 강좌를 개설하였고, 수강생들이 100에서 200명까지 참여하였다. 1891년에 대학이 설립되어, 845명이 훈련을 받았으며, 그들 가운데 모로코와 포클랜드 섬과, 남아프리카, 그리고 타스마리아로 나가 복음을 전파하였다. 그들은 하나님의 나라의 각 지역에서 몰려와 스퍼전에게 배웠다. 그 무리들 중에 한 명은 스코틀랜드의 하이랜드에서 도보로 왔고, 점차적으로 사

---

38) *Ibid.*, 230.

람들이 세계 각지에서 도착하였다.[39]

대학에서 매 주 열리는 행사와 프로그램 중에 금요일 오후는 스펄전 목사의 강의였다. 그것이 항상 강연의 형식이었던 것은 아니며 가끔 시인들의 낭독도 있었다. 그 중에서 Young의 "야사"(Night Though)"는 밀턴과 카우퍼, 워즈워쓰와 콜리지, 그리고 해밀턴 박사의 "기독교 고전" (*Christian Classics*)이 가장 인기 있었다. 종종 청교도 작가들은 역사의 기억과 교훈으로 항상 낭독과 강의, 그리고 웅변술에 있어서 그 자체로 도전이 되었다.[40] "학생들을 향한 강연"의 발행 부수는 매우 많았으며, 총장 스펄전이 가르칠 가치가 있었다. 두 번째 책에는 "동작, 행동, 그리고 몸짓"에 대한 두 개의 강의가 있었는데, 그것은 타인이 설교자 자신을 보는 것처럼 그들도 자신을 바라볼 수 있기를 바라도록 하는 삽화적인 그림들이 포함되었다. "대학 시리즈"에는 예시가 수록된 "삽화 예술"과 실용적인 총명함으로 가득하고 기념비적인 연구인 "논평과 해설"이라는 저명한 저서와, 18개의 "연설문"을 수록한 책이었다. 많은 사람들이 이 9권의 책들을 평생의 작품으로 만족하였다. 그러나 그의 학생들의 기억에 남은 것들은 강의에 실릴 수 있는 것이 아니었다. 그것은 아버지가 그의 자녀에게 구사할 만한 더욱 친근한 말들과, 유보적인 태도를 버리고 내뱉는 말들로, 그가 복음으로 사랑하는 자들에게 생각과 마음을 자유롭게 열었다.[41]

한편 교회는 콘퍼런스를 위해 매년 만나는 참석자들을 즐겁게 해주었다. 이러한 회의는 대개 봄에 침례교 연합이 개최되기 한 주 전에 열렸고, 1865년에 시작되어 그 이후 계속 이어져 왔으며, 약 500명의 목사들이 참석하였다. 스펄전 목사가 27년 연속으로 한 회장 연설은 이 모임의 큰 이벤트였다. 이 중 "세계에서 가장 위대한 싸움"(*The Greatest Fight in the*

---

39) *Ibid.*, 230.
40) *Ibid.*, 233.
41) *Ibid.*, 234.

World)이라는 제목의 마지막 책은 별도로 출판되어 엄청난 발행 부수를 기록했다. 한 신사가 영국에 있는 모든 목회자와 성직자에게 이것의 복사본을 게시했고, 다른 언어들로 번역되었다.[42] 컨퍼런스가 폐회하는 날 총장의 설교가 있었고, 이는 기억에 남을 만한 성찬 예배가 뒤따랐는데, 이 예배는 형제단의 "예루살렘에 평화와 형통함이 있기를 기도하라"(Pray that Jerusalem may have peace and felicity)라는 시편 122편의 몇 구절을 연결하여 노래함으로 마무리 되었다. 이 구절은 현재 시편 대학으로 알려져 있고, "십자가를 위한 할렐루야"(Hallelujah for the Cross)는 대학의 찬가(College Anthem)로 알려져 있다.[43]

셋째로, 스펄전의 제자 삼는 목회는 고아원에서도 일어났다. 아이들에 대한 스펄전의 관심은 500여명의 소년 소녀들을 교육하고 집을 구해주며, 선을 베푸는 것을 지속하는 한 단체의 기록속에 남아있다. 여기서 스톡웰(Stockwell) 공원의 이야기는 종종 회자가 된다. 영국 교회 성직자의 미망인인 힐야드(Mrs.Hillyard) 부인은 1866년 8월 "창과 방패"(The Sword and Trowel)의 기사를 읽었다. 이 기사는 학교와 고아원에 대한 로마화(Romanising)의 영향력에 주의를 상기시켰고, 주간학교를 증식시키며 가난한 자들의 아이들을 돌보기 위해 많은 노력을 기울어야 할 것을 촉구하였다. 그렇다면 당시 고아원은 어떤지 주변을 둘러보자.

클래팜 로드(Clapham Road)는 1867년 이후 크게 변화하였으나, 고아원은 수천 명의 어린이들의 삶에 음악과 햇살을 불어넣으며 맡겨진 사역을 계속했다. 학교 시설은 잘 갖추어져 있었고, 군 의회 교육위원회 산하의 통제를 받았다. 영국의 왕실 조사관들의 보고들은 장기간에 걸쳐있고 매우 우수하였다. 여기에 임의로 골라 뽑은 내용에 조사관의 언급 내용이 있다: "학교는 유쾌한 분위기이다. 소년들은 질문에 밝고 명확하게 대답

---

42) *Ibid.*, 239.
43) *Ibid.*, 239.

한다. 그 일은 만족스러운 수준에 도달해 있다. 그리고 속기법은 저녁부터 배우게 된다." 조사관은 여자 학교에 대해 말한다: "여학생들은 훌륭하게 정돈되어 있고 학교는 진지하고 밝은 분위기이다. 특히, 3학년의 구술 교습은 향상되었다. 읽기와 쓰기, 산술과 바느질의 질이 우수하다."44) 고아원에 있던 남녀 학생들이 기관을 떠나 어떻게 되는지를 알아보는 것은 참 흥미롭다. 그들 중 한 명은 콩고의 선교사로 주를 위해 헌신했고, 한 명은 일본으로, 또 다른 한 명은 학부를 졸업하고 인도 선교사가 되었다. 고아원 출신이었던 그들은 자신의 집을 복기하며, 남미와 덴마크, 그리고 타 대륙에서 선교사로 헌신했다. 다수의 학생들 또한 목회자가 되었고, 그들 중에 한 명은 런던 연합의 일원이었고, 또 다른 이는 실베스터 호른의 보좌관이 되었다.

소년들은 상업 분야에서 성공적이었다. 한 명은 공학 교수가 됐고, 다른 한 명은 전 런던 시장과 파트너이다. 그들 중 몇몇은 큰 관심사를 가진 이사들이다. 또한, 사무 변호사, 회계사, 건축가들도 있었다. 여학생들 중에 몇몇은 다양한 사회적 지도 아래 선교 분야에 진출했고, 일부는 전문직에 종사했으며, 많은 수의 학생들은 그들 스스로 가정부가 되었다.45) 고아원의 집들은 거의 비슷하였다. 런던의 스톡웰 지하 역 한 모퉁이에 있었던 고아원은 남녀가 각각 250명씩으로 지금은 버킹톤 켄트(Buchington Kent)에 위치해 있다.

넷째로, 스펄전의 놀라운 제자 삼는 목회는 그의 집필 사역에서 꽃을 피웠다. 38년간의 목회 기간 동안, 스펄전은 무려 140편의 저술을 출간하였다.46) 그는 저자로 다작을 했는데, 연설가로서 자신을 구별할 수 있는 단순명쾌함과 성실함으로 글을 썼다. 1865년부터 스펄전은 "창과 방패"(*The Sword and Trowel*)라는 제목의 월간지를 편집했다. 1855년부터는 매

44) J. C. Carlile, C.H. Spurgeon, *op. cit.*, 221-222.
45) *Ibid.*, 222.
46) Arnold Dallimore, *op. cit.*, 245.

주 한편의 설교가 출판되었다. 이것들이 수많은 책으로 수집되었고, 이 책들은 주요 유럽 국가의 언어로 대략 23가지로 번역되어, 19세기 말까지 1억 부가 발행되었다.

또한 무려 2,500여 개의 설교가 출판되어 팔렸다. 다른 저술 활동에, 대부분은 수많은 편집 과정을 거쳤고, 그 중에 가장 중요한 것은: (1) "성도와 구원자"(*The Saint and his Savior*, 1857), (2) "아침마다"(*Morning by Morning*, 1866), (3) "밤마다"(*Evening by Evening*, 1869), (4) "존 플러먼의 회담"(*John Ploughman's Talks*, 1869), 5) "다윗의 보화"(*The Treasurey of David*, 1870-1885)", (6) "제자를 향한 강연"(*Lectures to My Students*, 초판, 1887), (7) "논평과 해설"(*Commenting and Commentaries*, 1876)", (8) "존 플러먼의 사진"(*John Ploughman's pitures*, 1880)", (9) "나의 설교 노트"(*My Sermon Notes*, 1884-1887)" 등이 있다. 이러한 두드러진 저서 활동을 통해, 스펄전은 전 세계에 있는 그리스도인들에게 많은 영향을 끼쳤다.

스펄전은 실로 전 세계교회에 허락하신 하나님의 최고의 선물이었다. 그의 삶은 겁많고 두려워 하는 자들에게 승리의 나팔과도 같았다. 하지만 그는 결국 모든 육체의 선한 방법으로 스펄전은 죽어야 했다. 그러나 다행히 "그의 작품은 그를 따라갔다." 왜냐하면 다른 이들에 대한 그의 제자 삼는 일은 멈춘 적이 없기 때문이다. 그가 저술한 수많은 작품들은 독자들로 하여금 빚어지고 다듬어지도록 하는 심오한 자원이 되어 자신의 모습을 따르지 않고, 주인의 모습을 따르게 하였다. "그는 죽었으나 여전히 말하고 있다"는 말은 진정으로 스펄전에게서 확인된다. 이는 수많은 제자들이 모든 성경을 영적으로 적용하는 스펄전에 대해 증거 하는데, 이러한 면은 여전히 사람들을 그리스도에게로 이끌고 있으며, 스펄전 같은 인물을 세우셔서 그들의 헌신을 이해하게 하셔서 결국 그리스도 곁으로 인도하시고 평생 주와 함께하는 것을 감사하는 제자들이 되게 할 것이다.

(4) 마틴 로이드 존스 - "20세기의 사도"

"설교 사역으로 부르심을 입은 자는 소명을 가진자로써 가장 높고 위대
하며 영광스러운 부르심이다...교회에 가장 시급한 필요는 올바른 말씀
선포이다. 이것이 교회의 가장 위대하지만 시급한 필요이듯, 명백하게도
세상이 가장 필요로 하는 것이기도 하다."47)

심오하고 강력한 설교를 통해 수많은 사람들을 훈련시킨 마틴 로이드-
존스(Dr. Martyn Lloyd-Jones) 박사의 삶과 목회는 두 부분으로 나뉘는
데, 하나는 웨일스에서, 다른 하나는 1892년 스펄전 목사의 죽음 이래로
가장 위대한 목회를 선보인 영국의 수도 런던에서 이다.

1972년, 그는 평생을 설교에 헌신하라는 소명을 거절할 수 없는 것으
로 알고, 남웨일스에 있는 포트 탈봇(Port Talbot)의 샌드필드(Sandfields)에
있는 베들레헴 포워드 무브먼트 장로교회(Bethlehem Forward Movement
Presbyterian Church) 목사가 되기 위해 평생 수익을 보장하는 의학계의
요청을 거부하였다. 그리고 그는 그곳에서 노동자 계급으로 이루어진 회
중들에게 풍성한 목회를 수행하였다. 11년의 웨일스 목회 생활 이후에,
그는 당시 런던 웨스트민스터 교회에 시무하는 유명한 성경 강해자인 캠
벨 모간(Dr. Campbell Morgan) 박사의 협력 목사의 제안을 수락하였다. 거
기서 그는 1938년 9월부터 1968년 8월까지, 30년간 목회를 펼쳤다.

하나님의 은혜로 마틴 로이드-존스 박사의 목회는 말할 수 없는 은총
의 도구였다. 그의 설교는 고린도전서 2:1-5, "내가 너희 중에서 예수 그
리스도와 그가 십자가에 못 박히신 것 외에는 아무 것도 알지 아니하기로
작정하였음이라"와 같이 시종일관 바울의 신념을 보여주었다. 누군가에게
그는 "우리가 기다리고 있는 현대판 무디"와 같은 탁월한 전도자였다. 또
다른 이들에게 "로이드-존스 박사는 칼빈주의적인 설교가들 중에 거의 마
지막 주자임에 틀림없는" 개혁파 청교도 전통의 유일한 지지자이자 기독

---

47) Martyn Lloyd-Jones, *Preaching and Preachers*, (1971), 9.

교 교의학에서는 누구와도 견줄 수 없는 옹호자였다. 모든 기독교인들에게 그는 강단에서와 저술을 통해 권위와 단순함과 능력으로 하나님의 말씀을 자세히 설명하였다. 런던의 웨스트민스터 예배당과 웨일스의 샌드필드에 있는 베들레헴 포워드 무브먼트 장로교회에서 사역했던 로이드-존스의 목회에는 몇 가지 중요한 특징이 있다. 그 특징들을 다음과 같이 정리하였다.

먼저, 로이드-존스 박사의 주목할 만한 목회는 웨일스와 영국 런던의 두 지역 모두 설교에서 드러났다. 웨일스에 있을 때, 그곳은 매우 가난한 지역이었는데, 다소 거친 포트 탈봇 부두와 거대한 제철소를 중심으로 한 그곳은 이후 개인이 소유하였다. 그곳의 교회는 사회활동으로 유명했지만, 성공적이지는 못했다. 또한, 웨일스의 교회는 자유주의 신학이 지배적이었다. 이러한 상황에서 로이드 존스는 그가 목회하던 교회에서 주목할 만한 열매를 맺었다. 사회 활동에서 실패한 곳에서, 성령의 능력으로 복음을 선포한 것은 큰 효과가 있었다. 로이드-존스 박사는 청중들이 듣는 설교가 그리스도 중심적인 말씀을 통하기는 하지만, 구원은 인간의 노력이 아니라 하나님의 행하심에 있음을 확신했다. 그는 죄인들이 접대를 받는 것이 아니라 겸손하여 유죄 판결을 받아야 한다고 느꼈다. 이러한 극단적인 방식의 결과로 그의 회중에는 명목상의 기독교인들을 포함하여, 그들 가운데 교회 총무도 개종하였다. 당시 세속적인 한 기자의 말처럼, "위대한 구원의 드라마를 제외한 드라마는 없었다. 대중의 감정은 그를 차갑게 만들지만, 인간 구원에 대한 그의 열정은 그의 백성들을 불타오르게"하였다.[48]

1929년에 70명의 회심자를, 1930년에는 128명의 회심자를 두었다. 많은 사람들은 부두 노동자들이었다. 이는 부분적으로는 교회가 처음부터

---

48) Christopher Catherwood, *Five Evangelical Leaders*, (Hodder and Stoughton, 1985).

광범위한 언론 보도로 가득했기 때문이었다. 1980년, 로이드 존스 박사는 C. 헨리(C. Henry) 박사와의 인터뷰에서 다음과 같이 말하였다: "11년 6개월 동안 교회는 530명의 입교 성도로 늘어났고, 출석교인은 850명에 육박하였다."[49] 그리하여 결국 교회의 공동체 생활이 지역사회에 변화와 큰 영향을 끼쳤다. 충실하고 규칙적이며 해설이 충분한 복음의 설교, 그리고 삶이 변화된 평범한 기독교인들의 일상적인 간증은 놀라운 성장을 가져왔다.

웨일스(Walse)의 교회와 달리 런던의 웨스트민스터 예배당의 환경은 다양한 문제들로 뒤섞인 채 매우 혼란하였다. 1939년 9월, 제2차 세계 대전이 발발했는데, 교회 성도들과 목회자에게는 매우 큰 시련이었다. 또한 대규모 대피가 있었고 성도 숫자는 200명 정도였다. 1944년 6월, 날아오는 폭탄이 근처에 떨어지면서 웨스트민스터 예배당 지붕의 절반을 날려버렸고 한쪽의 창문들이 모두 산산조각이 나서 14주 동안 건물을 사용할 수 없게 되자 교회는 판자로 덮인 창문과 고무로 된 지붕을 덧씌웠다. 게다가 권사들과 다른 동역자들의 손을 빌려, 웨스트민스터 예배당은 오랫동안 지역 주민들과, 특히 가난한 사람들에게 다가가기 위해 노력하였다. 그런데 제1차 세계 대전 이전에 모간(Morgan)과 스위프트(Swift)보다 더 효율적으로 이것을 조직한 사람은 없었다.

그러나 일반적으로 볼 때 웨스트민스터 지역에 거주하는 교인들의 부재로 봉사활동이 방해를 받았기에 실제로 교회에 힘을 보태는데는 거의 기여하지 못하였다. 교회 생활에서 훨씬 더 중요한 것은 모간(Morgan)이 초기에 시내의 교회와 관련된 문제들을 극복하기 위해 개소한 연구소가 있었다. 예배당에 관한 한 이런 맥락에서 로이드-존스 박사는 이러한 문제들을 해결하기 위해 설교 단상에서 살아있는 하나님의 말씀만을 추구했

---

49) Christopher Catherwood, *Maryn Lloyd-jones-Chosen by God*, (Highland Book), 1986, 97.

다. 런던에서 명성을 잃은 많은 지방 설교자들과 달리, 그의 명성은 극적으로 증가하였다. 1947년까지 오전 예배에 출석한 평균 성도 수는 1천5백 명이었고, 매 주일 저녁예배에는 2천 명이었다. 성도들을 교회로 이끈 것은 로이드-존스 목사 설교의 질과 힘이었다. 그에게 설교는 '불 타오르는 자를 통해 전달되는 신학'으로 성령의 능력에 충만하고 하나님께 부르심을 받아 선포하는 것이다. 그는 표현력 있고 설득력 있는 목소리와 온 신체를 사용하여 생동감 있게 열정을 다해 설교하였다.

모든 설교는 누적된 논쟁이었고 매우 체계적이며 매혹적이고 명확했다. 그의 설교의 비법은 그가 말한 하나님의 임재를 생생히 전달했다는 사실이다.[50] 그에게 있어서 설교는 하나님 자신의 방법임을 성경으로 보여주었다. 설교자의 목표는 설교자의 사상을 전달하는 것이 아니라, 하나님의 말씀인 성경을 기초로 하나님의 메시지를 알리는 것이기 때문이다. 그에게 설교자는 그리스도의 대사이고, 이로써 그에게 그리스도의 권위와 능력이 생기는 것이다. 설교나 강의, 그리고 나눔은 영적인 차원에서만 동일하다. 모든 성경은 성경에 기초해야만 한다. 모든 성경이 하나의 전체로서 일치하였듯이, 모든 설교는 '강해적이어야 한다.' 즉, 성경 본문의 체계적 연구에 기초하되 문맥을 벗어나서는 안 된다. 그의 강해 설교는 좌석에 앉아 있는 성도에게 하나님의 권위의 전폭적인 무게를 지니고 가능한 직접적으로 하나님께서 말씀하도록 하고 또한 인간적인 침입과 회유에 의한 설교자의 개입과 권위적인 메시지의 물타기를 최소화하는 것을 목적으로 하였다.[51]

설교자가 되는 것은 하나님의 은혜이므로, 지나친 학문성은 오히려 무익할 수 있다. 그리하여 로이드-존스 박사는 목회자가 된지 50년이 지난 시점인, 1977년에 제자들과 함께 런던신학교(London Theological

---

50) *Ibid.*, 67.
51) *Ibid.*, 68.

Seminary)을 설립하고 이사장으로, 이후 설립 10년째(1988년)를 맞이하며
설교자를 배출하는 강좌의 본질적인 실용성을 강조하기 위해서 엄청난 노
력을 기울였다.[52] 설교 목회를 통해, 로이드-존스 박사는 하나님 나라의
수 많은 백성들을 고무시켰고, 하나님의 말씀에 따라 하나님의 이름을 영
화롭게 하였다. 금요철야에는 로마서 시리즈가 13년간 지속되었고, 그 이
후 몇 년간은 에베소서를 다루었다. 청교도와 같은 다른 시리즈물도 있었
는데, 가령 산상수훈, 마태복음 5-7장이 한 권으로 된 최고의 출간물이 된
것이나, 누가복음 4장, 시편 73편, 에스겔 36:22-27, 빌립보서, 베드로후
서, 하박국과 창세기 3장이다. 이것들은 로이드-존스 박사의 웨스트민스
터 교회 목회 기간 동안에 강해로 설교했던 것들이다.

  둘째로, 로이드-존스 목회 사역에 있어서 가장 영향력이 있는 제자 훈
련 계획 중 하나는 목회자들을 위한 웨스트민스터 펠로우십 회의
(Westminster Fellowship Meetings)이다. 이 모임은 그의 오랜 의료계 친구
이자 IVF(현재 UCCF)의 제1총무인 더글라스 존슨(Dr. Douglas Johnson)
의 제안으로 출범하였다. 약 40여 명의 복음주의 목사들로 구성된 이 그
룹은 제2차 세계 대전 말기에 웨스트민스터 예배당 응접실에서 로이드-존
스 박사의 날카로운 성경적 안목 아래 신학 및 목회적 문제를 해결하기
위해 회집되었다. 매달 둘 째 월요일에 웨스트민스터 학회당에서 로이드-
존스 박사는 150-200명 사이의 목회자들과 회동했다.[53] 그는 또한 매년
1차례 발라에서 개최되는 목회자들의 회의를 위해 웨일스에 내려 갔다.
점점 많은 사람들에게 알려진 웨스트민스터 예배당 응접실은 담배나 파이
프 연기 없이도 공기가 탁해져서 "캘커타의 블랙홀"(The Black Hole of

---

52) *Ibid.*, 57.

53) *Ibid.*, 80, J. I. Packer, *Martyn Lloyd-Jones, Chosen by God*, p. 37.

54) The "Black Hole of Calcutta"는 인도의 수도 캘커다 인디안 시, Fort William에 소
    재한 한 작은 감옥이다. John Zephaniah Holwell에 의하면 이곳은 1756년 6월 20일
    영국이 동인도회사를 설립하면서 설립된 곳으로 사방이 꽉 막혀 공기가 통하지 않았

Calcutta)[54]이라고 유머러스럽게 불리었다. 이곳은 또한 "웨스트민스터 고백"이라고 불렸는데, 많은 사람들이 전쟁 직후에 직면했던 문제들을 서로 주고 받았기 때문이다!

따라서 결국 모임은 위층으로 이동하였다. 수백명의 목사들이 이 모임을 통해서 각자 필요한 많은 부분들을 얻어갔고, 그들의 지교회에서 목회적이고 신학적인 문제들에 직면하는바, 새로운 마음과 정신으로 귀가하였다. 이 모임은 무엇이든지 교리적으로 혼합된 교파로부터의 분리, 특별히 성공회를 깊이 고려하기 위해 어떤 방식으로도 준비되지 않은 사람들을 배제하기 위한 기초를 강화하기 위하여, 1966-1967년까지 목회비용을 부담하는 복음주의자들에게 개방되었다. 이 모임에서는 누구나 자유롭게 극비리에 긴급한 문제들을 논의할 수 있었다. 수많은 주제들이 이 펠로우십 회동에서 제기되었다. 그 주제들은 배교와 역행, 선교회와 교회, 선교사와 교회, 목회상담, 심방, 귀신들림, 초자연 현상, 정신 질병, 치유, 침술, 낙태, 안락사, 동성애, 화장과 매장, 결혼, 음악, 언어, 예언, 안수, 사도, 믿음의 기도, 율법과 사랑, 십일조, 복음주의자의 긍정성, 성경 번역, 복음주의, 기도, 말솜씨, 교회의 제자훈련과 정치를 포함하였다.[55] 이 모임에서 로이드-존스 박사는 예리하게, 회의를 총괄 진단하는 정신으로, 그들의 문제를 분류하고 교리의 불분명한 문제들을 명확히 하는 것을 도왔다. 이 목회자 모임은 특별히 막강한 지적 자원으로써 그 효과는 경이롭고 거부할 수 없이, 심지어 그의 사후에도 지금까지 지속되고 있다.

셋째로, 로이드-존스 박사는 이른 나이에 청교도 컨퍼런스(1966년부터 웨스트민스터 컨퍼런스 불림) 의장에 취임하였다. 매해 12월에 이틀간 진행되는 회의에서는 교리와 삶을 분석했다. 이 회의는 로이드-존스와 제임스

다. 그런데 설립한 날 이곳에 인도인 146명을 하룻 밤 수감하였다. 그런데 다음 날 살펴보니 생존자는 23명 뿐이었다.

55) *Ibid*., 219.

패커의 지도 하에, 1950년 조촐하게 시작되었다. 이는 로이드-존스로 하여금 두 가지 확신을 가질 수 있게 했다: 현대 복음주의와 개혁주의의 역사적 중요성과 연관성, 그리고 특별히 청교도 사상이 그것이다. 그는 매년 확실한 역사적 연구에 근거하여 마지막 논문을 발표하였다. 그는 기독교인들이 종교개혁의 신학적인 영향이 충분히 작용했던 청교도 시대와, 프로테스탄트의 교리적 토대를 결코 잊어서는 안 된다고 느꼈다.[56] 그의 가장 큰 강점은 청교도, 개혁주의 교리를 20세기와 관련시키고, 모든 청중이 이해할 수 있도록 철저히 직설적으로 만들었다는 것이다. 많은 젊은 목회자들과 다른 이들은 로이드-존스 박사에 의해 조성된 청교도 신학의 르네상스에 영향을 받았다. 이는 실제로 종교개혁과 이를 계승한 청교도 시대의 교리에 대한 깊은 관심을 되살리는 주요 수단이 되었다. 그는 진정으로 르네상스인이자 종교개혁가였다.[57]

넷째로, 로이드 존스 박사의 제자훈련 목회는 학생 사역의 시작으로 출범하였다. 그는 1935년부터 국제 대학 협회와 평생을 함께하였는데, 이는 1927년 모든 교파의 기독교인들이 다양한 대학과 의과대학의 기독교 학생 연합을 하나로 모으기 위해 국제 대학 협회(Inter-Varcity Fellowship)가 설립되었다. 1939년, 그는 회장으로 선출되었다. 그 당시에 참 복음적인 학생들은 소수였고, 그들은 대다수의 훌륭하지만 극단적인 자유주의 운동권 학생들에게 위축되었다. 그는 IVF에 확신의 바람을 불어넣으므로 모든 대학의 주요한 기독교 단체를 이끌었다. 이를 위해 그는 지금까지 부족했던 성경에 기초한 견고한 교리를 세우기 위해 적극적으로 활동하였다. 그는 학생들에게 사고하는 방법뿐만 아니라, 공개적으로 그렇게 하는 것을 두려워하지 않도록 가르쳤다. 그는 학생들에게 기독교 신앙을 그들이 공부한 과목과 연관시키는 방법을 알려줌으로써 다소 "다른 세상"의

---

56) *op. cit.*, 81.
57) *Ibid.*, 81-82.

분위기를 제거하였다.[58]

　비록 로이드-존스 자신은 의학전문대학원을 졸업했지만, 그는 예술과 문학을 공부하는 학생들에게, 그들의 믿음이 결과적으로 고통을 받지 않는 한 아주 적절하다는 것을 느끼게 했다. 그에게 그리스도인들은 오직 박사들과 목회자들, 선교사들이나 취학 전 교사들이어야만 한다는 생각은 어리석은 것이었다. 그러므로 그는 산업과 법과 같은 주류 직업에 진출하는 기독교인들을 전통적인 소명에 따라 의학이나 유급 기독교 직업에 종사하는 사람들만큼 격려하였다. 동시에, 그는 열정적으로 해외 선교를 지원했고, 또한 기독교 의학 펠로우십에 열렬한 지원자로 회담 자리에서 자주 강의했으며 그들이 직면하는 문제에 관심을 가지고 조언해 주었다.

　로이드-존스 박사가 1968년 웨스트민스터 교회의 전임 목회에서 은퇴했을 때, 그는 자유로운 시간을 활용하여 순회 설교를 했고, 특별히 작은 교회에서 애쓰는 목회자들이 자립할 수 있도록 큰 도움이 되었다. 그의 방문 소식은 언제나 그가 설교했던 작은 예배당을 채웠고, 지역 기독교인들의 주의를 교회로 끌어모았다. 그에게 이 사역은 특별히 그가 웨스트민스터 교회 은퇴 이후 최 우선 시 된 섬김이었다. 그 모임들은 전적으로 신임을 받았고, 사람들의 자유로운 발언권을 장려하기 위해, 로이드-존스 박사 스스로 말을 줄이고, 신중한 태도로 토론을 이끌어 나갔다. 그는 결코 사람들에게 즉각적으로 행동하도록 권유하지 않았고, 단지 특정한 이슈를 통해서만 그렇게 생각했다.

　우리가 앞서서 고찰한 네 분의 각 사례들에서, 우리는 하나님께서 그의 추수를 위해 효과적으로 그의 일꾼들을 내모시는 것을 보았다. 부흥의 시기와 영적인 기후가 덜한 시기에, 하나님께서는 계속해서 그 백성들의 마음에 제자를 만드는 신념을 심어주었다. 방법이나 접근과 상황들은 다르지만, 성경의 근본 원칙에는 변함이 없는 것을 확인할 수 있다.

---

58) *Ibid.*, 74.

우리는 지금까지 성경의 가르침과 설교, 교리문답과 따뜻한 교제, 이 모든 것이 제자를 만드는 데 기여한 것을 보았다. 우리는 이상의 사례에서 고찰한 대로 그분들은 하나님의 말씀에 갈급했을 뿐만 아니라, 이 갈급함은 그들의 마음을 완전히 감싸도록 성장한 단어에 대한, 보다 부지런한 연구로 발표되었고, 전권을 가지고 메시지를 선언하도록 이끌었다. 그 권위는 오직 하나님의 말씀뿐이었지만, 하나님의 말씀에 참여한 것 자체가 그들의 경건한 삶, 즉 주 예수 그리스도에게 전적으로 바쳐진 삶이라는 것을 보여주었다. 더욱이 하나님은 당신의 능력으로 그들의 "불타는 가슴"에서 흘러나온 많은 작품을 쓸 수 있게 했으며 제자 훈련을 위한 학교를 세울 수 있게 하였다.

하지만 그들의 삶에서 흘러나온 이 모든 유익들은 하나님의 거룩한 말씀을 설교하는 결정적인 목적에서 조명되어야 할 것이다. 선포된 말씀은 그들의 모든 것과 모든 것의 궁극점으로, 예수 그리스도의 교회에서 무리를 위한 제자도와 격려의 주된 수단이었다.

4) 성경적 제자훈련의 퇴보

우리가 잠시 우리의 시선을 20세기로 돌릴 때, 제자를 만드는 성경적 원리를 시행하기 위한 노력이 계속되었음을 볼 수 있다. 이러한 성경적인 강조점은 오늘날 교회에서 여전히 회복의 필요성으로 제기된다. 그런데 21세기, 특별히 코로나19와 펜데믹에 직면한 상황에서 "기독교"의 전체적인 장면을 대략적으로 살펴보면, 우리는 마 28:18-20, 대위임령에 대한 비전이 완전히 결여된 많은 교회들을 발견할 수 있다. 어떤 교회들은 우리가 겪는 문제에 대한 사회적, 경제적, 정치적 해결책을 찾는데, 하나님의 왕국을 끌어들이기 위해 여러 방식을 추구한다. 다른 교회들은 형식주의와 성직주의에 사로잡혀 일반 성도를 제자로 삼는 성경적 명령을 사실상 무시한다. 그럼에도 몇 몇 일부 교회에서는 '제자도'와 '제자 만들기'

라는 개념에 대한 관심을 되살리는 데 주력하는 것을 볼 수 있다.

특별히, 미국 내 일부 복음주의계에서 이러한 개념들은 매우 '중요한 것' 이다. 1981년, 발터 헨리히센(Walter Henrichsen)은 이렇게 평가했다. "제자훈련은 오늘날 교회의 상투적인 표현이다. 모든 훌륭한 성도는 제자 훈련 프로그램이 있다."[59] 그러나 관심의 급증에도 불구하고 복음주의권 교회에서 눈에 띄는 추세는 성경적이고 하나님을 공경하는 목회적 패턴이 매우 심각하게 위협받고 있다는 것이다. 이러한 패턴은 국가 기관의 전방 위적 도전과 위협에 그리고 교회의 세속적 태도와 관행에 의해 가려질 위험에 직면해 있다. 따라서 이 장을 맺기 전에, 우리는 전혀 도움이 안 되는 몇 가지 추세를 고찰 할 것이다.

(1) 성경적 강조의 단편성

우리 세대는 붙어있어야 하는 것을 나누고 분리하는 것을 매우 잘하는 듯하다. 우리가 언급했듯이, 성경적인 강조는 전방위 목회로써 제자훈련에 있다는 것이다. 제자들은 천국 복음의 확장과 교회 생활의 전체성에서 배출되었다. 오늘날 많은 사람들이 특별한 비누 상자에 뛰어올라 그들의 답이 교회의 병폐라고 대답하는 선언을 하고 싶어하는 것 같다. 건강한 교리를 가르치는 중요성을 강조하지만, 그가 가르치는 사람들에 대해서는 거의 관심이 없다는 것이다. 다른 이는 소규모 그룹의 가치를 강조하고 교회의 공개적인 모임을 무시한다. 어떤 이들은 전도에 매진하지만, 그 결과 영적인 아이들을 어떻게 양육하고 먹여야 할지는 거의 알지 못한다. 어떤 사람들은 개혁된 설교자로 여겨지는 것을 좋아하지만, "개혁된 목사"가 되는 것에 대한 관심을 나타내지 않는다. 몇 몇은 설교강단에서 약하고 심지어 이단적인 가르침에 맞서 소리를 내면서, 교제의 이점을 극찬

---

59) Walter Henrichsen, *How to disciple Your Children*, (Victor Books, 1981), 10.

한다. 우리의 접근 방식에는 균형과 온전함이 매우 필요하다. 우리는 성경이 강조하는 몇몇의 정해진 것이 아니라, 모든 요소들을 강조해야 한다. 우리가 주님의 대위임령에 진지하고 의미있게 임한다면, 교회생활의 거의 모든 측면은 성경적인 패턴으로 개혁되어야 할 것이다.

(2) 위임령과 관련된 것이 우리 일을 복잡하게 만드는 경향이 있다.

하나님이 주신 명령의 아름다운 단순함은 때때로 위임령을 수행하기 위해 만든 모든 시스템으로 어렵게 된다. 단순함은 혼란 속에 파묻힌다. 그리스도에 대한 사랑으로 마음이 불타고 하나님의 진리로 훈련된 성도들에 의해 대위임령이 수행되는 대신, 우리는 프로그램들과 활동들을 고안하는데 많은 시간을 소비한다. 어떤 곳에서는 모든 것이 서구 사회 가운데 만연하는 전문화 정신의 지배를 받는다. 우리는 이 지역에 관심을 보이는 성도들을 위한 프로그램을 시작하고 이끌 수 있는 제자를 양육하는 목회자를 임명한다. 여기서 방법론과 자재들은 모두 중요해진다. 기독교 대중들은 읽을 책, 참석해야 할 회의, 채택해야 할 프로그램, 습득해야 할 훈련 등으로 북새통을 이룬다. 하지만 우리의 영향력은 종종 매우 가련할 정도로 작다. 하나님과의 개인적인 만남과 결실을 맺는 열쇠가, 외관에 대한 지나친 강조로 인해 대체되고 방해받고 있는 것일 수 있는지 깊은 성찰이 요청된다 할 것이다.

(3) 건전한 가르침의 결핍은 제자를 양육하는 노력을 어렵게 한다.

우리의 설교와 가르침의 많은 부분이 매우 빈약하다는 것이다. 즉, 실천적인 제자도의 발전에 필요한 강력한 교리적 토대가 부족한 것이다. 많은 사람들은 하나님의 말씀의 배고픔으로 갈급할 때 제자들이 만들어질 수 있다고 생각한다. 젊은 기독교인들은 몇 개의 본문과 몇 가지 기본적인 원리들을 제공받으며, 그들의 일생 동안 그 힘을 계속 이어갈 것으로 예상된다. 가르침은 쉽게 소화가 되고, 어려운 것은 제거되며, 모든 것이 가지런히 포장되어 있다. 수많은 젊은 성도들은 단순한 믿음을 키우고 신학의 곁길로 새면 안 된다고 독려되는데, 이러한 충고는 '맹신의 믿음' (unthinking faith) 갖게 되고 심지어 기초적인 진실조차 이해하지 못하는 수많은 성도들을 만들어냈다. 설교는 종종 경시되고 예배에 대한 보다 비공식적이고 느긋한 접근과 상담이 강조되는데, 이는 명확하고 권위적이며 일관된 하나님의 진리의 선언에 굶주린 세대에게 점점 더 필요한 상담이다. 이 또한 깊이 숙고할 점이라 할 것이다.

(4) 약회된 복음 제시의 대중성은 제자를 만드는 교회의 관점을 왜곡시켰다.

너무 자주 물에 탄 듯한 메시지가 설교 되고, 이에 사람들은 서둘러 그리스도를 위한 결정을 내리고는, 이제 진정한 기독교인이 되었다고 확신한다. 그들의 결정과 교회에 입교하는 시간 사이에 이러한 성도들의 걱정스러운 몰락은 차치하고, 우리는 여전히 우리의 교회를 기독교인이 아닌 사람들로 채울 의무가 있다. 우리가 교회를 세우는 것은 불신자를 제자로 삼고 동기부여를 위한 일련의 시도가 뒤따라야 한다. 만일 하나님께서 먼저 죄를 깨닫게 하고 회개의 필요성을 느끼도록 하지 않으신다면, 어떻게 사람이 제자가 되겠는가? 또한 그가 거듭나지 않는다면 그리스도 안에서 어떻게 성장하겠는가? 안타깝게도 사람들이 구원받는 모습을 보고 싶은 진심에서 우리는 때때로 교회에 시간-폭탄을 설치하여 제자 삼는 일을 파괴하도록 위협하기도 한다. 이는 실로 안타까운 일이다.

(5) 제자를 만드는 많은 노력은 교회에 대한 무시와 오해를 보여 왔다.

지난 2세기 동안 많은 교회에서 비전의 부재와 진실의 사멸로 인하여, 많은 사람들이 기존 교회의 경계 밖에서 해답을 찾도록 유도되었다. 선교

단체나 다른 단체들이 확장하고 그 회원 수가 증가함으로 '낙하산 교회' 현상을 초래하였다. 오늘날 기독교의 관심사 거의 모든 분야를 다루는 수천 개의 기독교 단체들이 있다. 이 단체들 중에 다수는 지역 교회로부터 완전히 독립되었다. 그리스도의 대위임령을 완수하기 위한 접근법들이 이러한 단체들에 의해 만들어졌으며, 일반적으로 개인 성도들의 역할과 책임감을 강조하며 지역 교회를 낮게 평가하고 있다. 이러한 접근의 한 가지 결과는 우리가 앞서 말한 단편화이다. '교회 없는' 제자 삼음은 신약성경의 패턴에서 이탈한 것이다. 경각심이 요구된다.

(6) 성경적 패턴은 또한 남성 중심의 개인주의 종교의 보급으로 인해 위협받고 있다.

우리가 제1장에서 다루었듯이, 하나님의 계획과 목적은 아마도 그것의 중요성에 대해 입에 발린 말을 하는 것 외에는 오늘날 많은 사람들에 의해 고려되지 않는 것 같다. 복음이 제시될 때는 주로 비용이 제외된다는 이점에 방점이 있다. 사역을 완수하는 사람의 능력은 집중되어 있는데, 그의 성격, 지식, 훈련, 프로그램이 가장 중요한 관심사이다. 때때로 우리가 올바른 방법을 고안할 수 있다면 우리는 사실상 하나님의 일을 인간에게 돌리는 우리의 교회로 채울 것이다. 때때로 중요한 것은 결과를 얻기 위한 방법들이 성경적으로 의심스러운 경우에도 그 결과를 달성하는 것뿐이다. 어떤 사람들은 개인적인 경험이나 자신의 번영에 너무 몰두해서 다른 사람들에 대한 우려가 질식된다. 목회에 깊이 관여하는 사람들은, 우리 모두에게 사실이듯이, 자신의 제자가 어떻게 발전하고 있는지 이야기하므로 자부심에 사로잡힐 수도 있다. 훌륭한 계획들이 구상되고 실행되지만, 슬프게도 하나님의 능력에는 겸허히 의존하지 않는다. 교만은 패망의 선봉이다.

(7) 이 모든 것과 결합된 것은 '지금이 최선'이라는 잘못된 진화 개념
  의 발전이다.

우리가 과학과 기술 분야에서 과거의 업적보다 더 성장했다고 생각하
는 것은 흔한 일이다. 그러나 슬프게도 이러한 개념이 우리의 영적 분별
력을 침투하였다. 과거 세대의 가르침, 지혜, 실천과 모범들은 일반적으로
무시된다. 성경적인 원리로 개혁하는 대신, 많은 사람들은 참신함을 반겼
다. 아마도 당신은 우리가 영적인 환경에서 의심에 여지 없이 뒤쳐져있을
가능성이 있다고 볼 것이다. 그러나 안타깝게도, 혁신 정신은 복음주의 사
회에서 일부 신학에도 스며들었다. 그러나 하나님께서는 그의 교회를 부
흥시키기 위해 힘차게 움직이셨던 시기, 곧 과거 교회의 대단한 날들, 이
러한 시기로부터 우리가 배울 것이 많다는 것을 아는 것에는 논쟁의 여지
가 없다. 그들은 교리적 유산을 버리거나 새로운 방법을 필사적으로 찾거
나 하지 않았다. 그들은 오히려 하나님의 말씀과 기도에 자신을 맡기고
모든 믿음과 태도, 실천을 성경의 방식으로 개혁하도록 하나님께 부르짖
었다.

성경적 제자 양육의 퇴색 앞에 우리가 양심적으로 질문해야 할 것은,
현대 교회에서 하나님의 말씀을 부지런히 연구하는 사람들에게서 무엇을
찾아볼 수 있는가이다. 우리 교회는 경건한 삶과 성경을 성실하게 공부하
는 것보다 오락, 사회봉사, 가정봉사, 청년단체, 교회 나들이 등 다른 많은
관심사로 쌓여 있지 않은가? 진정한 성경적인 제자들을 위한 조건은 무엇
이며, 하나님의 말씀에 대한 그들의 삶과 마음의 태도를 특징짓는 것은
무엇인가? 다음 장에서는 이 주제에 대해 성경과 신학의 관계, 제자도의
영적 및 정신적 대인관계, 목회적 실제적 측면들을, 3가지 주요 주제로
다룰 것이다.

제자도의
원리 4

제4장
제자화를 위한 성경적
원리의 중심

제4장 제자화를 위한 성경적 원리의 중심

본 장에서는 오늘날 교회에서 새롭게 새워져야 할 필요가 있는 제자 양육의 주요한 원리 몇 가지를 다음과 같이 강조하여 살펴볼 것이다.

1) 성경적 신학적 원리
2) 영적 관계적 원리
3) 목회적 실천적 원리

1) 성경-신학적 원리

(1) 성경적 "하나님의 말씀의 권위"

"성경이 지니는 권위를 잃으면 사람들의 믿음은 흔들릴 것이다."(어거스틴)

"성경은, 완전한 성경으로, 그리스도 교회의 종교는 오직 성경뿐이다." (스펄전)

동시대 많은 탈선들의 사실 속에서, 우리는 하나님의 도움으로 제자를 삼는 성경적 원리를 되찾기 위해 모색해야 한다. 우리의 최우선 과제는 모든 면에서 하나님의 말씀의 최종 권위를 다시 세우는 것이다. 이것의 중요성을 강조하는 것은 성경의 권위와 충분성을 강조하는 많은 구절들을 우리로 살펴 보게 한다.

먼저 디모데후서 3:15-17에 주목하자. "또 어려서부터 성경을 알았나니 성경은 능히 너로 하여금 그리스도 예수 안에 있는 믿음으로 말미암아 구원에 이르는 지혜가 있게 하느니라 모든 성경은 하나님의 감동으로 된 것으로 교훈과 책망과 바르게 함과 의로 교육하기에 유익하니 이는 하나님의 사람으로 온전하게 하며 모든 선한 일을 행할 능력을 갖추게 하려 함이라". 여기서 바울의 강조점은 무엇인가? 바울은 디모데에게 성경이 모든 방면에서 교회생활과 목회에 충분하다는 것을 입증하였다. 그리하여 디모데는 소명 후 평생 하나님의 말씀과 가까이하면서 그리스도를 향하였다. 그는 성경이 누군가로 하여금 '구원에 이르는 지혜'가 있는 하나님 말씀의 능력임을 경험했다. 그리고 바울은 그에게 하나님의 말씀이 단지 복음을 위한 완전한 수단일 뿐만 아니라, 성도를 굳건하게 하는데 필수적인 것임을 말하였다.

우리는 우리만의 방법과 프로그램을 만들고 의존하도록 강요받지 않는다. 하나님은 모든 영적인 사역과 대등한 말씀을 내뱉으셨다. 성경은 성도로 하여금 마주하는 모든 사역을 하도록 갖추게 한다. 예를 들면, 잃은 영혼을 전도하기 위해 우리는 어떻게 할 것인가? 바로 하나님의 말씀을 선포하고 가르침으로 실천해야 한다. 그렇다면 어떻게 새신자를 믿음으로 세울 것인가? 그것은 무엇보다도 하나님의 말씀을 선포하고 가르치는 것이다. 그러면 어떻게 교회 지도자를 훈련하고 준비시킬 것인가? 이 또한 하나님의 말씀을 선포하고 가르침으로 가능하다. 우리에게 사명을 주신 분께서 우리에게 사명을 완수하도록 수단들을 주시기 때문이다.

성경은 실로 매우 유익하다. 새신자에게 하나님과 사람, 구원에 대해 정확하게 가르치는데 정말 삶의 모든 문제를 다루는데 유익하다. 또한, 우리 삶의 잘못과 죄를 정확히 집어내어 거룩한 하나님의 시야에 그들의 진지함을 드러내고, 우리가 흔히 저지르는 실수를 바로잡는데 도움이 된다.
또한 죄 많은 남녀의 삶에 성숙함과 완전함을 가져오고, 하나님께서 우리
삶 속에 계획하신 선한 일들을 완수하도록 하는데 유익하다(엡 2:10).

그렇다면 제자들이 세워지는 것을 보기 원하는가? 하지만 열망에도 불
구하고 하나님의 말씀을 가르치는 일에 목회를 집중하지 않는다면, 영구
적인 가치를 얻지 못할 것이다. 하나님께서 성경을 그렇게 설계하셨고, 비
록 가장 약한 성도마저도 성숙하고 경건한 그리스도의 제자로 변화시키는
데 가장 적합하게 하신다. 만일에 성도가 성경으로 세워지려고 한다면, 목
회에 관여한 모든 사역자는 그리스도의 말씀이 그 안에 풍성히 거하도록
해야한다(골 3:16). 이같은 논리는 바울이 디모데에게 권고한 것으로 표현
된다: "너는 진리의 말씀을 옳게 분별하며 부끄러울 것이 없는 일꾼으로
인정된 자로 자신을 하나님 앞에 드리기를 힘쓰라(딤후 2:15)." 또한 이 필
수적인 자격요건은 바울이 장로들에게 필요한 자질로 교훈하는 데서 강조
되고 있다: "미쁜 말씀의 가르침을 그대로 지켜야 하리니 이는 능히 바른
교훈으로 권면하고 거슬러 말하는 자들을 책망하게 하려 함이라(딛 1:9)".

이것은 모든 목회에 필수적이다. 이것을 벗어나서 다른 방법은 없다.
그는 유럽을 포함하여 수천에 달하는 많은 인도인들을 개종시켰음을 미화
한 프란치스코인에 대한 마테르(Mather)의 설명과 확연히 다르다. 그러나
덧붙여 말하기를, '그는 그의 친구들이 성경' 이라 불리는 책을 보내주기
를 바랐는데, 그에게 유용할지도 모르는 그런 책이 유럽에 있다는 것을
들었기 때문이다.[1] 디모데와 같이, 모든 '목회자'는 하나님의 말씀에 숙
련된 장인으로 정확하게 잘 다룰 수 있어야 한다. 이것을 성취하는 것은
순간의 일이 아니라 오랜 인내 속에서의 성경의 연구, 명상, 적용에 훈련
된 삶의 산물이다. 말씀 안에 거하는 것은 제자도의 소중한 흔적이다(요

---

1) Cotton Mather, *Great Works of Christ in America*, vol 1, (Banner of Truth, 1979, reprint of 1852), 564.

8:31). 우리는 다른 이들의 삶에 말씀이 자리잡도록 하기 위해, 우리 삶 속에 성경의 능력과 권위를 알아야 한다.

여기서 강조하고자 하는 바는, 제자를 만드는 것은 전적으로 말씀 목회에 초점을 둔다는 것이다. 그러므로 이를 위해서는 어떠한 프로그램을 고안하거나, 방법들을 활용하건 상관없이, 말씀의 권위 아래 사는 자들의 말씀 나눔이 가장 중요하다. 단순히 성경을 우리의 권위로 가지고 있다는 공허한 주장이나, 어떤 특정한 교리적 기준에 대한 충성도 아닌, 하나님의 말씀으로 실천하는 것이 중요한 것이다. "너희는 말씀을 행하는 자가 되고 듣기만 하여 자신을 속이는 자가 되지 말라...자유롭게 하는 온전한 율법을 들여다보고 있는 자는 듣고 잊어버리는 자가 아니요 실천하는 자니 이 사람은 그 행하는 일에 복을 받으리라(약 1:22, 25)".

성경은 사람이 제자를 삼는 것에 관여하기 전에 한 사람의 삶을 붙들고 있음이 분명하다. 오늘날은 너무나 자주 방법론을 강조한다. 사람들은 전도 방법이나 '사역' 하는 일련의 성경공부를 발견하고 그 방법을 끝없이 반복하며 일생을 보낸다. 제자를 만드는 노력을 특징지을 하나님의 영과 말씀에 대한 역동적인 의존과는 얼마나 다른가. 방법론에 의존하는 것을 반대하는 성경의 경고가 사무엘하 5:17-25에 나온다. 다윗이 막 왕에 추대되자마자, 이스라엘의 숙적인 블레셋의 위협을 마주했다. 하나님은 다윗에게 승리를 보장하셨다. 다윗과 그의 군대는 블레셋을 정면으로 공격했고 하나님은 적을 뚫고 흩으셨다. 잠시 후 블레셋은 이스라엘로 다시 쳐들어왔고(22절), 다시 전과 같이 우위에 올라섰다. 그러나 다윗은 이전에 성공했던 공격 방법에 의존하는 대신에 주님께 여쭈었고, 이번에는 블레셋 사람의 뒤를 돌아서 치는 것을 포함하여, 하나님은 완전히 다른 진격 방식을 보이셨다. 다윗은 "여호와의 명령대로 행하여(25절)" 순종했고, 주께서 두 번째 승리를 가져다 주셨다.

이 구절은 우리 목회의 모든 발걸음마다 하나님을 신뢰할 필요성을 강조하고 있다. 너무나 자주 우리는 과거 성공적으로 입증되었다는 사실로 인해, 방법론과 프로그램에 의존한다. 우리가 이러한 상황에 놓여있다면 우리는 신중하게 다시 생각해야 할 것이다. 하나님은 약속을 보장하셨지, 우리의 방법을 보장하거나 보증하도록 선택하지 않으셨다.

> "내 입에서 나가는 말도 이와 같이 헛되이 내게로 되돌아오지 아니하고 나 의 기뻐하는 뜻을 이루며 내가 보낸 일에 형통함이니라"(사 55:11).

> "천지는 없어질지언정 내 말은 없어지지 아니하리라"(마 24:35).

성경은 모든 믿음과 모든 실천이 평가받는 바꿀 수 없는 기준이 되어야 한다. 모든 설교와 가르침과 훈련의 내용은 하나님의 말씀으로 측정되어야 한다. 이는 말할 것도 없이 아주 초보적인 것으로 보일 수 있지만 과연 그럴까? 교회 목회의 목적과 원칙은 성경에 의해서만 정해지는 것이 아니라 그 목표에 도달하기 위해 사용되는 수단도 정해져야 한다. 우리의 마음은 거짓되고(렘 17:9), 세상의 사고방식과 행동에 순응할 위험이 끊임없이 존재하며(롬 12:2), 우리는 필사적인 영적 전쟁에 처해 있음을 알게 된다(엡 6:12). 그러므로 우리는 "범사에 헤아려 좋은 것을 취하고 악은 어떤 모양(살전 5:21~22)"이라도 버려야 한다. 세상에 있는 부패에서 벗어나 "신성한 성품에 참여자(벧후 1:4)"가 될 수 있는 것은 오직 하나님의 소중하고 웅장한 말씀뿐이다.

우리는 스스로를 속여서는 안 된다; 하나님의 말씀을 대신하는 전통, 심지어 복음의 전통에는 지속적이고 현실적인 숨겨진 위험이 있다. 바리새인에 대한 예수님의 진술은 매우 시사적이다:

> "3 대답하여 이르시되 너희는 어찌하여 너희의 전통으로 하나님의 계명을 범하느냐 4 하나님이 이르셨으되 네 부모를 공경하라 하시고 또 아버지나 어머니를 비방하는 자는 반드시 죽임을 당하리라 하셨거늘 5 너희는 이르되 누구든지 아버지에게나 어머니에게 말하기를 내가 드려

유익하게 할 것이 하나님께 드림이 되었다고 하기만 하면 6 그 부모를 공경할 것이 없다 하여 너희의 전통으로 하나님의 말씀을 폐하는도다 7 외식하는 자들아 이사야가 너희에 관하여 잘 예언하였도다 일렀으되 8 이 백성이 입술로는 나를 공경하되 마음은 내게서 멀도다 9 사람의 계명으로 교훈을 삼아 가르치니 나를 헛되이 경배하는도다 하였느니라 하시고"(마 15:3-9).

제자를 삼는 일에 효과적으로 관여하고자 하는 모든 사람들은 가르침에 있어서 자신의 삶을 저울질해야 하고, 예수님께서 찾으시는 말씀에 비추어 실천해야 한다. "내가 이런 식으로 일을 하는 이유는 항상 내 스스로가, 내 교회가, 내가 알고 존경하는 기독교인들이 이런 식으로 해왔기 때문일까?" 그 대답이 '그렇다'라면, 나의 '전통'이 하나님의 말씀과 일치하는가 그렇지 않은가? 하나님께서는 우리에게 모든 은혜를 주셔서 하나님의 말씀에 비추어 우리를 계속 살피기를 바라신다. 이는 그리스도의 모든 제자들에게 필수적이다.

제자를 만드는 것과 관련하여 권위에 대한 질문을 할 때면 특히 우려되는 부분은 남성들이 권위로 간주되는 경향이다. 물론 이것은 교회의 사역에 있어서 위험한 유혹이다. 사도 바울은 이를 고린도에서 확실히 발견했다. 고전 3:4-5, "어떤 이는 말하되 나는 바울에게라 하고 다른 이는 나는 아볼로에게라 하니 너희가 육의 사람이 아니리요 그런즉 아볼로는 무엇이며 바울은 무엇이냐 그들은 주께서 각각 주신 대로 너희로 하여금 믿게 한 사역자들이니라". 사도가 자신에게 관심을 끌거나 자신을 알리려는 노력이 없을 때에도, 사람들은 여전히 그에게 의지하고 그를 잘못 칭송하는 경향이 있었다. 특히 일대일 제자화가 강조되는 상황에서는, 그 상황만으로는 확실하진 않지만, 개인의 영향력을 확립하고 확장해야 하는 미묘한 압박이 많다. 다른 성도에게 진실하고 지속적인 이익을 주기 위해 하나님께로 사용받는 느낌이 얼마나 으쓱하게 하는가. 자신의 신용을 '조금이라도' 유지하는 것은 얼마나 유혹적인가. 젊은 그리스도인들이 그들을 그리스도에게 인도한 목사에게 얼마나 쉽게 강한 애착을 가지는가. 그리고 그들이 직면하는 모든 질문이나 문제에 대한 해답을 계속 찾는 것이 얼마나 쉬운가. 젊은 성도에게 '하나님의 목소리' 가 되거나 그렇게 될 위험이 있다.

우리는 이러한 유혹을 분별하고 온 힘을 다해 저항해야 한다. 우리가 그러한 관계를 맺는다면, 장기적으로, "이것은 위대한 목자에 대한 제자의 건강한 의존 대신 인간 목자에 대한 불건전한 의존으로 유지될 것이다."2) 우리의 모든 사역에서의 큰 목표는 우리 자신에 대한 사람들의 의존을 약화시키고 그들이 그리스도에만 개인적으로 기댈 수 있도록 돕는 것이어야 한다. 우리는 하나님과 그분의 말씀을 그리스도인의 삶에 권위와 방향성의 원천으로 세워야 한다. 우리의 모든 가르침도 이를 향해야 하고, 우리의 모든 삶도 이를 설명해야 한다. 우리가 제자를 만드는 사명을 다함에 있어서 항상 펼쳐진 성경을 손에 들고 있어야 하며, 지혜롭고 사랑이 많으신 하늘 아버지의 권위에 겸손하게 복종해야 한다.

(2) 신학적 원리-"제자 양육의 개혁주의 교리"

"큰 주제들을 버려둔채 위대한 성도를 창조할 수 없다." (J. H. Jowett)

성경적으로 말하자면, 하나님의 말씀과 교리를 구분하는 것을 불가능하다. 많은 그리스도인들의 마음속에는 매우 현실적인 구별점이 있기 때문에 이 단락에서 그렇다는 것이다. 현실에서 교리는 단순히 성경을 가르치는 것이다. 하나님의 진리 그 이상도 그 이하도 아니며, 영감 된 계시로 그 자신과 그분의 목적을 드러낸다. 그렇다면 소위 하나님의 말씀을 사랑

---

2) David Watson, *Discipleship*, (Hodder and Stoughton, 1983), 70.

한다고 주장하는 많은 성도들은 왜 교리를 두려워하는 것처럼 보이며, 신학을 중요하지 않은 위치로 강등시키는 것인가? 그 이유는 많은 사람이 교리는 무엇인지에 대한 잘못된 개념을 가지고 있고, 그리스도인의 삶의 거짓된 생각을 가지고 있기 때문이다.

교리는 하나님을 사랑하고 섬기는 실질적인 일과는 아무런 관련이 없는, 하나님과 세상에 대한 건조하고 복잡한 생각들의 집합체이다. 마치 인류학이 인류학자들을 위하고, 핵물리학이 물리학자들을 위하듯, 신학은 신학자들을 위한 것처럼 말이다. 보통 사람은 이런 것들을 전혀 이해하지 못하는데 어떻게 그럴 수 있는가? 이러한 전문화된 분야들 중에 작은 부분들이 도움이 되거나 유용할지라도 언젠가는 간단한 형태로 그에게 전달될 것이다. 그래서 당장 그것에 대해 걱정할 필요는 없다. 이러한 잘못된 교리의 개념은 슬프게도 복음주의 교회들 사이에서도 널리 퍼져 있다는 것이다.

그러나 이러한 사고방식 또한 그리스도인의 삶에서 성경의 위치에 대한 그릇된 생각에 바탕을 두고 있다. 많은 이들은 단순한 복음을 믿고 있고, 이것이 그들로 하여금 복음에 대해 진지하게 생각할 필요가 없다는 변명으로 만족해한다. 그들은 몇 가지 근본적인 진리에 집착하고 그것들을 넘어서지 않는다. 때때로 그들이 믿는 몇 가지 진리를 왜곡하는데, 다른 본질적인 성경적 진리와 의미 있게 관련시키지 못하기 때문이다. 초기 정착자들은 그들 너머에 크고 알려지지 않은 지역에서 다수의 입장에 서 있었듯이, 많은 이들은 성경과 관련된 입장을 취한다. 가장 큰 차이점은 많은 사람들이 자신이 있는 곳에 머무르기로 결심하고 더 이상 탐구하지 않는다는 것이다. 그들에게 성경은 광활하고, 미지의 황야와 같기 때문이다. 따라서 그곳에 무엇이 있는지 소문을 들었으나, 어떤 직접적인 설명으로도 그것을 확인하지 못한다.

안타깝게도 많은 기독교의 가르침은 단지 이러한 사상을 강화하는 역할을 지속해 왔다. 즉각적인 소통과 '패스트푸드'의 시대에 성경적 진리

가 빠르고 아름답게 포장되는 방식이다. 많은 현대 목회에서는 교육의 폐
해가 될 정도로 훈련을 강조한다. 최소한의 딱딱한 식품만 이용할 수 있
다. 사람들은 기독교에 관한 기본적인 이해의 한 지점에 도달하고 그곳에
서 남은 여생의 거처를 정한다. 히브리서 저자는 슬프게도 오늘날 많은
사람들의 상황을 다음과 같이 반영한다.

> "11 멜기세덱에 관하여는 우리가 할 말이 많으나 너희가 듣는 것이 둔
> 하므로 설명하기 어려우니라. 12 때가 오래 되었으므로 너희가 마땅히
> 선생이 되었을 터인데 너희가 다시 하나님의 말씀의 초보에 대하여 누
> 구에게서 가르침을 받아야 할 처지이니 단단한 음식은 못 먹고 젖이나
> 먹어야 할 자가 되었도다. 13 이는 젖을 먹는 자마다 어린 아이니 의의
> 말씀을 경험하지 못한 자요, 14 단단한 음식은 장성한 자의 것이니 그들
> 은 지각을 사용함으로 연단을 받아 선악을 분별하는 자들이니라"(히
> 5:11-14).

많은 사람들이 성경의 중요한 위치는 인정하지만 신학에 관한 이야기
는 피한다. 은혜 안에서 성장할 필요는 느끼지만, 현재의 영적 상황에 대
해서는 탄식한다. 그러나 교리를 해결제의 한 부분으로 간주하는 것은 그
들의 생각에도 와닿지도 않을 것이다. 현대의 많은 가르침과 설교는 지나
치게 단순화되거나 제한되었고, 사람들은 왜 상황이 좋지 않은지 궁금해
한다. 어떤 사람들은 지나치게 과장된 방식으로 성경적 진실을 제시했기
때문에, 교리는 기껏해야 불필요하고, 최악의 경우에는 일반 성도들에게
해로운 것으로 여겨질 가능성이 있다.

앞서 우리가 보았던 역사적 사례는 어떠한가? 백스터와 시므온, 스펄전
과 로이드-존스의 경우는 어떠한가? 각각의 인물들은 교리를 강하게 강조
한다. 그들은 성경을 명확하고 강하게 가르쳤고, 청중들에게 하나님의 거
룩과 주권, 인간의 타락과 그리스도의 대속, 삼위일체, 성령의 인격과 사

역, 성도의 견인과 같은 성경의 위대한 교리들을 소개하기를 주저하지 않았다. 그들이 교리를 명확하고 따스하게 설명할 때에 제자도로 향하는 걸림돌이 되기보다 매우 귀중한 도움이 되었다. 물론 교리에 반대하는 현대의 어리석음은 성경이 '교리'를 자증하는 것을 볼 때에 더욱 극명하게 드러난다. 예수님은 분명히 우리에게 성경적 진리의 어떤 측면도 무시할 이유를 제공하지 않으셨다. "예수께서 대답하여 이르시되 기록되었으되 사람이 떡으로만 살 것이 아니요 하나님의 입으로부터 나오는 모든 말씀으로 살 것이라 하였느니라 하시니(마 4:4)". 과연 예수님께서 이 모든 말씀 진심으로 하셨을까? 그렇다. 진심이시다. 하나님의 말씀 위에 자신의 권위를 자처하면서 말씀이 도움이 되거나 불필요하다고 판단하는 자나, 어떤 가르침은 실용적이나 어떤 가르침은 비현실적인 '교리'라고 선언하는 자에게는 비통한 일이다!

이러한 하나님의 말씀의 중요성과 실용성에 대한 강조는 성경을 통해 명백히 드러난다. 예수님의 대위임령에서 우리는 "모든 민족으로 제자를 삼고...내가 너희에게 분부한 모든 것을 가르쳐 지키게 하라..."(마 28:19-20). 또 나왔다! 제자를 삼는 이 명령의 심장은 바로 말씀으로 하는 목회이다. 그러므로 우리는 성경을 포괄적으로 가르쳐야 한다. 우리는 예수께서 제자들에게 연관 지으신 그 어떤 것도 빠뜨려서는 안 된다. 바울이 디모데에게 소개한 것을 다시금 상기해보자: "모든 성경은 하나님의 감동으로 된 것으로...유익하니".

오늘날 사람들이 무미건조하고 유익하지 않다고 여기는 것은, 가장 평범하고 실제적인 영역에서도 하나님의 말씀이 유익하다고 선언하는 것이다. 심지어 '딱딱한' 구절이라도 '올바르게 다뤄질 때' 하나님의 사람을 훈련하고 성숙하게 하는데 유용하다. 바울은 그가 설교한 내용을 실천했고, 에베소에서 자신의 사역에 대해 간증하기를 "이는 내가 꺼리지 않고 하나님의 뜻을 다 여러분에게 전하였음이라"(행 20:27). 몇 가지 '기본적인 것'만을 전하지 않고, 신성한 계시의 전 범위에 대해 철저하고 지속적인 가르침이 하나님의 위대한 사람들을 배출함을 알아야 할 것이다.

이러한 주장은 로버트 머레이 맥체인(Robert Murray McCheyne)이 다음 구절에서 멋지게 말한다: "그는 경작된 토지의 물이 잘 드는 정원과 소산이 풍성한 들판을 평생 안개 속에 갇혀있게 하는 불쌍한 학생일지도 모른다. 그는 산등성이 바위 위에 서서 황량한 땅의 이끼와 수렁을 보지 않았다면, 육지에서 배가 보이지 않아서 서성거려본 적이 없다면, 지평선 위에 폐수 없는 그 어떠한 해안도 보지 않았다면, 세상은 무엇인지 전혀 모를 것이다. 다만, 그는 하나님이 영감을 주신 모든 것을 알지 못하는 불쌍한 성경의 학생이 될 것이고, 선을 위해 의도된 가장 불모의 장들을 수집하여 조사하지 않을 것이며, '먹는 자에게서 빵을, 사자에게서 꿀'을 찾는 것과 같이 모든 피비린내 나는 전투의 기를 이해하려고 노력하지도 않을 것이다."3)

교리의 확고한 가르침의 중요성은 신약성경의 많은 서신서에 반영되었다. 처음으로, 가르침의 부분이 있고, 그 뒤로 가르침에 대한 적용으로 이어진다. 로마서는 이러한 패턴을 따른다. 먼저, 11장의 논리적 장들과, 상상할 수 있는 가장 심오한 주제에 대한 명확한 추론과, 인간의 죄악과 하나님의 택하심을 포함한 신앙의 신비 일부를 밝히고 있다. 남은 장들은 제자로 사는 것에 대한 가장 현실적인 조언들로 채워져 있다. 그 장들은 어떻게 시작되었는가? 첫 열 한 장과 어떻게 연결되는가? "그러므로 형제들아 내가 하나님의 모든 자비하심으로 너희를 권하노니 너희 몸을 하나님이 기뻐하시는 거룩한 산 제물로 드리라 이는 너희가 드릴 영적 예배니라"(롬 12:1). 교리는 행함을 위한 기초석으로 보인다! 하나님에 대한 올바른 사고는 하나님에 대하여 올바른 삶의 기초가 된다! 신학은 그리스도인의 경험을 위한 연단이다! 만약 우리가 교리를 처분한다면 우리는 그리스

---

3) Andrew BOnar, *The Life of Robert Murray McCheyne*, (Banner of Truth, 1960), 44.

도인의 삶과 봉사의 기초와 동기를 제거하는 것이나 다름이 없다. 교리 없는 기독교는 언젠가 진정한 기독교가 되기를 멈추고야 말 것이다.

데이빗 왓슨(David Watson)은 "신약의 서신서 또한 완벽하고 명확한 세부적 가르침의 중요성이 있다"고 평하였다. 실제적인 권고는 심지어 여러 종류의 교육을 받은 성도들에게도 충분하지 않다고 여겨졌다. 그런데 바울은 수세기 동안 신학자들의 학문에 부담을 준 웅장하고 포괄적인 복음서를 썼다."[4]

본서의 앞장에서 우리는 하나님의 계획과 목적이 우리의 이해와 예수님의 대위임령에 대한 모든 수준의 접근법에 어떠한 영향을 줄 수 있는지 입증했다. 이는 모든 성경이 교훈과 책망과 바르게 함과 의로 교육하기에 유익하기에 모든 교리에도 적용된다. 우리가 이해하거나 하지 못하는 모든 성경적 교리는 제자를 삼는 노력에 영향을 준다. 베드로는 베드로후서 3:10-18에서 종말론이 제자도에 영향을 주고 있는 것을 입증하는 사례를 보여준다! 그리스도의 다시 오심에 관한 지식과 죄에 대한 하나님의 뚜렷한 심판, 그리고 이 세상의 과도기는 제자를 통한 산물이 되어야 한다.

- 거룩한 행실(11절)
- 경건함(11절)
- 근면함(14절)
- 경계함(17절)
- 그리스도의 은혜와 그를 아는 지식에서 자라 가는 지속성(18절)

모든 성경적 진리가 바로 이해되고 적용되었을 때는 개인적인 제자도뿐만 아니라, 그리스도를 위한 섬김에도 유익하다. 하나님의 진리는 경건과 함께하고 경건을 촉진시킨다(딛 1:1). 칼빈은 '진정한 신학자'를 "하나님을 경외하는 양심을 교화하는 자"로 정의하였다.[5] 우리가 용어를 올바

---

4) David Watson, *I Believe in Evangelism*, (Hodder and Stoughton, 1976), 119.

르게 정의한다면, 어떻게 교리가 제자화를 이롭게 하지 못하겠는가? 어떻게 하나님의 진리에 대한 심도 있는 연구가 우리의 전도와 하나님의 백성을 세우는 데 도움이 되는 것 외에는 아무것도 없겠는가?

모든 나라에 제자를 만드는 교회를 재건하는 일에 진지하게 임한다면, 우리는 교리적인 설교와 가르침에서 벗어나는 현상으로부터 대세를 역전시키는 일에 진지하게 임해야 한다. 1939년 A. W. Pink의 글에서 교리 설교의 심각한 쇠락에 대한 그의 인상을 밝힌 것이 있다. "매우 드문 예외를 제외하고는 지난 두 세대에 걸쳐 교리 설교는 오늘날까지 점점 덜 부각되고 있으며, 교리 설교가 설 곳이 전혀 없게 되었다. 한 측면에서 성도의 탄식을 보면 건조한 교리보다 살아있는 경험을 원하고, 또 다른 곳에서는 형이상학적 교리가 아닌 실용적인 설교를 필요로 한다. 또 어떤 곳에서는 신학이 아닌 그리스도를 요구한다. 슬프게도, 이러한 무의미한 외침이 일반적으로 주목되었다: '무의미한' 것으로 표한 것은, 성경의 교리와 분리되어 있을 경우, 이를 기반으로 만들어질 수 있는 기초가 없기에 안전한 경험의 방법이 있을 수 없다."[6]

교리 교육의 감소세는 금세기 설교의 쇠락에 반영되었다. 교회는 필요한 성경적 내용을 강탈당했을 뿐만 아니라, 그 내용을 강력하고 권위적으로 선언하는 경우도 드물다. 이러한 경향은 하나님의 말씀의 기근 현상과, 성경적 방향성이 결여 되었지만 기여한 것들이 장려되는 토론집단의 사고방식을 촉진하는 경향이 있다. 우리는 소모임과 개인 사역에 지나친 강조점을 둔 나머지, 제자를 삼도록 하는 성경적 패턴의 매우 필수적인 재료들 중에 몇 가지를 잃고 있는 매우 위험한 상황에 처해있다. '설교와 설교자'(Preaching and Preachers)라는 저서에서 마틴 로이드-존스 목사는 이

5) John Calvin, *Commentaries*, vol1. 21, sect. on Epistles to Timothy, Titus and Philemon, Baker, Grand Rapids, 1979, 283.

6) Iain Murray, *The Life of A.W. Pink*, (Banner of Truth, 1981), 217.

문제를 강조하여 다음과 같이 결론을 내렸다. "나는 그것이 순전히 심리적인 치료로 전락하지 않는 한, 궁극적으로 개인적인 일에 대한 유일하고 진정한 근거라고 주장한다. 그것은 복음의 진실하고 건전한 설교이다."7)

이제 우리는 교리의 설교와 가르침에 반하는 비난이 때때로 정당화되었다는 것을 인정해야 한다. 우리가 옹호하고 있는 것이 '선택적인 부가'가 아니라 성경의 본질이라는 사실을 절대 놓쳐서는 안 된다. 슬프지만 어떤 사람들은 지나치게 교리를 과장하고 그것을 영적인 삶의 현실에서 동떨어지게 했다는 것이다. 그들은 견고한 성경적 진리가 필연적으로 건조하고 지루하며 생명이 없다는 인상을 주었다. 그러나 이것이 일어난 곳에서는 신약성경에서 벗어난 것, 즉 진정한 기독교의 캐리커처(caricature, 풍자만화)라는 것을 인식해야 한다. 성경적으로 교리는 삶을 이끌고 경건신학은 사람들의 마음을 따뜻하게 하고 행동으로 이끌어야 한다.

하나님과 그분의 방법론에 대해 배우는 것보다 더욱 흥미롭고 동기부여가 될만한 것이 있겠는가? 우리의 방법과 프로그램이 아무리 효과적이라 할지라도, 거짓된 영적 전제 위에 기초해있다면, 선함보다 악함으로 기울 수 있다. 우리가 하나님의 말씀을 진심으로 의지하여 섬기고 있다면 아무리 외부 사람들이 우리를 '아마추어 같다'고 말해도 하나님은 영광을 받으시고, 성도들은 굳건해지며, 제자들이 세워지고 하나님 나라의 사역은 전진할 것이다.

2) 영적 관계적 원리

(1) 영적인 것

오늘날 우리는 기독교적 영성의 문제를 직면하는 것에 꽤 익숙하다. 사

---

7) D. M. Lloyd-Jones, *Preaching and Preachers*, (Hodder and Stoughton, 1971), 40.

실 많은 그리스도인은 기독교적 영성의 의미가 무엇이고 우리의 삶에 무엇을 암시하는지에 대해서 오해한다. 달리 말하자면, 그들은 영성에 대한 참된 이해가 없다. 이러한 이유로 인해서 기독교적 영성이 "우리에게 주어진 자유 시간의 상당 부분을 교회 안에서 보내고, 또는 교회와 연관된 활동에 시간을 할애하므로, 모든 이가 매일 아침 "묵상"을 해야하고, 기독교 서적만을 보며, 마치 우리 "자아"는 아무런 가치가 없는 듯, "지적 문제"라고 불리는 것에 관여하지 않기 위해 "자기 부인"을 해야할 것을 주장한다고 그들은 생각한다." 그리고 너무나 자주 우리는 문화 속에서 드러나는 특정한 태도가 영성에 관한 우리의 관점을 감염시켰다. 이것은 사실 많은 좌절감을 초래했다.

사람들은 종종 그들의 기대가 잘못된 것일 때, 그들은 그리스도인으로 성장하지 않는다고 느낀다. 그들은 실제 영성에 관한 왜곡된 개념으로 인해 그들이 "영성 있는" 사람임을 느끼지 못한다. 하지만 그들의 왜곡된 개념은 세상에 영향을 받은 것이다. 가장 큰 문제는 경험에 대한 갈증이다. 우리는 마음이 산란해지고 자기감정이 진정한 자아로 비추어지는 하루를 산다. 우리는 "자발적이야 한다"는 말을 듣는다. "진실되게 행동하라." "옳다고 느끼는 대로 행하라." "자기 감정에 솔직해져라." 이것은 기독교계에서 하나님의 존재와 성령님의 인도하심을 느끼고, 분명하게 하나님과 경험적인 관계를 가지며, 성령의 충만함을 경험하는 강박관념으로 나타난다. 우리는 이것들이 정말 좋다고 단번에 말해야 하고, 우리는 모두 그것들에 대한 더 깊은 경험을 원한다.

우리는 단지 이지적이고 죽어있는 정통 기독교를 옹호하지 않는다. 그러나 이런 것들이 발견될 때 정신적 쾌락주의, 즉 경험에 대한 탐구와 감정에 대한 세속적인 의존에 너무나 근접한 태도와 정신력으로 이어질 수 있다. 이렇듯 그들은 현실 세상에서 이중적인 삶을 사는데, 이곳에서 우리는 사회적 활동과, 기독교적 윤리, 심지어 하나님의 백성으로서 교회 생활이 포함된다. 그러나 우리가 성경에서 찾는 모델은 우리의 생각과 매우 다르다. 그것이 내가 이 단계에서 확실히 밝히고자 하는 것이다. 이에 대한 중요성은 더없이 중요하다.

그렇다면 성경을 통해 이것들을 살펴보자. 사도 바울의 빌립보 서신으로 눈을 돌릴 때, 우리는 그에게서 확신을 읽을 수 있는데, 이는 하나님께서 그들 가운데 선한 일을 시작하셨고, 그리스도의 날에 완전하실 것이기 때문이다. 이후 바울은 "그러므로 나의 사랑하는 자들아 너희가 나 있을 때뿐 아니라 더욱 지금 나 없을 때에도 항상 복종하여 두렵고 떨림으로 너희 구원을 이루라 너희 안에서 행하시는 이는 하나님이시니 자기의 기쁘신 뜻을 위하여 너희에게 소원을 두고 행하게 하시나니(빌 2:12-13)"라고 말한다. 이 구절의 강조점은 우리가 스스로 신앙생활을 시작할 수도, 지속할 수도 없다는 것이다. 성령님의 확신과 개종하게 하시는 사역을 통하여, 우리는 갈보리 십자가 위에 우리를 위해 행하신 예수 그리스도의 구원을 인정하게 되고, 그 결과 우리의 죄가 사하여지고, 영생을 선물로 받으며, 그리스도인의 방식으로 매일의 삶 속에 성령님의 힘주심을 경험한다. 이 은혜의 체험은 처음으로 다소의 사울이 다메섹 도상에서 그랬던 것처럼 눈 깜짝할 새에 우리에게 다가올 수도 있고, 혹은 시간이 지나면서 점진적으로 자각될 수도 있다. 중요한 것은, 이제는 우리가 그리스도에게 속하였다는 사실을 아는 것과 그분의 군사로, 종으로 이 땅에서 우리의 남은 날들을 보내는 것이다.[8)]

문제는 어떻게 그렇게 할 수 있는가이다. 바울은 빌립보 성도들에게 '연합적인 활동'(combined operation)으로 설명한다. 한편으로 우리는 두렵고 떨림으로 이 일을 스스로 해결해야 하지만, 다른 한편으로 하나님께서 스스로 돕는 자를 도우심에 대한 약속을 받았기에 우리는 혼자가 아니다. 우리가 처음 그리스도인이 되어 죽음에 이르기까지, 아니면 주의 재림 때

---

8) Michael Botting, *A Beginner's Guide to Spirituality*, (Grove Books, No. 2, 1982).

까지 그리스도인의 삶으로 일하는 것을 "기독교의 영성"으로 이해해야 한다. 성경은 다양한 비유를 드는데 특별히 이러한 경험을 기술한다; 하나는 참으로 경주와 같은 여행으로 그리스도 예수 안에서 하나님의 상향 부르심을 위한 목표를 향해 온 신경을 곤두세우고 있다. 존 번연 또한 똑같은 비유를 생각해내어 천로역정에서 크리스천이 십자가의 죄사함을 받고, 순례자의 길을 가면서 수많은 위험을 거쳐, 천상의 도시에 이르게 된다.

또 다른 비유는 성장에 관한 것이다. 우리 그리스도인의 삶은 거듭남으로 시작하여(요 3:5-7), 영적인 양식으로 온전한 양분을 공급받는 도움으로 그리스도 안에서 영적인 장성함에 이르게 된다(벧전 2:2; 고전 3:1-7; 히 5:11-6:2; 골 2:6-7). 영적인 경주를 펼치든, 성장을 하든지 간에, 성도는 영적인 자녀와 같아서 이 두 영역에서 시간의 흐름을 거쳐간다. 그렇기에 이러한 신비하고 유용한 것을 성경적 관점으로 끌어들이는 것은 중요하다. 그 누구도 우리를 예수 그리스도와 같이 돕지 못하는데, 고(故) 캐논 맥스 워렌(Canon Max Warren)은 그를 '시간의 주관자'라고 묘사했다. 우리는 삶에 목표와 우선순위가 무엇이 되어야만 하는지 주지하듯이(마 6:33), 예수님은 당신의 눈높이에 맞는 것이 무엇인지 알고 계셨다.

시편 기자 중에 한 명은 영적인 갈급함을 다음과 같이 아름답게 묘사한다: "하나님이여 사슴이 시냇물을 찾기에 갈급함 같이 내 영혼이 주를 찾기에 갈급하니이다 내 영혼이 하나님 곧 살아 계시는 하나님을 갈망하나니 내가 어느 때에 나아가서 하나님의 얼굴을 뵈올까"(시 42:1-2). 다윗은 그의 영적인 갈급함을 간단하게 표현한다: "내가 여호와께 바라는 한 가지 일 그것을 구하리니 곧 내가 내 평생에 여호와의 집에 살면서 여호와의 아름다움을 바라보며 그의 성전에서 사모하는 그것이라"(시 27:4). 다윗은 열 가지, 다섯 가지, 아니 심지어 두 가지조차 구하지 않고, 다만 한 가지를 구했다! 이러한 태도는 우리가 하나님을 알기 위해 우리 삶의 불타오르는 열정으로 작용해야 한다. 이에 따라, 영적인 삶은 예수 그리스도에게 일생의 헌신이 될 것이다. 바울의 표현처럼, "내가 그리스도와 그 부활의 권능과 그 고난에 참여함을 알고자 하여 그의 죽으심을 본받아"(빌 3:10)이다.

성경과 교회사는 하나님과의 중대한 영적 관계와 교제를 가진 수많은 남녀의 예들로 가득한데, 그들의 최상의 열망이 그분을 알아가는 것이었다. 가장 좋은 실례로는 물론 예수 그리스도 그분 자신이다. 그는 하나님의 아들이었지만, 그는 하나님과의 관계가 얼마나 중요한지 알고 계셨다. 그의 사역 초기, 우리는 예수님이 하나님과 교제하는 것을 보게 된다: "새벽 아직도 밝기 전에 예수께서 일어나 나가 한적한 곳으로 가사 거기서 기도하시더니"(막 1:35). 그의 사역이 진전될 때에도, "예수는 물러가사 한적한 곳에서 기도하시니라"(눅 5:16). 매우 바쁜 가운데에서도, 예수님은 이 교제를 실천하셨다. "'무리'를 보내신 후에 기도하러 따로 산에 올라가시니라 저물매 거기 혼자 계시더니"(마 14:23). 예수 그리스도께서는 그의 모든 율법을 아들에게 반영하는 아버지 하나님과 단둘이서 홀로 시간을 보내시므로 영적인 삶을 어떻게 사셨는지 깨닫는 것은 놀라운 일이다.

이러한 영적 삶을 통해, 하나님의 법이 요구하는 것을 예수 그리스도께서는 십자가에서 죄인들을 향한 구원 사역을 보이셨다. 우리 주 예수 그리스도의 삶은 결코 영적인 삶과 세속의 삶을 분리되지 않는다. 그렇기에 우리는 그의 선택받은 백성으로 우리의 영적인 삶이 기본적으로 예수 그리스도를 닮고 우리의 진정한 인간 됨을 회복하기 위해 하나님의 형상을 회복하는 것에 기초해야만 한다. 우리는 삶 전체를 그의 영성의 적절한 영역으로 간주하고, 삶의 차원에서 세속과 영적인 어떠한 분리도 거부해야 한다. 가정에서의 삶과 일터에서의 삶, 정치와 예술, 문학과 모든 교육의 영역은 중요할 뿐만 아니라, 모든 것이 교회와 성도에게 중요하다. 아브라함 카이퍼(Abraham Kuyper)가 말했듯이, "온 우주에 홀로 주권자이신 그리스도께서 '내 것이다' 라고 말씀하지 않으시는 단 한 평의 영역도 없다." 이에 따라 우리의 삶도 하나님의 임재 앞에서 구분되어서는 안 된다.

우리를 향한 하나님의 가장 큰 관심사는 우리의 자세가 행동이지, 우리의 감정과 경험이 아니다. 태도와 행동은 영성의 가장 '기본적인 것'이다. 우리가 구해야 할 기본적인 태도는 믿을 수 있는 사람이고, 우리가 구해야 할 기본적인 행동은 순종의 사람이다.

우리는 그리스도인의 삶을 열심히 살아가고 있다. 우리가 성장할 수 있는 것은 '성령에 의해서'이다. 그리스도인의 삶이 단지 하나의 도덕주의나 법치주의로 끝나지 않도록 하는 것이 이러한 강조이다. 영으로 사는 것은 텅 빈 신비주의가 아니라 하나님의 말씀으로 생각을 채우는 것과 밀접히 연관되었다. 말씀과 성령은 서로가 통한다. 영으로 사는 것과 말씀으로 사는 것은 구별이 가능할지도 모르지만, 서로 분리될 수는 없다. 이 둘은 함께 움직인다.

이로써 그리스도인의 삶은 단지 도덕주의나, 양말을 끌어 올리고 정신을 가다듬는 과정이 아니라, '성령에 의해서' 일어나는 일로, 성령의 역사가 기록된 말씀의 역할과 연관되어 있다.[9] 따라서 예수 그리스도와 우리가 진심으로 교제하기 위해서는 영육의 삶을 성령께 온전히 의존해야 한다. 데이비드 왓슨(David Watson)은 그의 책에서 영적인 삶에 대한 교훈을 다음과 같이 평가한다;

① 하나님의 말씀을 경청하라. 성경 시대의 하나님 백성들은 하나님의 음성 듣기를 기대했다. '주를 기다리고, 내 영혼이 주를 바라며, 그의 말씀에 소망이 있습니다', '주여 말씀하시옵소서 당신의 종이 듣겠나이다.' 신약성경에서 우리는 하나님께서 빌립, 사울, 아나니아, 베드로, 고넬료, 안디옥의 선생들과 선지자들과 같이 그리스도인의 공동체 내에서 누구에게든지 말씀하시는 것을 본다... 오늘날 그리스도인의 대다수는 경청하는 것을 보는 것은 상당히 어렵다. 하나님의 임재를 향해 나아가도록 의

---

9) Communication Insitute, *What in the World is Real?* (L'Abri Fellowship, 1982), 323-324.

식적으로 하나님의 말씀을 사용할 필요가 있다. 하나님의 말씀이 우리에게 이르러서 우리를 아버지께 이끌고 그 아들을 영광스럽게 해야 한다.

② 하나님의 말씀을 연구하라. "너는 진리의 말씀을 옳게 분별하며 부끄러울 것이 없는 일꾼으로 인정된 자로 자신을 하나님 앞에 드리기를 힘쓰라". 그리스도의 제자가 되는 가장 처음부터 하나님의 기록된 말씀을 주의 깊게 연구하는 것과 그리스도의 말씀 안에 풍성히 거하는 것이 필요하다.

③ 하나님의 말씀에 순종하라. 하나님께서 우리에게 주로 정보만을 전달하시는 것이 아니라 우리의 발걸음을 인도하고 우리의 삶을 되돌리시며 그리스도의 모습으로 끊임 없이 변화시키기 위해 우리에게 말씀하신다. "그의 말씀을 듣기만 하는 것으로 네 자신의 모습을 속이지 말고, 실천으로 옮기라."[10])

우리는 그리스도께서 기도의 사람이었기에, 우리도 그분의 본을 따라야 한다. 우리는 영적인 삶을 고취 시키기 위해 "쉼 없이 기도해야" 한다. 하나님은 그리스도 안에서 우리에게 기도를 가르쳐 주셨기 때문이다. 은밀한 중에 우리가 기도할 때 하나님은 우리의 간구를 들으신다. 그러므로 우리는 하늘 보좌에서 말씀하시는 하나님의 말씀을 경청해야 하고, 이를 그리스도인의 일상에 한 부분으로 삼아서 균형을 이룰 수 있어야 한다. 하나님 말씀의 권세 아래, 우리는 매일 하나님의 임재 앞에 헌신적인 삶과 개인의 영성을 증진시켜야 한다. 우리는 또한 우리의 완전한 모범이시자 우리를 위해 갈보리 십자가에서 죽으신 예수 그리스도의 본을 추구해야 한다. 이것이 하나님 아버지께서 우리를 그분의 나라로 부르신 주요한 이유이다.

---

10) David Watson, *op. cit.*, 160.

(2) 영적 대인 관계적 원리

우리가 앞에서 살펴보았듯이, 진정한 기독교 영성은 분리가 아닌, 함께 나누는 실제적 삶을 포함한다. 우리는 예수님 뿐만 아니라 일반적으로 그리스도의 제자들과 더불어 우리의 삶을 나누도록 부름 받았지만, 정작 우리는 정말로 알지 못하는 것을 나눌 수는 없다. '네 자신을 알라'는 말은 고대 현자의 격언이지만, 오늘날 많은 사람이 정체성의 위기를 마주하는 것과 같은 부담을 느낀다. 그러나 이들은 진짜 자신을 모른다. 부분적으로 이는 '존재' 자체보다 '하는 것'에 더욱 강조점을 두기 때문이다. 이 부분에 초점을 둘 때, 우리는 우리가 정말 누구인지 궁금해할지도 모른다. 즉, 정체성에 대한 지식과 확신을 가지기 전까지, 아마 다른 사람들에게 우리 자신에 대해 나누지 못할 것이다. 정체성 결핍에 대한 또 다른 이유로는, 많은 사람들이 대부분의 시간을 환상 속의 세계에서 보내고 있기 때문으로, 이 환상은 언론과 광고, TV에서 두드러지고, 우리를 둘러싼 "실제" 세계 속에서 우울한 절망감으로 더욱 악화된다.

그래서 우리는 죄로 물든 마음의 문제를 복합적으로 발견하는데, 어떤 나눔이 이루어지든 간에, 진정 어린 동기를 주기는 해도, 진정한 삶의 문제와는 완전히 동떨어져 있는 이기적인 비현실이나 자기기만과 함께 행동한다.

예수님은 그의 삶을 그의 사람들과 공유하셨다. 죄와 고통의 실제 세상으로부터 전혀 동떨어져 있지 않으시고, 이 세상 가운데 태어나셔서 사람의 고통과 기쁨, 유혹과 고난을 나누셨다. 그는 죄로 인해 무능하고 뒤틀린 사람 본성의 현실을 똑바로 직면하셨고, 하나님의 형상을 다시금 회복할 수 있도록 그분의 삶을 희생하셨다. 그분은 사람의 마지막 숙적인 죽음에 정면으로 맞서셨고, 죽은 자들 가운데 다시 살아나심으로 이 세상의 존재하는 견고하고 현실적인 소망을 가져다준다. 따라서 우리는 동일한 방식으로 가면을 벗어야 한다. 그리고 서로에게 진실해야 한다. 우리는 예수께서 빛 가운데 계셨듯이, 빛 가운데 행해야 하고, 이럴 때만이 그와 함께 서로 교제할 수 있다. 그리스도의 빛이 죄를 드러낸다면, 예수님의 보혈은 모든 죄로부터 우리를 계속 깨끗하게 할 것이다.

사실상, 서로를 용서하고 수용하는 법을 배우고, 서로의 짐과 죄를 짊어지면서 그리스도의 사랑이 우리 안에서 더욱더 자라나게 될 것이라는 점이다. 우리가 공상하는 세계를 산산조각내고, 우리의 진정한 정체성을 받아들이도록 도우며, 진정한 기독교 공동체로서 서로 개방적이고 현실적이게 돕는 것은 아마도 없을 것이다. 다른 그리스도인들과 열린 교제 관계에서, 우리는 예수님을 따르는 데서 진짜라는 것을 확신할 수 있다. 기독교는 모든 것은 관계에 관한 것으로, 하나님과의 관계와 사람과의 관계이기 때문이다. 이러한 관계성을 통하여 예수께서 우리에게 그러하셨듯이, 우리도 다른 사람들을 용납하고 복돋아주어야 한다.

성경은 이러한 관계나 나눔이 반드시 그리스도인들 관계 사이에서 반영되어야 한다고 가르친다. 사도 요한은 그의 첫 서신에서 "우리가 서로 사귐이 있고"(요일 1:7)라고 말했다. 우리는 그리스도 안에서 모든 것을 나누는 형제이다. 복음을 위한 모든 일 말이다(빌 1:5). 그리고 주고 받는 것을 나눈다(빌 4:15-16). 우리는 지체에 속한 모든 은사를 공유한다(고전 12:7). 서로의 짐을 진다(갈 6:2). 어떠한 동료 그리스도인도 어려움에 처하지 않도록 보장하는 방식으로 나눈다(행 4:25-26).

도널드 매클라우드(Donald Macloed) 교수는 최근에 발간된 그의 책에서, "이 모든 것이 주님의 만찬에 나오기 때문에, 흔히 '성찬'이라고 불리는 것이다."[11] 이 성찬식을 통해 우리는 예수께서 우리에게 하도록 보여주신 것이 무엇인지 알 수 있다. 이 안에서 우리는 비로소 그분 안에서 하나가 된다. 심지어 그리스도와 교회가 '한 몸'(엡 5:29-32)이라는 사실이 가리키는 것은, 그저 예수님과 그의 지체된 구성원들 개인 간의 가까운

---

11) Donald Macleod, *Shared Life*, (Scripture Union, 1987), 57.

유대관계뿐만 아니라 다양한 구성원들 사이에서 맺어지는 매우 가까운 관계성이라는 점이다. 그들 또한 한 몸으로, 서로에게 깊게 연관되어 있으며 이것을 집단 생활 방식으로 표현해야 한다.[12]

기독교는 "너 스스로 하라"는 명제가 아니다. 우리는 서로 다른 하나의 구성원이고, 그리스도의 몸의 일부이다. 성경은 "너희는 그리스도의 몸이요 지체의 각 부분이라"(고전 12:27) 말씀하고 있으며, 바울은 "몸은 하나인데 많은 지체가 있고 몸의 지체가 많으나 한 몸임과 같이 그리스도도 그러하니라"고 말한다(고전 12:12). 그렇기에 모든 그리스도인은 그분의 이름 안에서 한 몸으로 예수 그리스도의 교회로 모일 수 있는 것이다. 우리의 관계성은 생명의 일치이며, 그러므로 삶의 모든 다양함에서 스스로 표현된다. 즉, 증언으로나 봉사로나 공동체와 세상에 나타나는 것이다. 히브리서 기자는 이를 다음과 같이 잘 표현한다: 히 10:24-25, "서로 돌아보아 사랑과 선행을 격려하며 모이기를 폐하는 어떤 사람들의 습관과 같이 하지 말고 오직 권하여 그 날이 가까움을 볼수록 더욱 그리하자".

이와 같이 그분의 자녀로 우리는 지역 교회의 교제에 참여해야 하고, 예수 그리스도의 이름으로 우리가 필요한 모든 것을 공유해야 한다. 심지어 교회 밖에 사람들과도 마찬가지이다. 특별히 격려하고, 장착하고, 일으키고, 용서하고, 서로 교제하며, 서로를 위해 그분의 이름으로 기도해야 하는데, 마치 예수께서 그의 제자들을 위해 아버지께 탄원하셨듯이 말이다. 요 15:15, 17, "내가 비옵는 것은 그들을 세상에서 데려가시기를 위함이 아니요 다만 악에 빠지지 않게 보전하시기를 위함이니이다...그들을 진리로 거룩하게 하옵소서 아버지의 말씀은 진리니이다". 사도 바울은 "내가 밤낮 간구하는 가운데 쉬지 않고 너를 생각하여"(딤후 1:3)라고 디모데에게 말했고, 에베소 성도들에게 "나를 위해 구할 것은"(엡 6:19)이라고

---

12) *Ibid.*, 58.

간청하였다.

사도 베드로는 모든 그리스도인에게 "오직 우리 주 곧 구주 예수 그리스도의 은혜와 그를 아는 지식에서 자라 가라"(벧후 3:18)고 훈계하였다. 이 명령을 이루기 위해서 우리는 우리 안에 영과 우리 외부의 조건들을 모두 만족시켜야 한다. 분명히 이것들은 그의 자녀들만 지니는 특권이 아닐까? 이 모든 행동이 일어나는 윤활유와 우산의 작동 방식은 마치 성도에게서 나타나는 성화의 역사이다. 이는, 단지 최종적인 의미에서의 사역이 아니라(고전 6:11), 끊이지 않는 사역으로 50%는 성령이, 50%는 내가 이루는 것이 아닌, 100% 성령과 100% 내가 하는 사역인 것이다.

우리 인간의 죄와 연약함은 항상 극단적인 상황으로 내몰지만, 이를 회복하게 하는 것은 우리로 "균형"을 유지하게 하는 성령의 사역이다. 이를 통해 정신의 건강함, 교리, 하나님과의 교제와 타인과의 건강한 관계, 특히 신앙의 가정을 의미한다. 종종 신앙인의 삶은 힘든 여정으로 많은 눈에 띄지 않은 함정과 덫이 있다. 갈수록 성화되어 가는 사람은 20세기에 흔하게 드러나듯, 순간적인 성공에 떠들썩하지 않고 성화 가운데 하늘 아버지께서 주시는 지혜를 잘 사용함으로 은혜로 더 나은 성화의 삶으로 나아간다. 우리가 영광스러운 최후까지 보존되기 위해서 얼마나 균형 잡히고 건강한 성화의 삶이 필요한가!

우리의 영성과 대인 관계성은 신앙생활을 하면서 명확한데, 영성 있는 사람이 즉각적으로 반응하는 숱한 상황과 박해와 반대에 직면하기 때문이다. 그는 실제 삶의 상황에서 종종 덜 영적인 사람을 건너뛰지만 매우 예리하고 민감하다. 하지만 그는 하나님의 말씀을 지침서로 삼아 성경에 더 잘 반응하므로 하나님의 마음에도 잘 반응할 수 있다. 그 말씀이 영적인 사람에게 임하면, 그는 무엇을 해야 할지를 알아서, 신앙을 고백하거나, 회개하거나, 주님을 찬양한다. 이것이 참 제자도를 통해서만 오는 진정한 영성이다.

3) 목회적 실천적 원리

(1) 목회적 원리

우리는 거룩한 말씀에 기초한 제자도의 본질과 토대, 그 말씀에서 흘러
나오는 긍정적인 격언과 원리를 다루는 제4장의 마지막 단락에 이르렀다.
우리는 영적-대인 관계적 원리에서 제자도를 위한 개혁된 교리의 기반을
보았고, 더 나아가 결실과 친교의 완성을 보았다. 이제 우리는 제자훈련의
매우 중요한 양상인 목회적-실천적 제자도의 원리를 다루게 되었다. 이
둘 중에서 목회적 원리가 더욱 중요한데, 이것이 전체를 이끌고 이것에서
실천적 원리가 나오기 때문이다. 다른 표현으로, "사랑으로 역사하는 믿
음"인 참 믿음은 하나님 아버지에게 받아들여질 만한 일들이 진행될 것이
라는 것이다.

목회적 양상은 두 가지로 분류된다. 먼저는 목회자에게서 양 떼로 연결
되는 것이고, 둘째로 양 떼에서 그들에게 답을 주어야만 하는 목회자들에
게로 연결되는 것이다. 첫째로, 목회자로서 목사는 그들이 보살피던 성도
나 양 떼에 관한 기록을 주님께 전해야 한다. 그 양 떼가 한 지역에 있든
아니면 목회자의 순방 사역이 되었든 그들이 양육되는 가의 여부가 문제
이다. 하나님의 말씀이 선포되는 곳에 목회적 행동이 있다는 사실이다. 설
교자는 양을 목초지에서 다른 목초지로 옮겨가 더 나은 목초지에서 먹이
려고 하며, 그 안에서 그리스도를 형성하려고 노력한다. 목회에 관한 이
일반적인 진술은 양 떼를 먹이는 것이 말씀의 선포와 동일하다.

이 두 가지는 동일하지만 우리는 먼저 이 양떼를 먹이는 기초가 무엇
인지 살펴보아야 한다. 양이 먼저 먹어야만 먹이로서의 가치가 있다. 즉,
목사나 목동은 양이 없다면 그의 봉사를 박탈당한다. 그 기초는 양을 부
르고, 모으고, 찾고, 이끌고, 하나님의 언약 안으로 데려오므로 목회자는
그 양들을 위해 자신의 목숨을 바치는 것이다. 이를 몸소 보여주신 가장
최고의 본은 바로 우리 주 예수 그리스도이신데, 그는 자신을 "선한 목

자"라고 표현하셨다. 이 모든 요소에 대해서는 요한복음 10:2-16까지 그 가르침이 언급되었다. 여기에는 제자훈련에 관한 가장 주요한 장인데 목사가 양 떼를 돌보는 의무에 관한 기초적인 원리가 제공되었다.

앞서 언급했듯이, 목회자가 어떤 의무의 노선을 취해야 할지 밝히는 것은 여러 번 말해도 지나치지 않다. 우리는 요한복음 10장을 읽으며 다음과 같은 요소를 마주한다. 가령 들어감, 부르심, 인도도하심, 내놓음, 먼저 가심, 생명을 내놓음, 돌봄, 앎, 데려옴이 그것이다. 모든 방면에서 예수님은 죽음에 이르기까지 하는 가장 큰 희생으로 잃어버린 자를 찾고 구원하기 위한 목회자의 경건한 마음을 보여주셨다. 잃어버린 양의 비유에서(마 18:12-14; 눅 15:4-7), 예수님은 힘들고 오랜 여정 끝에 잃은 양을 찾아낸 그와 아버지의 기쁨을 묘사하셨다. 옳은 길을 가는 아흔 아홉에 대한 기쁨보다 더 큰 기쁨이다. 이는 예수님이 죄인에 대한 사랑을 반대자들의 비판으로부터 방어하는 하나님의 구원론적인 기쁨이다. 하나님의 목회적인 마음은 그의 팔 안에 양을 끌어 안은 채 집으로 향하는 목자의 모습에서 발견된다. 하나님은 행복해하는 목동처럼 잃어버린 자들이 돌아오는 것에 무한한 기쁨으로 가득 차 있다.

인류 역사상 어떤 종교도 이런 목자상에 대해 가르쳐주지 않는다. 다른 신앙에서는 이러한 목자직을 볼 수도 없다. 예수님은 양 떼를 위해 목숨을 던질 준비로 잃어버린 자들을 구원하기 자기 희생의 열정을 확실히 보여주셨다.[13] 성경은 예수님을 "목자장"(벧전 5:4)으로 부르는데, 모든 교회의 목자들, 목사와 목회자들은 그를 섬기고 그들의 본보기와 영감을 그에게서 찾는다. 예수님은 또한 마음, 태도, 그리고 목회적인 면에서 자신과 닮은 것에 모두가 답해야 하는 "큰 목자"(히 13:20)이시다. 그분의 직(office)은 목회자로서 국가적인 이스라엘게만 국한되는 것이 아닌바, 이는

---

13) Roger S. Greenway, *The Pastor-Evangelish*, (Presbyterian and Reformed Publishing Company, 1987), 4.

예수님이 당신의 생명을 희생하신 것에 "다른 양"(요 10:6)이 있고, 그들을 품으로 끌어들이고자 함이다.

모든 목회사역과 사명은 이러한 의도에서 비롯되며, 구원자-목자가 그의 양 우리를 채우기 위해 그가 희생하신 대속에 목적이 있다. 그러므로 그분의 소명을 받은 목사나 목회자는 그 목적을 섬기는 것이다. 그들은 모두 같은 사명을 띠고 한 복음을 선포한다(마 28:19). 그리스도 안에서 그들의 사역은 하나이다. 따라서 우리는 목회자도 사람 중의 한 사람이라는 사실을 기억하고, 그들 위에 군림해서는 안 되며, 성도의 유익을 위해 섬겨야 한다. 즉, 자신의 만족을 위해 존재하는 것이 아니라 다른 이들을 섬기는데 목적이 있는 것이다.

사실, 우리의 섬기는 사역은 하나님의 은혜이다. 그렇기에 하나님의 종으로 그에게 겸손해야 하며 자만해서는 안 된다. "목자장, 예수 그리스도"와 같이, 우리는 우리에게 주어진 양 떼에게 희생해야 하며 그분의 목회적 말씀과 본보기에 동기부여 받고 가르침을 받아서, 모든 교회 성도가 그렇게 살고 섬기며 모든 잃은 자들을 본향으로 이끌도록 하는 방법으로 말해야 한다. 우리는 다음 장에서 사람들이 목회자에 대한 책임과 하나님이 이 공동체의 안전한 운영을 위해 수여하신 수단으로 그의 모든 규례와, 성찬, 기도뿐 아니라 사명, 전도, 영혼 구원, 구호, 그리고 일반적으로 자비와 회복의 일에 있다는 것을 알게 될 것이다. 이제 우리는 예수 그리스도의 교회의 양 떼에 대한 목회자의 의무에 대해 언급하고, 그 후에 목회자나 목사를 향한 성도들의 의무도 살펴볼 것이다.

목사의 첫째이자 원칙적인 의무는 부지런히 말씀을 연구하여 양떼를 먹이는 것이다. 이는 목사의 직으로 가장 본질적인 것이다. 그 어떠한 드러나는 부름이나 사역을 교회에서 하고 있더라도 말씀으로 잘 먹이지 않거나 못하고, 그렇게 하지 않는 자는 목사가 아니다. 설교의 보살핌은 베드로에게, 그 안에서 모든 진정한 목회자에게 '양식의 제공'이라는 이름으로 바쳐졌다(참조. 요 21:15-17). 사도들의 본을 따르면, 그들은 말씀과 기도에 온전히 헌신하도록 모든 장애에서 벗어나야 한다(행 6:1-4). 그들은 사역은 말씀과 교리(딤전 5:17)에 수고하는 것이며, 이로써 "성령이 감독하시는 양 떼에게 먹이를 주게 되는 것"이다. 이러한 사역과 의무는 오로지 목회직에 본질적인 것이며, 자신의 능력을 최대한 발휘하여서 이러한 일에 애쓰고 있는 것임이 틀림없다.

그 양 떼를 향한 목회자의 두 번째 의무는 양 떼를 위한 지속적이고 열렬한 기도에 있다(요 17:20; 엡 1:15-19; 살후 1:11). 기도가 없이는, 누구도 설교 뿐만 아니라 목회직의 어떠한 의무도 수행하거나 할 수도 없다. 이로부터 누구든지 자신의 양 떼에 대한 의무를 이행할 수 있는 최선의 대책을 강구할 것이다. 지속적이고 부지런하며 열렬하게 기도하는 사역자라면, 그가 행하는 모든 다른 목회적 의무를 행하는 데 있어서 자신의 성실함을 스스로 증언할 것이다. 그는 이들 중에 어느 것도 자발적으로 생략하거나 소홀히 할 수 없다. 여기서 태만한 자들은, 다른 임무에 있어서 그들의 고통이나 노동, 수고가 아무리 크더라도, 다른 이유로 영향을 받고, 직을 수행하는데 성실함의 어떠한 증거도 제시하지 못할지도 모른다.

양 떼를 향한 목회자의 또 다른 의무는 교회에서 수용되고 공언되는 복음의 진실이나 교리를 보존하고 모든 반대로부터 지키는 것이다. 이것이 목회 사역에, 요즘처럼 사이비 이단들이 우는 사자처럼 삼킬 자를 찾는 시대에 가장 중대한 것으로, 성도에게 전달된 신앙의 보존을 위한 하나의 중요한 수단이다. 사도 바울이 말씀을 전하는 일에 헌신한 디모데에게 그 책임을 자주 강조하는 것이, 이것은 교회 목사들에게 특별한 방식으로 행하여진다(딤전 1:3-4, 4:6-7, 6:20; 딤후 1:14, 2:25, 3:14-17). 요약하자면, 목사의 과제는 성도를 돌보는 것이고(행 20:28; 벧전 5:2-4), 잃은 자를 찾으며(마 18:12-14; 눅 11:23), 이단으로부터 성도를 보호하는 것이다(행 20:29). 목사가 이 일을 완수하는 것은 양 떼가 따라야 할 본보기가 될 것이다(벧전 5:3). 그리고 목자장 되신 그분께서 나타나실 때, 맡겨진 사역에 신실하게 행한 모든 자를 영광스럽게 하실 것이다(벧전 5:4).

그렇다면 목회자들을 향한 성도의 의무는 어떠한가? 물론, 신약 성경에 이에 대해 언급하고 있는 특정 구절들이 있다. 하나는 데살로니가 전서 5:12-13과 히브리서 13:7, 17-18과 같은 것이다. 이 구절에서, 우리는 앞서 보았던 두 가지 부분들에 대하여 생각해볼 것이다.

첫째로, 데살로니가전서 5:12-13에서 사도 바울은 다음과 같이 말한다. "형제들아 우리가 너희에게 구하노니 너희 가운데서 수고하고 주 안에서 너희를 다스리며 권하는 자들을 너희가 알고 그들의 역사로 말미암아 사랑 안에서 가장 귀히 여기며 너희끼리 화목하라". 여기서 우리는 교회 성도의 가장 중요한 의무를 발견할 수 있다. 즉, 교회 성도들의 의무는 그들의 목회자를 아는 것이다. 개인에 대한 지식만으로 이해해서는 안 되는데, 이는 목회자와 성도 사이에 그런 관계가 있을 수 없다고 가정할 수 없지만, 여전히 성도들은 목회자를 모른다. 여기서 "알다"는 의미는 무엇인가? "알다"에 대한 3가지 최소한의 의미를 볼 수 있다.

(i) "안다"는 것은 목회자와 친해지는 것이다. 그들 자신과 그들의 사례들을 알리는 것인데, 고린도전서 2:2에서처럼 때때로 안다는 것은 알려지는 것을 의미한다. 교회 성도들은 그들의 목사들과 자유롭게 대화하고, 특히 양심의 문제나 상황의 어려움, 어떠한 영혼의 고뇌가 있든지 이를 해결하기 위해 그들의 영적인 상황을 알려야 한다. 목회자들에게 마음을 열어야 하고, 그들의 상황을 알려야지만 목회자들이 제때 말해줄 수 있다. 비록, 그들의 사연이 때때로 말씀 선포의 보편적인 목회에 부딪히고 도달할지라도, 이것은 특별한 섭리의 방향 때문이며 모두에게 공통적으로 기대할 수는 없는데, 적어도 성도들이 자신들의 속마음을 목회자들에게 털어놓지 않는 한, 이를 확신할 수 없다.

(ii) "아는 것"은 그들을 목회자와 목사들로 인정하는 것이고, 그들에게 주목하고 존경을 표하며 빌립보서 2:29에 사도의 충고대로 명성을 유지하며, 그들에게 주어진 명예를 그들에게 주는 것이다. 그리스도를 모르

는 것과 그들의 목회자와 사람들을 모르는 것은, 그들을 경멸하고 무례하게 대하는 것이다(요일 3:1; 눅 10:16).

(iii). 목회자를 "아는 것"은 그들을 사랑하는 것이고 그들의 위로와 안녕, 그들의 안전과 보호에 관심을 보이는 것이다(딤후 2:19; 시 142:4). 사람들은 그들의 목회자가 그 직에서 떠날 때 안전에 대해 걱정해야 한다.

둘째로, 목회자를 대하는 성도의 의무로 보이는 다른 가지들은 히브리서 13:7과 17-28에서 볼 수 있다. 7절에서 성경이 가르쳐주기를, "그들을 기억하라,"… 회중은 그들의 목회자를 기억해야 하고, 은혜의 보좌에서 그들을 생각하며, 그들을 자주 권하며, 그들이 설교했던 교리를 가슴 깊이 간직해야 한다. 그들이 마땅히 받아야 할 존경과 존중의 표시 하기를 잊지 않아야 하고, 그들의 삶에 외적인 공급을 위해 적절한 준비를 해야한다. 이러한 권면을 강요하는 이유는 교회의 수장이자 왕이신 그리스도께서 목회자로 하여금 그들을 통치하고 그들을 인도하도록 임명하셨기 때문인데, 이는 목회자가 자신의 생각대로 으스대는 태도가 아니라 그리스도께서 주신 법과 규례를 따라야 한다.

17절을 더 살펴보면, "너희를 인도하는 자들에게 순종하고…"고 한다. 이것은 지도자의 안내를 받고, 복종해야 할 통치자로 묘사된 동일한 사람들이 실천해야 할 의무들로 존중해야 한다. 교회 성도들에게 있어서 목회자를 향하여 '그들에게 순종하라'는 것은 말씀 사역을 충분히 고려하여 부지런히 그 사역에 임하는 것으로 보인다. 그들의 목회자가 때를 얻든 못 얻든 설교를 하거나, 기회가 주어지는 대로 자주 설교하려고 한다면 성도들은 말씀을 듣기 위해 자주 모여야 한다. 그들은 믿음과 사랑으로 받는 것으로써 말씀에 순종하는 것을 말씀을 전하는 목사에게 증명하며, 말씀을 받을 때 인간의 말이 아니라 하나님과 그리스도의 말씀으로 받는다.

교회 성도로 목회자들에게 행하는 또 다른 의무는 18절에서 암시하는 것은 "우리를 위하여 기도하라"인데, 통상 목회자들이 성도를 위해 하는 것이다. 말씀에 종종 위대한 순간과 중요성을 가르침과 동시에 교회 성도들은 그들의 목사를 위해 은총의 보좌 앞에 서야 한다. 특별히 교회 성도들은 목회자들의 사적인 연구와 사역, 즉 설교와 성경공부 등, 그리고 공적 목회를 기억해야만, 그들이 풍성한 복음의 진리를 드러낼 것이다.

우리가 앞서 함께 보았듯이, 우리는 선한 양심으로 올바른 목회 사역을 감당한다는 믿음이 있다. 인간으로서뿐만 아니라 목회자로서 정직하게 살려고 하는 모든 부분들을 두고 진리의 말씀을 충실히 전한다. 목회자의 직분(office)에 속한 자들의 책무가 있듯이, 목회자들에 대한 성도들의 책무가 있다. 이러한 상호의무를 수행할 때에 타자와 공동체의 평화, 그리고 선과 복지에 의존하므로 엄격히 준수되고 종교적으로 지켜져야 한다.

(2) 실천적 원리

이제 우리는 이 장의 마지막 단락을 살펴보고자 한다. 이 단락의 실천적인 부분은 아주 중요한데, 그 이유는 실천이 없이는 모든 제자도의 원리들은 무용지물일 것이기 때문이다. 참으로 제자도는, 하나님의 백성으로, 교회 내에서 뿐만 아니라 세상 속에서도 반드시 실천되어야만 한다. 기독교의 제자도는 그의 백성으로 일상의 삶에 초점되어야 하고, 그 증거로 드러나야 한다. 이에 따라, 그리스도인의 삶의 모든 부분이, 하나님의 은혜와 성령의 능력으로 기독교적 제자양육으로 발휘되어야 한다. 따라서 우리는 이 장에서 무엇이 실용적인 제자양육 방식이고, 어디서부터 시작하는지 다루고자 한다.

실천의 꽃과 열매는 예배로, 예배는 하나님과 사람 사이의 만남이다. 즉, 하나님께서 자기 자신을 계시하시고 사람은 반응하는 것이다. 우리는 그가 누구인지, 무엇을 요구하는지, 그리고 무엇으로 채우시는지, 또한 우리와 맺은 그분의 언약 조건은 무엇인지를 배운다. 모든 복이 흘러 나오는 삼위일체 하나님을 예배하는 것만큼 하나님의 백성의 특징인 것은 없다. 우리의 전 생애는 예수 그리스도에 대한 응답으로서 하나님에게 사랑을 표하는 예전으로 살아가게 된다. 이것이 하나님께 예배할 때에 나오는 언약적인 반응이다. 하나님께서 아브라함과 언약을 맺으셨을 때, "아브람이 엎드렸더니"(창 17:3)라는 말씀을 본다. 이러한 반응에 대해 바울은 하나님의 부와 지혜와 지식의 깊이를 찬양하며 그분의 영광을 영원토록 기릴 때(롬 11:33-36)에 다음과 같이 추가적으로 묘사되는데, 롬 12:1, "그러므로 형제들아 내가 하나님의 모든 자비하심으로 너희를 권하노니 너희 몸을 하나님이 기뻐하시는 거룩한 산 제물로 드리라 이는 너희가 드릴 영적 예배니라".

비슷하게, 사도 베드로는 그의 독자들에게 벧전 2:5, "너희도 신령한 집으로 세워지고 예수 그리스도로 말미암아 하나님이 기쁘게 받으실 신령한 제사를 드릴 거룩한 제사장이 될지니라"고 요구한다. 삶의 총체적인 예배의 응답은 대중들 속에서 충분히 표현되고, 하나님을 향한 공동의 찬양은 성막과 성전의 예배에 뿌리를 두고 있으며, 계속해서 하나님의 백성들은 "그러므로 흔들리지 않는 나라를 받았은즉"(히 12:28)이라고 하는 것이다. 예배로 모인 성도는 여러 면에서 아늑하고 좋은 곳인 교회에 관해 말한다.

공동의 예배에서 하나님은 회의를 소집하신다. 즉, 그리스도를 중심에 두고 "대화하자"고 말씀하시는 셈이다. 하나님을 향한 찬양이 울리고 그를 흠모한다. 예배자는 전 삶을 하나님께 헌신한다. 하나님은 그런 자들에게 "은혜와 평강이 있을지어다"라고 말씀하시고, 성도는 이에 대한 반응으로 "거룩하다, 거룩하다, 거룩하다 주 하나님 곧 전능하신 이여! 아침 일찍 우리의 찬양을 당신께 올립니다"고 한다. 여기에는 모종의 중재와 감사가 공존한다. 성령의 높은 전압은 예배 행위에 포함될 수 없다. 우리는 심지어 말 없이 그를 사모하거나, 하나님의 법을 순응하지 않는 것에 놀랐지만, 그 결과로는 예수 그리스도로 말미암아 하나님의 용서를 새롭게 들을 뿐이다. 하나님의 말씀으로 교훈과 격려와 위로가 있다. 이 모든 것에는 홀로 예배할 때 얻을 수 없는 강렬함이 있다. 하나님의 백성은 많은 구성원으로 이루어진 한 몸이다. 그리스도께서는 특별한 방식으로 두세사람이 예배하러 모인 곳에 현존하신다(마 18:20).

그러나 공 예배에도 수평적인 강한 유대관계가 있다. 초기 그리스도인들은 행 2:41-47에서 예배에 대한 모델을 제시한다. 예배에 관련된 활동들이 언급되어 있는데, 그들은 세례를 받았고(2:41), 주의 만찬을 지켰으며(2:42), 하나님의 말씀으로 인내했다(2:42). 그리고 기도에 힘썼다(2:42). 실로 그들은 신령한 노래들로 찬송했다(엡 5:19; 골 3:16). 그러나 초대교회 당시 예배의 활동보다 더욱 중요했던 것은 필시 예배의 분위기였다. 하나님께서 확실히 그의 백성들 가운데 임재하셔서 두려움의 감정을 이끌어냈고(2:43), 기적과 기사가 나타났다(2:43). 성도들은 예배에서 하나님과 직접 마주하면서, 마음이 움직이는 것을 "모든 이들이 경험했다..."(2:43). 마음의 기쁨과 성실함은 교회로 퍼져나갔다(2:46). 성령은 높임 받으시고 하나님을 찬송했다(2:47). 모든 교회와 전 성도는 한마음으로 하나님을 예배하는데 참여했다.

이것이 결국 공동의 예배가 된 것이다. 히브리서는 이러한 점을 다음과 같이 강조한다. 히 10:24-25, "서로 돌아보아 사랑과 선행을 격려하며 모이기를 폐하는 어떤 사람들의 습관과 같이 하지 말고 오직 권하여 그 날이 가까움을 볼수록 더욱 그리하자". 그러므로 우리는 하나님뿐만 아니라 서로를 품어야 한다. 요일 4:20-21, "그 형제를 사랑하지 아니하는 자는 보지 못하는 바 하나님을 사랑할 수 없느니라 우리가 이 계명을 주께 받았나니 하나님을 사랑하는 자는 또한 그 형제를 사랑할지니라." 따라서 예배 때는, 하나님을 사랑하는 사람들 사이에서는 계급이나 어떤 종류의 구별이 없다.

더 나아가 예배는 우리가 하는 것이고, 우리는 그것에 관여한다. 육체와 영혼은 서로 연장되어있고, 마음과 목소리가 들린다. 우리는 단순한 관객이 아니라 배우다. 즉, 우리는 세상에 있지만 세상에 있지 않은 하늘 나라의 시민으로 아직 얻지는 못했으나, 이 땅에 사는 자에게 하늘의 왕국의 시민이 되도록 모든 것을 예배로 끌어온다. 공예배에서 교회의 모습이 나타난다. 믿음과 소망 그리고 사랑이 만발하여, 은혜와 자비, 그리고 평화가 빛을 바란다. 그곳에는 형제 자매와 구원자 사이에는 이음매 없는 화목의 옷이 있고, 그 옷에는 "치유와 용서"의 말이 쓰였다. 이러한 이유로 예배는 하늘에서 온 엄청난 힘을 가진다.

   오늘날 많은 성도들이 그들의 생애에 있어서 처음으로 성령의 흔드심을 의식한 것은 그들이 공예배에서 느끼고 지켜본 결과이다. 그들이 받은 환영과, 바친 우정, 그리고 그들이 받은 구체적인 기쁨이 차례로 그들을 동기부여 하여, 말하는 것을 듣고, 회개와 믿음으로 반응하였다. 진정한 그리스도인의 예배는 이 세상 어느 곳에서도 보고 들을 수 없는 것을 보여준다. 즉, 영과 진리로 드리는 예배가 그것이다(요 4:24). 그러나 우리가 예배 때 즐거워하는 것으로 중요하게 생각하는 몇 가지 수단들이 있다. 경배(Adoration), 즉 전능하신 주의 이름을 찬양하는 것과 기도, 봉헌, 봉독, 성도의 교제, 그리고 하나님의 말씀이 선포되는 것을 경청하고, 성만찬이 그것이다. 이 모든 수단은 하늘에서 내려오는 영과 진리의 진정한 예배로부터 나온다. 따라서, 진정한 예배야말로 하나님의 백성으로 그리스도인의 삶의 원천이자 원동력이 되고 생명력이 되는 것이다.

   그렇기에, 우리가 주지해야 하는 것은 예배로부터 오는 기독교인의 삶에서 가장 중요한 근원 중에 하나가 바로 매 주일 아침과 저녁 예배의 설교 강단에서 울리는 하나님의 말씀에 경청하는 것과, 성경공부를 포함한 교회의 정기 모임에 동참하는 것이다(일대일, 그룹, 특강 등). 이에 따라 예수 그리스도의 몸 된 교회의 성도들은 모든 예배시간마다 그리스도를 통한 소망과 구원의 복음이 이러한 방식으로 울려 퍼지므로 아이들과 청소년, 그리고 방문자들이 그 의미를 이해할 수 있을 것이라는 점을 기대할 수 있어야 한다. 안타깝지만, 필자의 생각은 오늘날 많은 교회들이 이와 같지 않다는 것이다.

우리는 예배와 설교가 회중의 신앙생활의 핵심에 서 있다는 것을 인식해야 한다. 교회가 언제든 성장 문제를 마주할 때면, 우리는 그 문제가 예배 생활에 문제가 있음을 확신할 수 있다. 다른 한편, 성경 중심적, 지성적, 마음을 이끌고 성령의 힘으로 구제하는 설교는 교회를 불로 지피고, 다른 사람들을 이끌어 들이기 위해 열정으로 가득찬 성도들을 거리로 보낸다. 설교와 주일 예배는 교회와 사회생활에서 회중의 삶 전체를 위한 분위기를 만든다. 주일에 무슨 일이 일어나느냐가 핵심이다. 여기서 교회의 성격이 형성되고, 방향성이 결정되며, 비전이 공유되고, 말씀을 통해 성령의 교회에 이런저런 모양으로 운행하시게 된다. 로마서 10:17은 이 모든 것의 실마리가 되는데, "그러므로 믿음은 들음에서 나며 들음은 그리스도의 말씀으로 말미암았느니라"가 그것이다.

교회의 목회자로 우리는 좋은 성경적 설교가 그리스도인들을 세우고 육성한다는 사실과, 목사의 가장 중요한 과제임을 기억한다. 우리는 주일을 위해 좋은 설교를 준비해야 하며 하나님의 말씀 선포를 축복하시기를 위해 그분을 바라보아야 한다. 하지만 좋은 설교는 홀로 되는 것이 아니다. 이는 목사의 전반적인 교회 목회와 교회의 삶과 결합해야만 한다. 앞서 본 단원에서 우리가 본 바와 같이, 목사는 부지런히 공부해야 한다. 이러한 의무들을 염두에 두고, 설교자들과 설교와 관련된 저서들은 각각의 다른 방식으로 자격을 부여하는 경향이 있다. 설교자들은 교리나 신조, 또는 사도신경이나 강해로 일련의 설교를 통해 하나님의 말씀을 전할 수 있다. 설교자는 "성경을 통해" 성경 66권의 각 권을 설교하거나, 구약의 인물들에 관한 일련의 설교를 할 수도 있다. 설교는 그 성격상 주제적이거나 부제가 따르는데, 결혼이나 가정의 삶에 관련된 것을 그 예로 들 수 있다. 우리 시대에 큰 도덕적인 문제들, 예컨대 낙태, 핵 보유, 성적 문제, 물질만능주의에 관하여도 다룰 수 있다. 설교 강단은 사회적이고 국가적이고 세계적으로 마주하는 사회, 정치 문제들을 간과해서는 안 되고 놓쳐서도 안 된다.

하지만 이 모든 설교는 복음적이어야 한다. 즉, 예수 그리스도의 십자가와 부활, 통치와 재림에 관한 기쁜 소식을 공유해야 한다. 한편에서 설교자들은 영혼의 의사와 같다. 그렇기에 설교자는 경고하고, 가르치고, 권면하고, 위로하며, 감명을 주고, 북돋아 주며, 동기를 부여하고, 확신시키며, 자극하며, 결정하도록 독, 성도로 세워주어야 하는데, 이것들을 수행함에 있어서 모든 것이 항상 예수 그리스도의 기쁜 소식을 전하는 복음이어야 한다는 것이다. 또한 설교는 복음을 반영하고, 복음의 빛을 다양한 질문들, 유행들, 문제들, 세계가 몸부림치는 쟁점들을 조명해야 한다. 하나님의 말씀을 선포함을 통하여, 그리스도의 주 되심이 개개인의 마음 가운데 교두보로 세워질 것이다.

우리가 위에서 보았듯이, 우리의 모든 사역들은 예배와 강단에서 선포되는 말씀에 초점을 맞춘다. 예배에 참여함 없이, 주 하나님의 이름을 찬송함 없이는, 우리가 주의 이름으로 많은 일을 한다고 한들, 아무짝에도 쓸모가 없는 것이다. 따라서 그리스도인의 삶은 사생활에서까지 정규 예배시간을 준수하지 않으면 결코 안 될 것이다. 이러한 의무들을 통해 우리 그리스도인들은 외로운 자들, 고아들과 과부, 노숙자들을 따뜻한 손길로 돕고, 그리하므로 그들에게 복음을 선포할 수 있다. 참으로, 성경은 마태복음 5:13-14에서 다음과 같이 말해주고 있다. "너희는 세상의 소금이니 소금이 만일 그 맛을 잃으면 무엇으로 짜게 하리요 후에는 아무 쓸 데 없어 다만 밖에 버려져 사람에게 밟힐 뿐이니라 너희는 세상의 빛이라 산 위에 있는 동네가 숨겨지지 못할 것이요".

하나님의 자녀로 우리는 우리 자신을 그의 신부로 정결하게 하며 구별해야 하고, 주께 헌신하므로 우리의 영적 성숙함을 이루어야 한다. 이렇게 하므로 모든 것들에 열매가 맺히고, 사람이 성령에 충만하므로 그리스도를 닮아가게 되는 것이다(갈 5:22-23). 목사뿐만 아니라 모든 회중이 복음전도를 위해 활동하는 것은 우리가 인식해야 할 또 다른 부분이다. 우리는 하나님의 말씀을 서로 나누기를 소망해야 한다. 지금까지 우리는 제자

훈련에 있어서 성경적인 원리를 중심적인 위치를 차지하는 것에 대해 많은 생각을 해보았다. 위에서 보았듯이, 다음의 다이어그램으로 이러한 성경적 원리들을 요약해볼 수 있을 것이다.

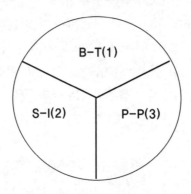

하나님의 은혜에 의하여 그분의 자녀가 된 우리 그리스도인들은 이러한 원리들이 반드시 그리스도인의 삶 속에 "균형을 잘 이룬" 체계로 실행되고 수행되어야 함을 깨닫는다. 이 다이어그램은 물론 우리 삶 속에 필요한 유기적인 체계를 보여준다. 이 다이어그램의 각 부분은 다른 구획과 상호 간에 보완하는 것으로 연관성이 있다. 이 중에서 가장 중요한 것은 목회적-실천적 원리 분야로, 이는 우리 그리스도인의 삶이 한데 연결되고 이 단락에서 강조되기 때문이다. 다음 장에서는 어떤 열매를 우리가 맺고 그분의 자녀로 어떤 열망을 가져야 하는지에 대해 다룰 것이다. 이로써 우리는 이러한 원리들 아래에서 제자도의 목적과 내용을 보게 될 것이다.

제자도의
원리

5

제5장
성경적 제자도의
목적과 내용

제 5 장 성경적 제자도의 목적과 내용

"오늘날 교회가 필요로 하는 것은 더 많은 시스템이나, 더 나은 것이 아니요, 새로운 조직이나 그 이상의 것, 또는 진기한 방법론도 아니요, 사람을 통해 성령께서 사용하실 수 있는 기도의 사람, 기도의 용사인 것이다. 성령님은 방법을 통해 운행하지 않으시고, 사람을 통해 일하신다. 즉, 그분은 사람에게 임하시지 어떤 조직에 오시는 분이 아니시다." (E.M. Bounds)[1]

"어떠한 시스템도 아무리 성경적으로 그 설계에 있어서 정확하다 할지라도, 그 자체로 영적인 결과물을 자동적으로 낼 것을 보증할 수는 없다." (Roy Joslin)[2]

이상의 진술들은 영적인 목회에 있어서 방법론과 프로그램에 의존하는 어리석음을 모두 강조하고 있다. E. M. Bounds가 강조하는 것은 시간이 진정으로 요구하는 것은 능률적인 프로그램이나 강력한 조직보다는 영혼이 충만한 그리스도인들이라는 것이다. Roy Joslin은 어떠한 시스템이든 성경적인 결에 따라 얼마나 신중하게 구성되었다고 한들, 영적인 결과물

---

1) E. M. Bounds, *Power through Prayer*, (Baker, 1963), 7.
2) Joy Joslin, *Urban Harvest*, (Evangelical Press, 1982), 199.

을 보증할 수 없다는 것을 우리에게 상기시킨다. 결과물은 항상 하나님의 주권 아래 놓여있다. 우리의 책임이라면 그분을 부단히 바라보고 의존하는 종류의 사람이 되는 것일 뿐이다.

예수님께서 "고생하며 기진한" 무리들을 보시고 그의 마음이 "추수하는 주인에게 청하여 추수할 일꾼들을 보내 주소서" 하는 반응을 일었다(마9:36-38). 복음을 그 무리에게 전해주신 것의 핵심은 바로 사람들이었다는 점이다. 그는 자신의 방법을 개조하거나, 보다 더욱 효과적인 프로그램을 추진하려 하지 않았고, 단지 아버지 하나님께 일꾼들을 세워달라고 기도했다!

제자를 삼는 논의에 있어서, 급하고 강하게 우리에게 직면하는 한 가지는 하나님이 원하시는 부류의 사람이 되도록 하는 우리의 책임이라는 것이다. 오늘날, 우리는 산더미와 같은 기독교 문화에 둘러싸여 있다. 즉, 수많은 콘퍼런스와 훈련 프로그램들이 제공되고 있고, 현대 많은 성도들은 미디어와 최신 기술에 접근이 쉽다고는 하지만, 그 영향은 어디에 있는가? 무언가를 놓치고 있다는 인상을 받는다. 즉, 진정으로 경건한 자들의 양성이 아니던가! "요즘 들어 흔한 불평이라면, 현대 기독교가 무엇인가 부족하고, 그가 머리이신 그리스도의 참된 교회가 예년처럼 20세기의 세상을 뒤흔들지 않는다는 것이다. 그 이유가 무엇인지 쉽게 말해도 되겠는가? 이는 바로 전문 신앙인들 사이에서 슬프게도 유행하는 낮은 삶의 양식 때문이다."[3] 인간의 책임 차원에서, 우리가 기억해야 할 것은 제자를 낳는 것은 오직 제자들 뿐이라는 것이다. 부디 하나님께서 방법론이 아닌 사람과 축복하시고 사용하시길 바란다.

그렇다면 다음과 같은 중대한 질문이 제기된다. "하나님이 사용하시는 사람의 주된 특징들은 무엇인가?" 우리는 이 질문에 대한 성경적인 답변으로 일곱 가지 요소들을 살펴볼 것이다. 우리가 언급하게 될 자질들은

---

3) C. Ryle, *Holiness*, (James Clark Co., 1959), 303.

그리스도의 대위임령을 완수하는 것을 돕는데 관여하려는 모든 성도와 연관이 있으며, 특별히 하나님의 교회 내에서 리더자의 위치에서 책임을 맡은 자들에게 특별히 유의미하다.

1) 그리스도의 성품

경건한 성품에 대한 성경적인 강조는 압도적이다. 이는 한 사람의 제자 속에서 하나님의 기뻐하시는 성품을 일어나도록 하는 성령의 내주 사역이다. 갈 5:22-23, "오직 성령의 열매는 사랑과 희락과 화평과 오래 참음과 자비와 양선과 충성과 온유와 절제니 … "이러한 강조는 예수님의 산상 설교에서도 여실히 드러난다(마태복음 5-7장). 즉, 온유(5:5)와 청결함(5:8), 사랑(5:43-47), 진실함(6:1-6), 용서하는 영(6:14)은 예수께서 설명하신 그리스도인에게 드러나는 열매의 표식 중에 일부이다. 이러한 자질들은 모든 성도가 갖추어야 할 성품이다.

성품에 관한 동일한 강조는 바울이 장로들의 자질에 대해 논할 때에 전면에 등장한다. 디도서 1:7-8, "감독은 하나님의 청지기로서 책망할 것이 없고 제 고집대로 하지 아니하며 급히 분내지 아니하며 술을 즐기지 아니하며 구타하지 아니하며 더러운 이득을 탐하지 아니하며 오직 나그네를 대접하며 선행을 좋아하며 신중하며 의로우며 거룩하며 절제하며". 딤전 3:4, 7, "자기 집을 잘 다스려 자녀들로 모든 공손함으로 복종하게 하는 자라야 할지며 … 또한 외인에게서도 선한 증거를 얻은 자라야 할지니 비방과 마귀의 올무에 빠질까 염려하라".

우리는 그리스도의 몸 안에서 내 역할이 무엇이든지, 어떠한 은사와 책임감을 지니고 있든지, 모든 것은 거룩한 삶을 기반으로 하지 않으면 안 된다. 딤후 2:20-22, "큰 집에는 금 그릇과 은 그릇뿐 아니라 나무 그릇과 질그릇도 있어 귀하게 쓰는 것도 있고 천하게 쓰는 것도 있나니 그러므로 누구든지 이런 것에서 자기를 깨끗하게 하면 귀히 쓰는 그릇이 되어 거룩하고 주인의 쓰심에 합당하며 모든 선한 일에 준비함이 되리라 또한 너는 청년의 정욕을 피하고 주를 깨끗한 마음으로 부르는 자들과 함께 의와 믿음과 사랑과 화평을 따르라." 여기서 우리는 똑같은 강조점을 다시금 보게 된다! 하나님의 집에서 내가 어떤 역할을 맡았든지, 부단히 고민해야 할 것은 깨끗한 '그릇'이 되는 것이다. 깨끗한 '그릇'은 죄를 피하고, 끊임없이 의를 추구하는 모습으로, 주인의 쓰심에 합당하며 모든 선한 일에 준비된 자이다.

큰 평안 가운데 임종을 맞이하며 자신의 구원은 하나님 아래에서 휫필드 목사님 덕분이라고 말한 한 권사님의 간증을 J. C. Ryle이 인용하는데, "그가 전한 그 어떠한 설교도, 심지어 그가 내게 말했던 그 어떤 말도 아니라, 내가 작은 소녀였을 때, 단지 그가 거하던 집에서 그의 일상에서 묻어난 한결같은 다정함 때문이었다." 그래서 나는 만일 내가 어떤 종교를 가져야 한다면, 휫필드씨의 하나님이 내 하나님이길 바랍니다고 내 자신에게 말했다."[4] 이는 실로 그리스도인의 성품이 지니는 힘의 아름다운 사례이다. 그리스도의 성품은 더욱 진실하게 우리들의 삶에 반영되므로(고후 3:18), 우리는 선한 일에 주인의 쓰심에 더욱 합당하게 된다. 만일 우리가 제자 삼는 일에 그 어떠한 의미있는 기여를 하게 된다면, 우리는 가장 먼저 우리 자신의 제자도에 대해 집중해야만 한다.

그렇다면 내 삶은 하나님의 진리와 그리스도의 성품을 드러내는가? 내 삶은 지금 이 시점에 무너져 있는데, 어떻게 다른 이들에게 선한 일을 할 수 있기를 바랄 수 있는가? 바울이 디모데에게 건네는 다음의 말들, "나의 교훈과 행실과 의향과 믿음과 오래 참음과 사랑과 인내와 박해를 받음과 고난과 … "(딤후 3:10-11)에 주목해야 할 것이다. 바울의 인생 전체는 디모데를 세우는 사역의 일부에 포함되어 있었기 때문이다. 바울은 그의 가르침을 디모데에게 전달하는 것에 관심이 있었지만, 그의 사역은 여기

4) *Ibid.*, 274.

서 멈추지 않았다. 바울은 디모데에게 하나님을 중심으로 한 삶의 양식의 모범으로 그 진리를 전수하기도 했다. 바울의 교리는 그의 마음을 사로잡았고 그의 행실에 반영되었다. 디모데는 하나님의 진리가 바울의 목표를 형성하는 것을 볼 수 있었는데, 이는 곧 박해를 무릅쓰고 바울의 믿음이 깊어지며, 인내와 사랑과 오래 참음을 키워간 것이었다. 이처럼 디모데는 바울의 가르침 뿐만 아니라 그의 삶을 통해서 그리스도에 대해 배웠다.

하지만 우리는 얼마나 어리석고 얼마나 위선적인가! 믿음을 말로는 가르치나, 삶으로는 부정하는가! 우리가 하나님과 협력하는 것에 대해 진중하다면 우리는 반드시 우리의 삶의 방식에 대해 진지해져야 한다. 우리는 말씀을 가르치는 것에만 관심을 쏟는 것이 아니라, 나의 삶에 그 말씀이 실제 역사하는 모범을 위해서도 관심을 가져야 한다. 그리스도께서 나의 대화와 성품을 통해 영광 받으셔야 하며, 하나님은 나의 설교와 삶을 통해 영광 받으셔야 한다. 사도 바울이 데살로니가 교인들에게 권능으로 임하는 복음을 선포했을 때, 그는 이 복음이 "너희 가운데서 너희를 위하여 어떤 사람이 된 것"(살전 1:5)과 연관성이 있음을 언급했다. 이는 우리가 주 예수 그리스도의 충실한 종이 될 희망을 조금이라도 지니고 있다면 필수적으로 고려해야 할 사항이다.

예수님은 요 12:24-25, "내가 진실로 진실로 너희에게 이르노니 한 알의 밀이 땅에 떨어져 죽지 아니하면 한 알 그대로 있고 죽으면 많은 열매를 맺느니라 자기의 생명을 사랑하는 자는 잃어버릴 것이요 이 세상에서 자기의 생명을 미워하는 자는 영생하도록 보전하리라"고 말씀하셨을 때, 그는 자신의 목회를 완전하게 설명하셨을 뿐만 아니라 효과적인 목회를 위한 한 가지 핵심을 보여주신 셈이다. 자신을 사랑하는 자는 누구든지 결코 하나님의 추수 사역에 효과적인 사역자가 될 수 없다. 진정한 효능은 자신의 죽음을 통해서이다. 이러한 효과를 배가시키는 열쇠는 방법론이나 전략에 있지 않고, 자기 부인(self-denial)과 그리스도를 위해 사는 삶에 있는 것이다. 그 자신의 관심사에 목숨을, 그 누가 과연 진정으로 하나님과 그의 나라의 관심을 위해 헌신하겠는가? 이러한 점들이 우리 삶에서 주목할 만한 특징으로 나타나게 되는데, 우리는 "나의 양식은 나를 보내신 이의 뜻을 행하며 그의 일을 온전히 이루는 이것이니라"(요 4:34)고 말씀하신 그리스도처럼 하나님을 기쁘시게 하는 삶을 살게 된다.

다시금 J. C. Ryle은 이 점을 아주 상세히 서술하는데, "진정한 기독교인이 되려면 희생해야 할 것이 많음을 인정하였다. 하지만 영혼을 구하는 것이 어떤 대가를 치를 가치가 있다는 것을 건전한 감각으로 의심할 수 있는 사람이 누가 있겠는가? 배가 가라 앉을 위기에 있다면 선원들은 귀한 화물이라도 버리는 것을 대수롭지 않게 여기고, 사지에 마비가 온다면, 생명을 살리기 위해 절단까지도 감수한 어떠한 혹독한 수술이라도 치를 것이다. 그리스도인이라면 확실히 그와 하늘의 뜻 사이에 있는 그 무엇이든 기꺼이 포기할 수 있어야 한다. 아무 값도 치르지 않는 종교는 아무 가치도 없는 것일테니 말이다! 십자가가 없는 값싼 기독교는 결국 면류관이 없는 쓸모없는 기독교가 될 것이다."5) 부디 하나님께서 우리의 성품이 그리스도를 닮는데 필요한 어떤 값이든 치를 수 있도록 우리를 도우셔서, 주인의 쓰임에 더욱 합당하게 되기를 원한다.

2) 기도를 통한 하나님 의존

"내가 관찰한 바로는 제자를 세우는 이 '간단 명료한'(no-nonsense) 과정에 헌신하는 우리 가운데 성령을 둘러싸고 통제하려는 경향이 있다는 것이다… 제자들은 가끔 차트, 그래프, 계획표와 전략으로 사역한다. 이따금, 우리는 제자훈련 과정의 세부사항에 너무 몰두한 나머지, 성령의 인도하심에 관하여 민감하거나 유연한 자들에게 구할 수 있는 모종의 자발성을 놓치게 되는 결과를 맞이하기도 한다.

---

5) *Ibid.*, 71-72.

제자도에 관한 신비를 산산조각 내지 말자!… 한 제자는 다른 제자가 무엇을 보고, 무엇을 말하며, 무엇을 행동에 옮기는지 고정된 편견뿐만 아니라, 제자를 삼는 방법에 대한 고정관념을 가져서는 안 된다! 어떤 프로그램이나 사람도 제자를 양성하지 못할 것이다. 오직 하나님만이 제자를 만드실 수 있다.

우리가 프로그램이나 전략들이 매우 중요하므로 그것들을 의존하고 신뢰하는 순간은, 우리는 가장 치명적인 신학적 오류를 범하게 된다. 제자도의 주 목적은 그리스도를 닮는 것이다. 오직 성령께서 제자를 만드시고, 오직 성령께서 누구든지 그리스도의 닮은 형상으로 빚으실 수 있다. 성령이 일으키시는 일이 때로는 우리가 정한 마스터 플랜과 부합하지 않을 때가 있을 테지만, 성령께서 하시면, 우리의 계획보다 뛰어나게 행하신다."6)

이 인용문은 우리에게 매우 중요한 점을 강조하고 있다. 우리가 제자들을 만드는 일에 참여하려고 할 때 우리는 누구를 의지하는가? 우리가 제자도에서 신비를 떼어내지는 않았는가? 하나님에 대한 진정한 신뢰로 특징지어지는 우리의 섬김에서인가 아니면 결과를 얻기 위해 우리의 은사와 재능, 또는 프로그램에 의존하는 것인가? 우리가 익숙하고 잘 돌아가는 '제자 양성 프로그램'을 개발시켜 본적은 있는가? 어떻게 우리가 하나님 신뢰하기를 대신해서 자기를 신뢰하는 위험성에 대해 끊임없이 경각심을 가져야 하는가?

바울은 고린도 교인들에게 편지할 때에 이러한 주제를 강조하는데, 고후 3:2-5, "너희는 우리의 편지라 우리 마음에 썼고 뭇 사람이 알고 읽는 바라 너희는 우리로 말미암아 나타난 그리스도의 편지니 이는 먹으로 쓴 것이 아니요 오직 살아 계신 하나님의 영으로 쓴 것이며 또 돌판에 쓴 것이 아니요 오직 육의 마음판에 쓴 것이라 우리가 그리스도로 말미암아 하나님을 향하여 이같은 확신이 있으니 우리가 무슨 일이든지 우리에게서

---

6) Bill Hull, *Jesus Christ Disciplemaker*, (NarPress, 1984), 43-44.

난 것 같이 스스로 만족할 것이 아니니 우리의 만족은 오직 하나님으로부터 나느니라"가 그것이다. 여기 상황은 확신에 찬 전문가가 그의 상황을 확실히 통제하는 것은 아니다. 이는 자신의 수많은 죄와 타락에 대해 너무나 잘 알고 있는 무능한 제자에게서 비롯된 것인데, 그래도 그는 은혜에 의하여 전능하신 하나님께 그의 신뢰를 둘 수 있게 되었다.

그는 두 가지 사실을 알고 있는데, 그에게 맡겨진 과업을 감당해내지 못할 것과, 그럼에도 불구하고 그의 하나님께서 가장 어려운 일도 충분히 해내실 수 있는 분이라는 사실을 신뢰한다는 점이다. 바울이 계속해서 말하는 것은, "우리가 이 보배를 질그릇에 가졌으니 이는 심히 큰 능력은 하나님께 있고 우리에게 있지 아니함을 알게 하려 함이라"(고후 4:7)이다.

우리 중 대다수의 사람들은 실력이 충분하여 통제할 수 있다고 느끼는 것은 우리가 수행하는 목회나 책임에 있어서 어느 정도의 익숙함과 자신의 '통제에' 두기 때문이다. 어쩌면 우리가 설교하게 될 때면, 그동안 수많은 설교를 해왔기에 우리가 하나님을 의존하기보다 우리의 경험을 의존하는 경향이 있다는 것이다. 다른 이들은 특정한 프로그램을 인도한다거나 특정한 주제에 대해 꽤 자주 말해 보았기 때문에, 그 영역에서 만큼은 꽤 능숙하다고 느낀다. 부디 하나님께서 우리를 도우셔서 그러한 인간적 능숙함을 회피하여 하나님 외에는 아무것도 할 수 없다는 것을 깨닫는 곳으로 새로 이르기를 원한다.

이러한 위험성은 특히 우리가 방법론이나 프로그램이 우리 목회의 핵심 또는 중심이 될 때 뚜렷이 나타난다. 건강한 영적 삶의 모든 외적인 표지는 온전할 수는 있겠지만, 우리의 마음은 아마 하나님으로부터 멀어져 있다. 하나님 앞에서 우리의 삶을 정리해야 하는 도전에 직면하는 것보다 프로그램들과 활동들을 유지하는 것이 얼마나 더 쉬운 일이겠는가!

요즘에는 특정한 개인에게나 사역에 대한 하나님의 축복을 볼 때, 그러한 결과를 얻어내기 위해 어떤 방법론이나 재료들, 또는 프로그램들이 사용되었는지를 즉시 묻는 것이 매우 흔한 일이 아니겠는가? 우리가 답을 가지고 있을 때, 우리는 우리가 처한 상황에서 그 요소를 충실히 재현하려고 한다. 그리고 우리는 같은 성공이 다가오지 않을 때 절망한다. 무엇이 잘못됐는가? 이러한 상황에서 잘못된 것은, 우리의 모든 접근 방식이다. 여기서 우리는 하나님보다 무언가를 의존하고자 하는 죄가 있다는 것을 알게 된다. 우리는 어떤 외부적인 요인들을 재현하려 했는지도 모르지만, 단지 우리가 그렇게 했기 때문에 하나님이 우리의 노력에 축복하신다는 것을 보증할 수는 없다. 우리가 성장하기 위해 주님께 물어야 하는 것은 하나님을 사랑하고 그의 말씀에 거하고자 하는 성장하는 무리이다. 그런 사람들은 다른 사람들의 노력을 모방하는 것으로 전락하지 않겠고, 오히려 기도하므로 성경의 영원한 원리들을 그들이 처한 상황에서 살아있고 신선하며 하나님을 의존하는 방식으로 적용하게 될 것이다.

Joseph Aldrich 박사는 한 평가에서, "솔직히 말해서 '제자도'라는 용어가 다소 지겹게 느껴진다. 성경의 대원리가 포착되었지만... 기계적인 조립 라인으로 전락하였다. 인간 로데오들이 산호초에 몰려들어서 뿔이 빠지고, 백신을 접종하고, 낙인이 찍히고, 목장으로 내쫓기는 것을 보는 것도 지겨웠나 보다. 고속, 단기, 결과 지향과 같은 것에서, 우리는 사역의 메커니즘을 사역 그 자체로 변화시킨 것이다."라고 하였다.[7] 실로 우리가 반드시 피해야 하는 것은, 하나님을 의존하는 성경적인 목회에서 기계적이고 전문적인 방식으로 변모시키는 것들이다.

물론, 이 영역에서 올바른 관점을 유지하기 위한 하나의 방법은 사도들이 강조한 것, 특별히 기도를 회복하는 것이다. 하나님은 초대교회에 그들을 압도하겠다고 위협했던 명령을 이미 주셨다. 그들은 복음을 모든 열방에 들고 나아가야 할 책임을 지고 있었는데, 아주 적은 재력을 가진 소수의 일반 사람들은 이방 세계를 떠맡을 작정이었다! 그들이 어떠한 희망이 있었겠는가? 그들은 주인의 약속, "내가 세상 끝날까지 너희와 항상 함께

7) *Ibid.*, 7.

있으리라 하시니라"(마 28:20) 외에는 아무것도 없었다. 모세가 하나님의
임재 없이 나아가는 것은 순전히 어리석은 일이라는 것을 깨달았던 것처
럼(출 33:15-16), 그리스도의 첫 제자들이 이 약속 없이 예수님의 명령을
수행하는 것은 실패할 운명이라는 것을 명확하게 이해했다. 그러나 그들
은 이러한 확신으로 그들을 향한 하나님의 공급이 충분했다고 생각했다.
초대교회는 기도를 통해 주께서 약속하신 임재의 실상을 확신 중에 전용
하였다.

사도들의 행전을 추적해보면, 당신은 기도의 분위기 속에서 움직이고
있음을 발견하게 될 것이다. 하나님의 사역을 통해 신실하고 강하게 달성
했던 사람들은 기도의 사람들이었다. 리더들은 오로지 기도하는 일과 말
씀 사역에 힘쓰는 것이 본질적인 것임을 깨달았다(행 6:4). 기도는 교회에
서 주요 결정을 내릴 때마다 필수불가결한 부분이었다(예컨대 행 1:21-26,
6:5-6; 14:23). 심지어 이제 막 믿은 성도들도 기도에 힘을 쏟았다(행 2:41-
42). 반대가 극심한 상황 속에서 그들은 변함없이 기도를 계속 이어갔다
(행 4:23-31). 그들은 주권과 사랑으로 통치하시는 하나님께서 그들의 기도
에 응답하시기를 기대했고, 그들은 낙심하지 않았다(행 4:29-31, 9:40, 12:5-
12).

여기에는 그리스도인에게 있어서 무장 기도에 가장 소홀히 여겨지는
무기가 있다(엡 6:18). 그가 없이는 아무것도 할 수 없고, 그들 자신의 모
든 재원에도 영적 갈등에서 승리할 수 없음을 깨닫는 자들은 주권으로 주
어지는 수단을 이용해야만 한다. 우리가 기도 사역에 뛰어들지 않고는 하
나님의 사역에 신실하게 동참하게 되는 소망을 붙들기란 어렵다(마 7:7-8).

3) 그리스도를 향한 헌신

"당신에게 필요한 것은 즉석에서 착안한 프로그램이 아니라 하나님의
영광에 대해 말하는 것이 당신의 일부가 될 정도로 하나님에 대한 지식을

늘려야 한다는 생각이다."8)

무엇보다 우리가 그리스도와 연합하지 않은 채, 그리스도와 같은 성품으로 발전하는 것은 물론 불가능하다. 만일 우리가 하나님을 올바르게 영광을 돌리고 섬기려면, 반드시 필수적인 것인 윤리적인 우수성을 소유하는 것 그 이상이어야 한다. 즉, 우리는 그리스도의 사랑에 몰두해야만 하는 것이다. 빌 3:8-14, "또한 모든 것을 해로 여김은 내 주 그리스도 예수를 아는 지식이 가장 고상하기 때문이라...그리스도를 얻고...형제들아, 나는 아직 내가 잡은 줄로 여기지 아니하고 오직 한 일... 푯대를 향하여 달려가노라". 시 73:25, "하늘에서는 주 외에 누가 내게 있으리요 땅에서는 주 밖에 내가 사모할 이 없나이다". 그리스도를 알기로 한 이 엄청난 결단은 하나님을 섬기고 제자를 삼는 데 진심인 모든 사람의 마음을 사로잡는 것이어야 한다.

예수님은 가장 큰 계명에 관하여 이와 같이 상세히 설명하신다. 마 22:37, "네 마음을 다하고 목숨을 다하고 뜻을 다하여 주 너의 하나님을 사랑하라 하셨으니". 하나님을 향하여 마음을 다한 사랑이 모든 성도의 책임으로 여기에서 제시되고, 이것이야말로 우리의 삶이 이를 중심으로 건설되어야 중심축이 된다. 이러한 방식으로 그리스도를 사랑하는 자들만이 그의 사명을 효과적으로 수행할 수 있다. J. C. Ryle은 모든 그리스도인들이 소유해야 할 필수적인 태도에 관하여 설명하면서 글로 옮기기를, "그는 그리스도와 개인적으로 거래를 해야 하는데, 종교에서 모든 것은 그가 없이는 아무 소용도 없기 때문이다."9)

여기에 사도들의 영향에 대한 비밀이 있다. 행 4:13, "그들이 베드로와 요한이 담대하게 말함을 보고 그들을 본래 학문 없는 범인으로 알았다가 이상히 여기며 또 전에 예수와 함께 있던 줄도 알고". 베드로와 요한의

---

8) T. Wells, *A Vision for Missions*, (Banner of Truth, 1985), 28.

9) Ryle, *op. cit.*, 267.

성공은 그들의 교육이나, 훈련이나 기술, 또는 방법론에 있지 않았다. 더욱이 타고난 능력이나 성품 때문도 아니었다. 어떻게 이 둘은 용감하게도 위험이 가득한 상황 가운데서 그리스도를 선포하는데 몸을 바칠 수 있었는가? 심지어 그들의 적에게도 그 답은 명백했는데, 그들이 예수와 함께 있었다는 것이다. 즉, 유대 지도자들이 베드로와 요한의 삶 속에서 발견했던 것은 그리스도였다. 예수께서 초기에 사역하시는 동안에 이 둘이 그와 함께 있었을 뿐만 아니라, 성령의 은혜로우신 권능으로, 그들은 계속해서 '예수와 함께' 동행했던 것이다. 그들은 예수 안에 거했고, 그를 사랑했으며 그분의 뜻을 행하기로 결단했다.

우리의 상황에서도 마찬가지이다. 우리 하나님을 섬기기로 한다면 우리는 그분을 사랑해야만 한다. 우리 삶에 그분과의 관계라는 현실이 있을 것이다. 그리스도에 대한 이 사랑은 그분의 뜻과 목적에 대한 일관된 복종으로 틀림없이 증명될 텐데, 그의 명령에 복종해야 할 중대한 문제이다. "나의 계명을 지키는 자라야 나를 사랑하는 자니 나를 사랑하는 자는 내 아버지께 사랑을 받을 것이요 나도 그를 사랑하여 그에게 나를 나타내리라"(요 14:21). 하나님의 말씀에 대해 말하고 생각하기는 쉬우나, 그리스도의 제자가 그 말씀을 삶으로 실천하는 것은 또 다른 문제다(약 1:22; 겔 33:31-32). 그리스도와 제자가 맺는 관계성은 정체된 무언가가 아니라 성장하고 발전하는 것이어야 한다.

베드로가 그의 두 번째 서신에서 권명하는 것을 기억하라. 벧후 3:18, "... 구주 예수 그리스도의 은혜와 그를 아는 지식에서 자라 가라... " 그 주인에 대한 그리스도인의 헌신은 발전하는 것이고, 깊어지는 것으로 살아있는 관계여야 하다. 요한이 그의 서신서에서 강조한 것과 같이(요일 2:12-14), 자녀에서 청년으로, 그리고 아버지로의 자연스러운 진전이 있어야 한다. 우리가 그분을 위해 효과적으로 일을 하려면, 하나님에 관한 우리의 경험이 언제나 신선하고 활력이 넘쳐야 한다.

바쁘고 힘든 삶 속에서 그리스도와의 이러한 관계는 반드시 최우선으

로 유지되어야만 한다. William Williams는 이 작별의 말들을 그의 캐릭
터인 유세비우스의 입에 넣었다. "나와 나의 작은 사회를 기억하여라. 그
들이 나처럼 나약한 약자에 불과하고, 사탄은 늙고 교활하여서 하늘의 유
혹으로 우리를 그러한 광야 한 가운데에 가둬둘 수 있다."[10] 이러한 발언
은 우리에게 하나님과 동행하는 신선함과 현실을 지속 유지해야 함을 권
하고 있다. 마리아처럼, 우리는 매일 예수님의 발치에 앉아 그분의 말씀을
듣는 매우 중요한 '좋은 것'(눅 10:38-42)을 선택하도록 우리 자신을 늘
훈련해야 할 것이다.

4) 성경적 사역의 단순성

만일 우리가 우리의 삶속에 제자도의 성경적 개념을 신실하게 반영하
고, 예수 그리스도의 명령을 수행하기 위해 내 자신을 진지하게 헌신한다
면, 우리의 삶과 목회현장이 아름다운 단순성으로 특징지어져야 한다고
믿는다. 우리는 전문적이고 역학적인 접근법을 채택했다는 책임이 있을
뿐만 아니라, 그 전체 업무를 더욱 복잡하게 만들었다. 이 사역을 위한 주
요 자질로 그리스도를 사랑하고 그분의 말씀 안에 거하는 데 집중하기보
다, 우리는 때로 광범위한 훈련과 재료 및 방법론의 숙달을 요구하는 무
언가로 묘사해왔다. 제자가 하나님과 그분의 방식에 대한 지식 안에서 성
장해야 할 명백한 필요를 결코 경멸하지 않지만, 우리는 위임 받은 일에
있어서 자연 그대로의 단순함에 단순함을 결코 잃어서는 안 된다.

예수 그리스도는 광범위한 훈련이나 특정한 기술들을 요구하시면서, 이
를 복잡하게 만들지 않으셨다. 단순히 '가라' 고 말씀하실 뿐이다. 따라서
그들은 모든 민족으로 제자를 삼고 가르치는 구원자의 이름에 따라 강하
고 단순한 신뢰를 가지고 나갔다. 이것이야말로 우리가 필사적으로 되찾

---

10) William Williams, *The Experience Meeting*, (E. P, 1973), 5.

아야 할 것이다. 이는 그가 어느 '성장' 단계에 있는지, 어떤 능력과 은사를 갖추고 있는지와 상관없이, 그리스도의 몸으로 된 모든 구성원이 그 삶을 드려야 할 명령이다.

그런데 왜 우리는 그렇게 자주 하나님의 간단한 명령을 복잡하게 해야 한다고 주장하는가? 아마도 단순히 믿음이 부족해서인데, 이는 하나님께서 그를 신뢰하는 단순하고 결단력 있는 사람들의 인생을 통해 그가 행하시겠다고 약속하신 모든 것을 하실 수 있는 분이라는 사실과, 예수님이 마태복음 28장에서 말씀하신 것을 진실로 믿지 못해서이다. 이러한 강조는 예수께서 열두 제자를 보내실 때와(마 10:1-42) 칠십 인에게 복음을 위임했을 때에도 명확했다(눅 10:1-16). 여기에 우리가 절규하는 요구가 있다면, 인간의 어리석은 무지와 풍성한 수확, 그리고 이러한 요구들을 충족시켜 줄 것을 간절히 간청하는 하나님에 대한 간구가 그것이다. 그분만이 할 수 있는 것이기에 그러하다!

주님께서는 추수할 일꾼들을 기르시고 내보내시려고 이 기도에 응답할 것을 선택하셨다. 이러한 예증에서 우리는 예수님이 제자들을 보내실 때 오늘날 세상의 관점에서 많고 많은 필수 불가결한 장비들의 극소량이나 무(無)의 상태로 보내셨음을 보게 된다. 제자들은 세부적인 조직도 없이, 매우 조촐한 전략만으로 무장한 채 추수할 곳으로 나아갔다(눅 10:5-11). 즉, 그들은 마음 가운데 불타오르는 예수님의 말씀 이외에 방법론이나 물질들로 어수선하게 나아간 것이 아니었다. 그들은 충만한 자신감에 부푼 전문적인 모습으로 갖추어졌다기보다는, 오히려 양이 이리 가운데로 나아가는 모습이었다(눅 10:3). 나아갈 때 아무것도 가지고 나가지 않도록 되었고, 실상은 예수께서 그들에게 꼭 필요한 것들로만 제안하셨는데, 이는 전대나 배낭이나 신발을 가지지 말라는 말씀이었다(눅 10:4). 그들에게 필요한 것은 하나님의 나라에 대해 신실하게 선포하는 주의 종들이었다(눅 10:11).

다만, 하나님으로부터 주어진 자원들에 대해 평가절하하는 말이 아니

라, 이것들이 하나님을 높여 드리는 사역에 있어서 효과적이고 능력있게
나타내는 필수적인 것들이 아님을 굵고 짧게 우리로 상기시키기 위함이
다. 제자들은 아무것도 가진 것 없이 나아갔다. 이로 보건대 우리가 무엇
을 시작할 수 있기에 앞서서 모든 것이 갖추어져야 한다는 느낌을 지울
수 없는 것처럼 보인다. 주께서 우리를 도우셔서 그저 하나님을 의존하고
하나님을 기쁘시게 하는 사역에 구하도록 정말 중요한 것들에만 집중하기
를 바라마지 않는다.

5) 영적 은사

"영적 은사는 섬기도록 하나님이 허락하신 능력이다"(C. C. Ryrie).

"영적 은사는 성령께서 내주하심과 특별한 방식으로 개개인에게 역사하
시는 비범한 선물을 의미한다"(Herman Cremer).[11]

하나님의 은혜로 회심한 자는 즉각적으로 예수 그리스도의 공동체에
구성원이 된다. 그는 예수 그리스도의 교회에 속하고, 그리스도의 공동체
적 지체로 연합하게 된다. 더 이상 이방인이 아니라, 하나님 앞에서 매일
의 삶을 살아가게 된다. 그는 분명하게도 교회의 일원이고 하나님의 사랑
과 예수 그리스도의 지체에서 분리될 수 없다. 바울이 에베소 교회에게
편지했듯이, "그러므로 이제부터 너희는 외인도 아니요 나그네도 아니요
오직 성도들과 동일한 시민이요 하나님의 권속이라"(엡 2:19)는 것이다.
예수 그리스도의 교회에 구성원들은 다양한 배경으로부터 모이고, 회심과
칭의, 양자 됨이라는 하나님의 사역에 관계 속으로 부르심을 받은 것이다.
교회 구성원들에게, 하나님과 성령께서는 살아있는 하나님의 말씀으로 말

---

11) John Moore and Ken Neff, *A New Testament Blueprint for the Church*, (Moddy
Press, 1985), 113.

미암아 영적인 은사를 주신다.

　그리스도인의 믿음은 영적인 은사에 관하여 중요한 성경적 교리의 기초 위에서 은사와 창조성을 위한 공간을 만든다. 그럼에도 불구하고 아직 영적 은사에 대한 큰 혼란이 발생한다. 너무나도 흔히 세부적인 기독교 전통들은 실제적인 창조성을 인정하지 않는다는 점이다. 초기 교회는 영적 은사의 성경적 개념들에 관한 심각하고 지독한 오해가 있음을 증명한다.

　비록, 오늘날 영적인 열매를 맺는 것에 대한 큰 관심이 있다 할지라도, 이것은 종종 '빛' 보다 '열' 을 더 발생시킬 뿐이다. 따라서 우리는 무엇보다 영적 은사가 그리스도의 교회 가운데 공동체적 삶에 특히 중요한 부분임을 각인해야만 할 것이다. 영적 은사는 우리가 깨어나고, 동일시되며, 그리스도인의 삶을 나누는 맥락에서 발휘될 때에 생명이 있고 실질적인 것이 된다. 이에 따라, 성령께서 주시는 영적 은사를 생각할 때마다, 우리는 영적 은사가 그리스도 안에서 맺는 공동체의 연합뿐만이 아니라 다양성을 암시하는 것임을 깨달아야만 한다. 즉, 우리 그리스도인들은 그리스도 안에서 한 몸으로 연합을 이룰 뿐만 아니라, 그리스도적 공동체의 다양성으로 살아간다.

　이러한 연합과 다양성에 대한 양각의 강조는 신약의 본문들 가운데 중요한 지점에 나타난다. 주지하듯이, 에베소서 4:4-16과 고린도전서 12:4-11, 27-31, 로마서 12:3-8, 베드로전서 4:11은 이 교회의 연합과 다양성이 무엇인지를 설명해준다. 이러한 구절들은 특정한 연합과 특정한 다양성이 교회의 건강을 위해 필수적인 것임을 교훈한다. 하나님의 영의 역사로 말미암아 그리스도와의 관계로 연합하는 이 연합 없이는, 교회란 전혀 현존할 수 없다. 그 반면에, 다양성 없이는, 교회가 건강할 수 없으며 필시 제대로 기능할 수 없는데, 이는 팔과 다리가 없는 지체나 다름이 없는 것이다.

　영적 은사는 흔히 그리스도인의 공동체와는 무관하게, 엄밀히 "개인적인" 하나님과의 관계에 관한 문제로 여겨진다. 그러나 이와 대조적으로, 바울이 반복하여 강조하기를 영적 은사들은 교회의 덕을 위함이기에, 이러한 강조가 제외된다면 그 중요성은 잃게 되기 마련이다. 보편적인 원리는 "각 사람에게 성령을 나타내심은 유익하게 하려 하심이라"(고전 12:7)이다. 개인의 은사는 공동체의 책임과 상호작용에서 균형을 이룬다. 바울은 로마서 12장에서 은사에 관하여 다음과 같이 서두를 뗀다. "이와 같이 우리 많은 사람이 그리스도 안에서 한 몸이 되어 서로 지체가 되었느니라"(롬 12:5). 이것이 성경이 말하는 균형이고, 이러한 맥락 가운데에서만 이 영적 은사가 올바르게 이해될 수 있다.

성경적 개념은 성도의 공동체가 은사를 행사하는 주체적인 맥락으로 역할을 하여, 개인적인 일탈 행위를 저지하게 된다. 그러므로 영적 은사들이 이러한 방식으로 작동해야 한다. 교회는 Gordon Cosby의 문구를 인용하자면 "은사를 떠올려 주고, 은사를 가져다주는 공동체"이다.[12] 교회가 진정 이러한 방식으로 운영된다면, 다양한 은사들이 서로를 보충해줄 뿐만 아니라, 견제와 균형을 이루어서 극단을 방지하는 역할도 수행한다.

여기서 우리는 신약에서 말하는 지체의 은유가 도움이 된다는 사실을 발견할 수 있다. 손과 발은 다양한 신체 기관과 시스템에 지체가 연결되므로 인해 모종의 극단적 행위들이 저지된다. 신체의 일부로 기능하는 손은 매우 도움이 되고 거의 필수불가결한 부위이지만, 한번 몸에서 잘려나가면, 매우 흉측하고 사용할 수 없다. 그러므로 우리는 영적 은사가 단순히 개인의 만족과 주로 개인의 영적 성장만을 위해 주어진 것이 아님을 배운다. 이 영적 은사들은 모두의 유익을 위해 "교회의 덕을 세우고자"(고전 14:5) 함이다.

둘째로, 영적 은사는 성도의 생활 가운데 영적인 작동원리에서 그 결과가 비롯되고, 단순히 타고난 능력으로 지혜롭고 신실하게 잘 활용하는 것보다 그 이상을 의미한다. 은사는 말 그대로 영적인 은사로 이해되어야 한다. 고린도전서 12:11은, 사도 바울에 따르면, 성령 안에서 회심과 생명

---

12) Howard A. Snyder, *Wine Skins*, (I.V.P, 1975), 132-133.

으로 말미암는 하나님과 사람 사이의 직접적이고 즉각적인 관계를 암시한
다. 그러나 언제, 어떻게 성령이 이 일을 일으키시는가? 회심 때에만 그리
하시는가? 성령은 "수면 위에 운행하시는" 창조의 영으로, "내가 너를 모
태에 짓기 전에 너를 알았고 네가 배에서 나오기 전에 너를 성별하였고
너를 여러 나라의 선지자로 세웠노라"(렘 1:5)과 예레미야에게 말씀하셨던
성령과 동일하신 분이다.

　하나님은 주권적이고 전지하시기에 하나님을 한 사람의 인생에 있어서
회심에만 역사하시는 분으로만 여겨서는 안 될 것이다. 회심한 자에게 영
적 은사는 주로 하나님이 주신 능력으로 착화 된다. 그래서 그분이 사용
하시도록 전가되기 전까지는 이 은사가 진정으로 본질적인 능력이 되지
않는다. 즉, 하나님에게 희생으로 드려지기까지 천성적인 능력들은 무능
한 인간의 영역에 남아있게 되는 것이다. 따라서 재능과 은사는 아주 밀
접하지도 대조되지도 않는다. 결과적으로 이 둘은 모두 하나님에게서 주
어진 것이다. 비록 우리가 성령의 주권적인 사역을 제한해서는 안 되겠지
만, 보통 한 사람의 타고난 능력과 성격, 그리고 하나님이 그에게 가져다
주실 영적 은사들 가운데 모종의 일치함을 기대해볼 수 있다.

　성령은 우리를 똑같이 찍어낸 "복사본"으로 만들기보다는 본래의 모습
으로 변화시키려고 작정하신다.[13] 이러한 이유로 성령 하나님은 우리에게
앞서 언급했던 성령의 은사들을 우리에게 주신 것이다(엡 4:4-16; 고전 12:4-
11, 27-31; 롬 12:3-8; 벧전 4:11). 모든 은사들은 귀하고 필수적이며 하나님
이 사람의 유익을 위해 주신 것이다. 이러하 영적 은사들을 실행하기 위
하여, 하나님은 그의 백성을 그리스도의 교회로 부르시고, 그로 인하여 우
리로 주와 이웃을 섬길 수 있게 하신다. 관련된 성구들을 자세히 살펴보
면 다양한 영적 은사들은 전체적이지는 않지만, 대표적인 것으로 의도된
다. 성령의 여러 가지 수행하시는 모습은 은사의 무한성을 일깨워주고, 이

---

13) *Ibid.*, 134.

은사들은 사람의 성정에 따라 서로 다르게 나타날 수도 있다.

신약은 사도와 선지자, 복음 전하는 자, 목사와 교사에 관한 특정한 은사들을 열거한다(엡 4:11; 고전 12:28). 지적인 발언, 도움과 봉사, 자선 활동과 같은 명칭들은 광범위한 특정 은사들과 목회사역들의 영역을 포괄하는 일반적인 범주로 이해될 수 있다. 따라서 어떠한 능력이든, 가령 음악에서나 예술, 저술, 중보기도, 가사일, 접대, 경청이나, 우리의 삶에 영적은사라고 불리는 합법적인 그 무엇이든 성령이 불을 내리시고 사용하시는 것이다. 하나님이 이 은사를 주셨다면, 이것은 좋은 일이고 사용되기로 작정된 것이다. 성경적 가르침은 명백하다. 즉, "각각 은사를 받은 대로 하나님의 여러 가지 은혜를 맡은 선한 청지기 같이 서로 봉사하라 … 이는 범사에 예수 그리스도로 말미암아 하나님이 영광을 받으시게 하려 함이니"(벧전 4:10-11)가 그것이다.

영적 은사는 하나님의 사람들이 행하는 사역의 기초석 중의 하나이며 성도들의 성격을 통하여 역사하시는 하나님의 은혜로, 성도를 준비시키고 특정 목회 사역을 가능하게 도와주어서 하나님이 모두 영광 받으시도록 하나님의 나라를 세우도록 하는 교회를 교화되게 한다. 그래서 모든 그리스도인은 자신의 은사를 발견하고 그리스도의 지체에 유익을 위해 그것을 실행에 옮겨야 할 책무가 있다. 만일 우리가 영적 은사를 발견하고자 하길 원한다면, 우리는 쉽게 찾아볼 수 있을 텐데, 이는 우리 지역 교회 가운데 타자들을 위한 사역과 관련이 되어있기 때문이다. 하나님이 은사들을 남의 유익을 위해 우리에게 주신 것이다. 그러므로 은사는 교회에 생태상 가장 중요한 열쇠 중의 하나이다.

은사의 기능은 교회의 공동체뿐만 아니라, 교회의 증언과 예배에도 큰 활력을 제공한다. 우리가 지체된 자로 하나님과 그의 행하시는 일을 신뢰한다면, 성령이 사람에게 필수적인 은사를 주셔서 세우시고 교회가 기능할 수 있는 완전한 생태를 마련하는 것을 발견할 수 있다. 이에 따라 성령의 은사는 그리스도 예수의 지체된 일부 구성원으로써 그 공동체를 위해 사용되어야만 한다. 이러한 은사들로 말미암아, 그리스도인들은 우리 교회 가운데 하나님의 나라를 위해 서로를 격려하고, 준비시키고, 섬기며, 도와주고, 다른 이들을 세워주어야 할 것이다. 그러므로 우리는 영적 은사들을 행사해야 하며, 교회와 공동체 생활 가운데 성령께서 허락하신 이 은사들의 이점을 발전시켜야 한다.

6) 리더십

우리는 성경적인 제자도를 살펴보고 있다. 이것은 영적 은사로부터 오는 한 부분이다. 영적 은사에 관하여, 우리가 앞서 살펴본 바와 같이, 지역 교회에 다른 부분이 많은 리더들이 있다. 오늘날 예수 그리스도의 교회는 구약 시대의 하나님의 사람들보다 더 많은 지도자를 필요로 한다. 교회는 지구 전역에 흩어져 지상 명령을 부단한 성실함으로 복종하고 있는데, 성령의 능력이 아니면 불가능하다. 눈에 보이는 국왕이나 지도자가 없이는, 성공을 측정할 수 있는 지정학적인 목표 없이는, 하나님의 명령을 어느 정도 복종하는 것에 관한 외적 암시로써 민법이나 의식법 없이는, 오늘날의 교회가 지혜롭고 권위가 있으며 존경받는 리더십이 없다면 침체하여 안주하는 데 허우적댈 수 있다. 모세가 70인의 장로를 세워 그를 돕게 했고, 여호수아로 그 뒤를 잇게 했듯이, 교회도 영적 사역의 주요한 순서 중에 하나로 지속적인 리더십 양성에 힘써야 한다.

성경은 우리에게 주님과 같이 리더십의 위치에 있는 사람들에게 복종하라고 말한다. 히브리서 기자는 13:17, "너희를 인도하는 자들에게 순종하고 복종하라 그들은 너희 영혼을 위하여 경성하기를 자신들이 청산할 자인 것 같이 하느니라 그들로 하여금 즐거움으로 이것을 하게 하고 근심으로 하게 하지 말라 그렇지 않으면 너희에게 유익이 없느니라"고 선포한다. 하나님은 우리 위에 세우신 사람들에게 책임을 부여하셔서 하나님의 뜻이 중심에 서도록 세우셨다. 그들은 우리를 훈계하고 우리의 죄를 저지하며, 공동체로 회복시키고, 거짓 교리나 가르침을 피하도록 도와준다.

리더십과 권위라는 두 용어는 서로 겹치지만, 거리감이 있다. 함께 쓰일 때 이 둘은 질서정연한 방향성으로 교회가 주께 효과적인 순종을 위해 기능하도록 하는데 필수적이다. 리더십을 생각할 때, 우리는 아마 우리가 신뢰하고 흠모하는 자들이 그리스도께서 그의 교회를 위해 지니신 목적을 성취하기 위한 방식의 활동을 염두에 둘 것이다. 권위를 생각할 때 우리는 이 리더들이 지역 교회를 끝까지 가르치고 훈련하여 하나님의 계시 된 뜻에 거룩하고 순종하도록 하는 권리를 나타낸다. 이러한 사람들은 교회의 영적 상황에 대해 아뢴다. 이상적으로는 이 두 가지 기능들은 모두 배타적이지는 않을지라도, 지역 교회의 장로들이 그 중심이 된다. 그들의 사역은 집사들이 보조적인 역할을 하는데, 이는 일반적으로 관리하는 기능으로 묘사될 수 있다.

인간의 결점으로 인해, 우리는 이 두 가지의 고정된 권위와 변덕스러운 리더십이 생기지 않도록 경계할 필요가 있다. 우리 모두가 관찰한 것은 누군가 자신의 사명이 그리스도의 권위 아래 있다고 자신을 높게 평가할수록에 그 사람은 무결한 체하며, 그가 대표하는 권력과 자신을 동일시하므로 참을 수 없는 권위주의자가 되는 것이다. 반면에, 어떤 이는 성경적인 권위에서 벗어나 대중적인 리더십을 행사함을 통해, 규율이 없는 열성가가 되어서 교회를 분열하게 만든다. 교회의 리더들의 섬김 덕분에, 우리는 그들을 존경하는 것이다.

바울은 살전 5:12-13, "형제들아 우리가 너희에게 구하노니 너희 가운데서 수고하고 주 안에서 너희를 다스리며 권하는 자들을 너희가 알고 그들의 역사로 말미암아 사랑 안에서 가장 귀히 여기며 너희끼리 화목하라"고 썼다. 우리의 책임은 하나님이 우리를 위에 세우신 교회의 리더들을 존중하는 것이다. 리더십에 대한 추가적인 교훈을 바울이 우리에게 준다. 그는 에베소 교인들에게 다음과 같이 말한다. 엡 4:11-13, "그가 어떤 사람은 사도로, 어떤 사람은 선지자로, 어떤 사람은 복음 전하는 자로, 어떤 사람은 목사와 교사로 삼으셨으니 이는 성도를 온전하게 하여 봉사의 일을 하게 하며 그리스도의 몸을 세우려 하심이라 우리가 다 하나님의 아들을 믿는 것과 아는 일에 하나가 되어 온전한 사람을 이루어 그리스도의 장성한 분량이 충만한 데까지 이르리니". 하나님은 당신의 교회에 책임감 있는 리더십으로, 집사(행 6:3; 딤전 3:8-12) 뿐만 아니라 사도와 선지자, 전도자, 목사, 교사와 장로, 딤전 3;1-7과 딛 1:6-9에서 감독자를 주셨다.

그러므로 우리는 리더십이 단순히 질서정연한 "상황"을 유지하는 것에 관심이 있기 보다는 성경적 목표를 성취하는 것과 하나님이 교회를 향해 가지신 목적에 관심을 가져야 한다. 우리는 이것들이 무엇인지에 대한 불확실성을 남겨두지 않는데, 이는 성경에 명확하게 표현되어 있기 때문이다. 지도자들에게 있어서, 중간 목표는 그리스도의 지체가 제대로 기능하는 것이다. 이것은 그 사람의 은사, 즉 '자연적'인 것과 '영적'인 것을 알아보게끔 각 사람을 돕는 것을 포함한다. 아울러 제자화의 감각으로 다른 이들을 제자로 삼는 것을 포함하기도 한다(마 28장). 그것은 특히 다른 사람들을 차례로 가르칠 '신실한 사람들' 과 시간을 보내는 개개인에 대한 관심사를 의미한다(딤후 2:2). 제자들뿐만 아니라 지도자들이 훈련되어야 한다. 그리고 다양한 사역의 기회들도 제공되어야 한다.

유명한 사람들은 너무나 흔히 성장을 자극하지 않는 일상적인 직업에 종사한다. 이끄는 자가 먼저 섬기는 법을 배우는 것이 맞듯이, 어느 정도 한 사람의 은사가 그를 위한 자리를 마련할 것이라고 가정해도, 신실한 자들을 관찰하고 더 많은 영적 기회들을 제공하는 것이 리더들의 책임인 것이다. 교회의 리더십은 단순히 꼭 아르바이트여야 한다고 해서 '자투리 일' 이 아니라, 일상의 일과 가정의 의무에 전념하는 시간 그 이상의 것이다. 모범이 되고 가르침을 통해, 교회의 지도자들은 우리가 '먼저 그의 나라를 구해야' 하는 깊은 확신을 표현해야만 한다. 우선순위가 정해지고 지속적인 재검토가 되어야만 한다. 이전에 괜찮았던 것들이 현재나 미래에는 그 필요를 충족시키지 못할 수도 있다. 원칙이나 방법론들은 전자에 있어서 재확인되고 가르쳐지며, 후자에 있어서 재평가되면서 끊임없이 서로에게서 벗어나야 한다.

아울러 시간은 반드시 확보되어야 하며, 구체적으로 달성 가능한 목표가 교회 앞에서 지켜져야만 한다. 그리하므로 리더십은 미래와 관계하며, 말하자면, '그의 은혜에 영광에 대한 찬양' 으로 하나님의 뜻이 성취되는 것과 연관된다. 교회 내 리더십과 권위는 본질적으로 실존하기에 우리는 그에게 '교회 안에서와 그리스도 예수 안에서 영광이 대대로 영원무궁하기를' 원하는 것이다(엡 3:21).

7) 사랑(섬김)

> "…성공적인 제자 양육은 무엇보다 어떤 좋은 프로그램이 아니라 제자
> 를 향한 리더의 사랑에 달려있음을 여러분께 상기하고자 합니다. 누군가
> 그의 자녀들을 걱정한다면, 그들과 시간을 보내 그들이 장성하는 방법을
> 모색할 것입니다." (Carl Wilson)[14]

필자는 이와 같은 진술은 성경의 주요한 원칙과 매우 잘 조화되어 있다고 믿는다. 우리가 하나님의 사역에 동참하게 된다면, 우리는 그리스도와 같은 사랑과 측은한 마음의 모습으로 나타나야 한다. 우리는 우리의 생각을 이러한 사랑을 실천으로 옮기는 두드러진 모범에 집중해야 하는데, 이는 바울이 데살로니가 교인들에게 편지한 그의 첫 서신에 드러난다. 이렇게 하므로 우리는 여기서 잠시 숨을 고르고 바울 자신의 스승이 그 제자들을 사랑하시되 끝까지 사랑하셨던 점을 되돌아보고 있음을 인정할 수 밖에 없다(요 13:1-35).

그 사랑의 모범은 바로 그 제자들의 발을 씻기심으로 보이신 예수 그

---

14) Carl Wilson, *With Christ in School of Disciple Building*, (Zondervan, 1976), 13.

리스도의 사랑이다. 그는 사람의 죄를 위해 죽으심으로 비교할 수 없는 사랑과 섬김을 선보이셨다. 사도 요한은 이에 대해 "그가 우리를 위하여 목숨을 버리셨으니 우리가 이로써 사랑을 알고 우리도 형제들을 위하여 목숨을 버리는 것이 마땅하니라"(요일 3:16)로 설명한다. 이러한 섬김에 관한 강조는 대부분의 세상 속 리더십의 관례와 대조적이다. 대부분의 경우 높은 경영의 위치에 있는 자들은 다른 이들로부터 섬김을 요구한다. 이 세상은 그러한 방식으로 돌아간다. 그러나 예수께서 오셨을 때, 그분은 당신의 리더십을 넘겨주지 않는 선에서 섬김의 방향을 뒤바꾸어 놓으셨다. 사실상 그분의 섬김으로 인해 리더십을 강화하신 셈이다. 예수는 그의 제자들에게 종이 되라고 가르치셨다. 제자들 사이에서 누가 큰 자인지를 논쟁하는 중에 예수께서는 그들에게 다음과 같이 말씀하셨다.

"이방인의 집권자들이 그들을 임의로 주관하고 그 고관들이 그들에게 권세를 부리는 줄을 너희가 알거니와 너희 중에는 그렇지 않아야 하나니 너희 중에 누구든지 크고자 하는 자는 너희를 섬기는 자가 되고 너희 중에 누구든지 으뜸이 되고자 하는 자는 너희의 종이 되어야 하리라"(마 20:25-28; 막 10:45).

이렇듯 섬김을 통한 리더십의 교훈은 우리가 정상에 오를 수 있도록 모든 것을 하도록 만드는 이 세대 가운데 낯선 경종을 계속 울리고 있다. 성경은 지속적으로 리더는 섬겨야 함을 가르친다. 우리는 이 개념의 진실을 깨닫고 긍정적으로 반응해야 한다. 그러나 문제는 매일 이것을 실행하는데 발생한다는 것이다. 여전히 그분의 희생적인 사랑의 모범이 그의 제자들에게 요구되는 것일 뿐만 아니라(요 13:34-35), 또한 실천적으로 실제 삶의 상황들 가운데 실행되고 있음을 보는 것은 도움이 된다.

데살로니가 교인들을 향한 바울의 태도가 지니는 의미에 대해 관찰하고 깊게 생각해보라! 바울은 그들 가운데 하나님이 시작하신 선한 사역을 끊임없이 기억하며 기도로 헌신했다(살전 1:2-3). 사도로서 그는 권위를 주장하는 권리를 마땅히 지니고 있었지만, 그는 그들 가운데서 유순한 자가 되어 유모가 자기 자녀를 기름과 같아지기를 열망하였고, 그렇다는 것을 입증했다(살전 2:7). 그는 그리스도인이 다른 사람들과 동참하는 것이 중요하다는 것을 마지못해 인정하는 것이 아니라, 완전하고 자유롭게 그 자신을 그들에게 희생했다는 점이다. 바울은 데살로니가에 있는 성도들을 향한 진정한 '애정'을 지녔고, "하나님의 복음뿐 아니라 우리의 목숨까지도 너희에게 주기를 기뻐함은 너희가 우리의 사랑하는 자 됨"이 있었다(2:8). 바울과 그의 동역자들은 그 지역의 성도들에게 효과적으로 목회할 수만 있다면 어려움은 큰 것이 아닌 것으로 여겼고, 심지어 그들에게 폐를 끼치지 아니하려고 밤낮으로 일을 했던 것이다(2:9).

바울은 진정으로 그들의 유익에 신경을 썼고, 그는 그들이 그리스도 안에서 정식으로 세워지도록 하기 위해 그가 아는 모든 것을 동원했다. 살전 2:11-12, "너희도 아는 바와 같이 우리가 너희 각 사람에게 아버지가 자기 자녀에게 하듯 권면하고 위로하고 경계하노니 이는 너희를 부르사 자기 나라와 영광에 이르게 하시는 하나님께 합당히 행하게 하려 함이라". 그는 데살로니가 교회 성도들의 얼굴 보기를 열정으로 힘썼고, 그들의 영적 상태를 알기 원했으며(2:17, 3:5-7), 문안할 수 없게 되자 그들의 상황을 알기 위해 디모데를 보낼 수밖에 없었다. 디모데가 바울에게 돌아와 전한 기쁜 소식은 격려와 위로였다(3:6-7). 그래서 바울은 사실상 "그러므로 너희가 주 안에 굳게 선즉 우리가 이제는 살리라"와 같은 진실되고 놀라운 진술을 할 수 있는 것이다. 이 얼마나 끈끈하고 친밀한 관계인가!

바울은 그 만큼 이 교회 성도들과 단결되었기에, 자신의 행복이 그들의 영적 건강과 연결되었다고 느꼈다. 그들이 유혹 앞에 넘어진다고 한들, 바울의 어깨가 움츠러들기보다, 물론 그의 마음에 상심이 들겠지만 오히려 더욱 '열매 맺는' 농장의 현장으로 이동하였다. 이들은 바울의 성도나 청중이 아니요, 후원자도 아니다. 다만 그들은 바울의 형제요 믿음의 자녀인 것이다! 이 성도들이 은혜 가운데 진전함은 바울의 마음에 큰 기쁨을 가져다주었다(3:9). 바울에게 삶의 전부는 그리스도로 사는 것이었고(빌 1:21), 그렇기에 하나님의 사람들에 대한 안녕함이 그의 마음에 크게 걸린 것이다. 그리스도께서 오실 것을 묵상하면서 그의 마음에 가득 찬 이 기쁨은 받을 보상이 아니라, 그가 그토록 열심히 노력한 이 백성을 하나님 앞에서 흠이 없도록 보이는 기쁨과 경이로움이다(2:19-20).

이것이 바울에게 근본적으로 가장 중요했던 것이고, 이것이 우리에게도 동일하게 중요한 것이어야만 한다. 여기서 바울을 사로잡은 관심사의 근간은 무엇인가? 우리는 이 질문에 대한 답을 데살로니가 전서 1:4에서 찾는다. 즉, "하나님의 사랑하심을 받은 형제들아 너희를 택하심을 아노라"가 그것이다. 바울이 이들을 생각하거나 바라보았을 때, 적어도 세 가지가 그의 마음에 거듭 인상을 남겼다.

첫째로, 이 사람들은 하나님의 사랑받는 자로, 돌봄을 받아야만 한다는 점이다. 거룩하고 전능하신 하나님은 모든 그리스도인에게 그의 사랑을 불어넣으시고, 우리는 그 은혜로 인하여 그의 눈에 말할 수 없는 가치가 된 것이다. 그렇기에 우리는 하나님이 사랑하는 자를 우리가 어떻게 존중하고 사랑할 것인가에 관한 이 생명과 같은 요인을 잊어서는 안 될 것이다. 그리스도인이 선을 위해서 어떤 방법으로든 기여할 수 있다는 것이 얼마나 형언하기 어렵고도 놀라운 일인가!

둘째로, 바울은 이 사람들이 하나님께 선택받은 자라는 점과 그 전부터 서로 갈라져 있었으며 그들의 삶 속에 하나님의 목적이 이루어짐을 기억했다. 그들은 언제가 하나님의 보좌 앞에서 거룩하고 흠 없이 서게 될 것이다. 바울은 이 성도들을 위하여 하나님의 높으신 뜻에 대한 긍정적이고 지속적으로 기여하고자 했고, 그들이 훌륭하게 그리스도의 발자취를 따르도록 독려하기를 열망했다.

셋째로, 이 사람들은 바울의 형제로, 공동의 구원으로 서로 밀접하게 결속해 있음을 알고 있었다. 그들 모두는 하나님의 가족 구성원으로, 바울

은 이를 절실히 실감하였다. 주 안에서 형제 자매를 목양하는 것이 얼마
나 큰 특권이던가! 하지만 우리가 형제를 사랑하지 않는다면, 그리스도를
섬김에서 모든 것은 무익하고 무용하다(고전 13:1-3). 따라서 바울뿐만 아
니라 모든 성도는 다른 사람들에 대한 사랑의 가치를 증명해야 한다(요
13:34-35). 우리는 믿음으로 도움을 구하는 자들에게서 냉담하게 멀리 떨
어져 있을 수 없다. 이것은 명확히 하나님의 사역에 신실하게 참여하기로
한 자들이라면 누구든지 갖추어야 할 본질적인 특징이다.

이렇게 일곱 가지 영역을 살펴보았으므로, 필자는 우리가 제자 삼는데
헌신하기로 한 사람의 필수적인 자질들을 이해했을 것이다. 이러한 성경
적 방향과 내용은 우리가 채택하는 어떠한 방법론이나, 우리가 실천하는
프로그램보다 훨씬 중요하다. 라일(J. C. Ryle)이 리처드 백스터의 목회적
방법론에 대해 논평하면서, 그 어떠한 '시스템'(Machinery)도 '동력'
(Mainspring)이 없이는 궁극적으로 효과를 보지 못하는 것을 우리에게 지
혜롭게 조언하였다.[15] 그 동력이 무엇이었는가? 이는 신실하고 열정적이
며 지혜로운 목회자인 백스터 자신이었다. 우리가 하나님을 기쁘시게 하
는 방식으로 제자를 만들고자 하는 것이 우리 삶의 질이고 목표이며, 하
나님과의 관계의 깊이와 현실이기 때문에 우리가 하나님이 진실로 원하시
는 사람이 되지 않는다면 우리의 모든 활동은 쓸모없는 것이다.

---

15) J.C. Ryle, *Light from Old Times*, (Evangelical Press), 329.

제자도의 원리

6

제6장
지역 교회 배경에서
제자 세우기

제 6장 지역 교회 배경에서 제자 세우기

"주여, 나는 당신의 나라를 사랑하나이다,
당신이 거하시는 그 집,
당신의 고귀한 피로
구속하신 당신의 교회로소이다.

오 하나님이시여, 나는 당신의 교회를 사랑하나이다,
당신의 목전에 굳게 세워진 성벽은
주에게 장중보옥과 같은 눈이요,
주의 손에 새겨진 것이로다.

그 성곽으로 내 눈물이 쏟아지고
그 성곽으로 내 간구가 상달되며
내 근심과 고통이 끝을 맺기까지
성전에서 내 근심과 고통을 아뢰나이다.

기쁨의 극치를 넘어,
천상의 뜻을 좇는 교회의
향기로운 교제와, 엄숙한 선언과
사랑과 경배의 찬양을 소중히 하나이다.

예수, 나의 신령한 벗이자
우리의 구원자이시며 왕,
당신의 손이 모든 덫과 대적으로부터
큰 구원을 이루셨도다.

당신의 진리는 영원하여서,
이 땅에서 드릴 가장 눈부실 영광과
더욱 빛나는 천상의 환희가
시온 산에 길이 전해지리라.
(Timothy Dwight)

이 찬송 시는 그리스도의 지체인 교회를 향한 그리스도인의 태도를 아름답게 반영하고 있다. 드와이트는 모든 성도의 마음 가운데 거주하는 그리스도의 신부로서 헌신과 사랑을 포착했다. 바로 교회는 하나님이 거하시는 곳이자, 그리스도의 보혈로 값 주어 사신 곳이며 하나님이 보시기에 존귀한 곳이다! 그러나 이러한 태도는 오늘날 많은 그리스도인에 의해 공유되지 못하는 것 같다. 흔히 교회는 무시 받고, 우리가 생각하는 제자를 양성하는 일에 무심해 보인다. 많은 이들은 제자 삼는 일에 헌신하고자 하지만, 하나님의 교회가 업신여김과 연민으로 구시대의 기관처럼 여겨지는 것을 보라. 그렇지만, 교회는 대위임령에 대한 성경적 이해가 중심이 되며, 그저 지나칠 수 있는 것이 아니다. 본 장에서 우리는 제자를 만드는 데 있어서 교회의 필수불가결한 위치의 몇 가지 양상을 심도 있게 살펴보고자 한다. 필자는 다음의 세 가지 단원에서 이를 수행하고자 한다.

(1) 하나님의 뜻 가운데 있는 교회의 중심성
(2) 교회를 향한 현대적인 공격성
(3) 제자를 만드는 지역 교회의 역할성

1) 하나님의 뜻 가운데 있는 교회의 중심성

시대를 걸쳐 교회를 향한 하나님의 주권적인 관심에 대해 고심한 스펄전(C. H. Spurgeon) 목사의 인용문을 곰곰이 생각해보라.

"교회의 존재를 생각해보라. 얼마나 놀라운 일인가! 세상 가운데 하나님께서 교회를 지니셨다는 말은 세기의 기적일 것이다. 항상 교회는 기적이다. 이교도 군주들이 전력을 다해 우레와 같은 눈사태처럼 그녀에게 몰려올 때, 남자는 마치 그의 옷에 앉은 눈송이들을 털어내듯 거대한 짐들을 떨쳐내고, 부상 없이 살아갔다. '교회가 어디에 있는가?'를 물어보고, 처음 위로부터 성령이 내려온 날 이래로 지금까지도 교회를 언제 어디에서나 찾을 수 있다. 우리의 사도적 계승이 끊어지지 않고 이어지는 가운데, 로마의 교회를 통해서나, 신부가 만든 교황의 미신적인 손이나, 왕이 세운 주교가 아니라 … 예수에 대한 증거를 절대 저버리지 않았던 진실 되고 선한 사람들의 피와 진정한 목회자들의 각오, 성실한 복음 전도자들과 신실한 순교자들, 그리고 존경받는 하나님의 사람들을 통해, 우리는 그리스도께서 세상이 멸망하기까지 살아계신 하나님 안에 거하셨고 거하시게 될 진실되고 신실한 교회가 영원하다는 것을, 갈릴리 출신의 한 어부와 그의 영광으로 거슬러 올라간다 … 대적이 한 모든 일은 교회에 대해 아무런 영향이 없었다. 오래된 바위는 씻겨지고 또 폭풍우에 씻겨졌으며, 천 번 홍수에 잠겼지만, 그 각도와 구석은 변함없이 그대로이며 변하지 않는다."[1]

오늘날 얼마나 많은 이들이 이러한 용어들의 의미로 교회를 생각하겠는가? 나는 작금의 그리스도인들이 대체로 이러한 성경적 관점을 잃지 않았을지 염려가 된다. 대위임령에 관한 수많은 책에서는 교회가 이에 대한

---

1) Iain Murray, *The Forgotten Spurgeon*, (Banner of Truth, 1973), 31-32.

평가를 일절 하지 않는다. 그럼에도 불구하고, 그리스도는 마태복음 28장에서 이러한 문구를 말씀하시는데, "그러므로 너희는 가서 모든 민족을 제자로 삼아 아버지와 아들과 성령의 이름으로 세례를 베풀고"(마 28:19)가 그것이다. 이미 제자가 된 자들은 세상과 구별되어 그리스도의 몸으로 연합되어야 한다. 그래서 지체의 세례는 머리와의 새로운 관계를 나타낼 뿐만 아니라, 그 몸의 일부로 구성원이 됨을 의미한다. 사람들은 구원받아 교회로 결합되었고, 상호 독립적인 유기체의 중요한 일부가 되었다. 교회의 사역은 사도들을 이른 사역에 집중되었다. 교회는 심어졌고(행 16:40), 세워져 견고해졌으며(행 15:41, 16:5), 조직적으로 리더들이 임명되었다(행 14:23). 사도들의 가르침은 모든 교회의 표준이 되었으며(고전 4:17), 교회는 새로운 지역으로 일꾼들을 파송했다(행 13:1-4).

만일 우리가 제자를 만드는 데 효과적으로 동참하고자 한다면, 우리는 교회에 관한 하나님의 관점을 다시 붙잡아야 한다! Daniel Wray는 우리의 집중을 이와 같은 관점으로 지시하여 다음과 같이 말한다. 즉, "살아계신 하나님의 교회는 과거에서 현재까지 그가 보시기에 영광스럽다. 이 세상의 어떠한 그룹이나 운동권이나, 기관이라도 하나님의 교회의 영광이나 광채, 명예, 아름다움, 웅장함, 기이함과 위엄, 탁월함과 화려함 근처에도 근접하지 못한다. 하나님은 우리 모두가 하나님이 보시듯 교회의 영광에 대한 심도 있는 감각으로 충만할 수 있기를 원하신다! 지역 교회에 관한 우리들의 수많은 문제들은 우리가 하나님의 관점을 공유할 때 즉각적으로 풀릴 문제들이다."[2]

바울이 에베소서에서 묘사한 것처럼, 교회에 관한 하나님의 관점에 대해 대략적으로 다음과 같이 살펴 볼 수 있다. 먼저 바울은 교회를 그리스도가 머리가 되시는 그리스도의 몸으로, "만물을 충만하게 하시는 이의

2) Daniel Wray, *The Importance of the Local Church*, (Banner of Truth, 1981), 4. 'The Glorious Church' 와 'The Visible Glorious Church' 에 관한 Wray의 단원들은 꽤 도움이 된다.

충만함이니라"(엡 1:22, 23)고 표현한다. 교회는 하나님의 가정으로, 성도
들은 더 이상 이방인들이 아니요, 이 가정에 가운데 성도들과 함께 한 동
일한 시민이다(엡 2:19). 교회는 한 건물과 같아서, "주 안에서 성전"이나,
"하나님이 거하실 처소"인 것이다(엡 2:20-22). 하나님은 당신의 여러 가지
지혜가 교회를 통해 알려지도록 주권적으로 작정하셨다(엡 3:21). 하나님
은 교회의 문맥 가운데 각 사람이 자신의 역할을 수행하므로, 자기 백성
이 성숙하게 성장하는 것을 완전히 가능하게 하셨고, 섬기도록 모든 것을
갖추게 하셨다(엡 4:11-16). 그리스도는 교회를 사랑하시고 그 교회를 위하
여 자신을 주심 같이 하셨다(엡 5:25). 그가 극도로 관심을 가진 것은 교회
를 깨끗하게 하셔서 그 자신을 거룩하고 흠이 없게 하려 하셨다(엡 5:26-
27). 이것이 하나님의 관점에서 보는 교회이다! 이것이야말로 하나님에게
그토록 값진 "하나님이 자기 피로 사신" 교회이다(행 20:2).

교회가 잘 되는 것이 우리 구원자에게 너무나 명백히 소중한 것이라면,
우리가 어떻게 감히 이를 소홀히 할 수 있겠는가? 우리가 만일에 하나님
을 위해 효과적으로 섬기려면 교회에 대한 고귀한 성경적 입장을 유지하
는 것이 필수적이라는 결론을 내릴 수 있을 뿐이다. 우리와 연관된 그리
스도인이 섬기는 어떤 분야든지, 우리는 교회에 대한 우리의 시각이 그
개입에 의해 침식되거나 저하되지 않도록 보장해야만 한다. 만일 우리가
성경적인 제자를 만드는 데 관심이 있다면 우리는 성경적인 교회를 심고
세우는 데 관심을 가져야만 한다. 하나에는 관심을 쏟으면서 다른 곳에는
그렇지 않은 것은 일관적이지 못한 것이다. 대위임령은 개별적으로 주어
진 것이 아니라 교회의 '터'로(엡 2:20) 사도들에 의해 주어진 것이다. 이
것은 사도들이 그 다음 세대의 제자들에게 위임해야 할 것들로, 그 제자
들은 다시금 예수께서 명하셨던 제자 삼는 일과 가르침을 이어나가야 할
것이다. 그 누구도 모든 은사를 다 가지고 있지 않고, 교회 안에(또는 밖에)
어떠한 그룹도 제자를 만드는 데 배타적인 권한을 주장할 수 없다. 제자
를 삼는 일은 교회의 삶의 총체성으로 말미암은 하나님의 활동이다.

많은 이들은 아마 이 점에 대하여 동의하겠지만, 여전히 하나님의 뜻 가운데 놓인 지역 교회의 장소에 대해 반대 견해를 품고 있다. 일부 사람들은 "우리는 교회를 사랑한다"고 주장하지만, "그 사랑을 표현하는데 어떤 특정한 지역 교회에 매일 필요는 없다!"고 말하는 것이다. 이에 대한 반론을 보라. "현시대에 공교회는 진정으로 공교회를 대변하므로, 어떠한 진정한 지역 교회든지 오늘날 공교회의 현현이다. 이 교회는 예수를 머리로 하고, 하나님을 경외하며, 그리스도를 영광되게 하고, 주의 백성의 지체가 성령으로 새롭게 되는 것이다. 그리스도인에게 있어서 지역 교회에 연합하여 헌신하기를 거부하는 것은 그들에게 있어서 그의 아들을 위해 신부를 되찾는 하나님의 뜻을 거부하는 것이나 다름없다."[3] 내게는 이 점이 너무 명백해서 말할 필요도 없지만, 슬프게도 지역 교회를 무시하는 현대적 관점에 비춰볼 때 매우 필요한 일이다.

그리스도의 몸에 대한 지엽적 표현의 중요성은 '교회'(ekklesia)라는 단어의 신약에서의 사용에서 확실히 강조된다. 이 단어는 다음 두 가지 기본적인 의미로 사용되는 것 같다.

  (a) 보편적인 의미. 모든 세대와 민족에 걸쳐 모든 성도를 가리키는 것으로써, 이는 그리스도의 참 제자들이다(엡 1:22, 23, 3:10; 골 1:18, 24; 딤전 3:15)

  (b) 지역적인 의미. 성도들의 지역적인 모임을 가리킨다(행 13:1, 14:23; 롬 16:5; 고전 1:2; 약 5:14). 가끔 복수형태가 사용되기도 한다(갈 1:2, 22; 행 15:41).

예수님께서 자신이 복음서에서 유일하게 '엑클레시아'를 사용하는 두 곳에서 이상의 두 의미로 이 용어를 사용한다는 점이다. 마태복음 16:18에서, "내 교회를 세우리니 음부의 권세가 이기지 못하리라"는 공교회에

---

3) Nigel Lacey, *God's Plans for the Local Church*, (Grace Publication, 1985), 19.

대한 관점을 보게 된다. 교회 교육에 대한 점을 논의하는 마태복음 18:17 에서는 지역교회가 강조되는데, "만일 그들의 말도 듣지 않거든 교회에 말하고 교회의 말도 듣지 않거든 이방인과 세리와 같이 여기라"고 하신 다.

오늘날 많은 이들이 비극적으로 잃어버린 것은 공교회뿐만 아니라 지역 교회의 하나님의 관점이다! 단지 사람이 만든 구조였다면 그 유용성이 오래가더라도 기꺼이 폐기할 수 있을 것이다. 이것이 그저 사람에게 기인한 것이라면, 우리는 적법하게 이를 건너뛸 수 있을 것이지만, 그렇지 않다는 것이다! 지역 교회는 다툴 여지가 없을 정도로 제자를 만드는데 하나님이 정하신 맥락이다. 이것은 사도행전과 신약의 서신서들의 피상적인 해설에 대한 의심의 여지가 없는 결론이다.

2) 교회를 향한 현대적인 비판

"현대에 들어와 기이한 현상이 감지된다. 여전히 그들 자신을 하나님 나라를 위해 열정을 불사하는 주의 종들로 자부하는 자들이 교회에 불만을 품고 있다! 교회와 하나님의 나라를 분리시키는 급진적인 세대주의 신학이 아니어도, 많은 자들은 이 둘을 그들의 기호와 관습에 따라 갈라놓고 있다. 자유롭게 활동하는 사람들은 교회로부터 분리되어서 완전한 안정감으로 주를 섬긴다. 모든 종류의 기관이 교회를 외면하면서 복음을 전파하고 주님을 찬양하며 주의 나라를 이끌어 내기 위해 일어난다. 복음이 어떻게 교회에서 분리될 수 있는지, 어떻게 주님이 교회로부터 분리되셨는지, 그리고 주의 나라와 교회가 어떻게 지금 이렇게 다양해졌는지를 그들은 결코 설명할 수 없다."[4]

월터 챈트리(Walter Chantry)는 이상의 인용구에서 나온 성경적 및 제

---

4) Walter Chantry, *God's righteous Kingdom*, (Banner of Truth, 1980), 143.

자 삼기에 대하여 큰 방해 거리가 된 사람이다. 심각한 탈구 현상이 발생하여 치료가 분명히 필요하다. 이 혼란은 현 세기의 '파라처치'(para-church)의 확산으로부터 비롯되었다. 수백 수천 기독교 조직들은 지역교회와 함께 성장해왔다. 일부 사람들은 가령 문학적인 면에서 복음 전도, 또는 성경 번역과 같은 한 가지 특수 사역을 강조했다. 다른 그룹들은 사회적인 면에서 학생들, 자녀들이나 직장인들과 같은 특정한 요인들에 집중했다. 또한 다른 이들은 해외 선교에 대한 홍보에 집중했다. 1983년 제리 화이트(Jerry White)는 파라처치 그룹의 수를 보수적으로 집계하여 5천에서 1만개 사이로 추산하고, 매일 증가하고 있다고 보았다.[5]

지역 교회 밖의 모든 집단을 비난하고 싶지는 않지만, 성경적으로 물어야 할 필요가 있는 어려운 질문들이 있다. 많은 집단들은 교회를 잘 섬기려 했고 그리스도의 교회가 부흥하기를 노력하였다. 그들은 신중히 교회의 독립성을 존중했고, 이 교회들의 장로들의 권위를 인정했다. 하지만 이러한 책임감 있는 태도가 모든 단체들에 의해 공유되지는 못했다. 챈트리가 지적하는 바는 일부 사람들이 "그들의 사회나 개인적인 노력이 교회보다 더 진실로 이 땅의 주님이심을 상징한다"[6]는 것을 상상한다는 점이다. 이러한 태도를 수용하는 것은 확실히 성경적인 모범에서 곁길로 샌 것이다.

파라처치 단체들의 기원은 각각 다른 시기들의 결과로 본다. 하지만 '현대'적인 현상으로서 우리는 적어도 현존하는 교회들 내부에서 다른 사회들이 세워졌던 18세기 초반으로 돌아가야 한다. 복음 대각성 운동 이전에, 영적 침체가 있었고, 사회들은 진정한 영적 친목을 구하는 성도들로 구성되었다. 19세기에는 성경 번역과 배급, 그리고 해외 선교와 같은 다

5) Jerry White, *The Church and The Paraachurch, an uneasy Marriage*, (Multonmah Press, 1983), 35.
6) Walter Chantry, *op. cit.*, 144.

양한 활동에서 복음적인 협력을 촉진시키고자 많은 국제 사회단체들이 설립되었다. 20세기에는 기독교 단체들이 우후죽순처럼 늘어났고, 교회와의 관계는 더욱 혼란스러워졌다.

여기서 우리는 이 단체들이 세워진 배후에 적어도 두 가지 동기를 인정해야 한다. 첫째로, 수많은 교회들의 '침체'와 무기력함이 진정한 영적 성장의 시도를 억압했고 복음의 전파를 위한 결단과 노력들을 저해했다는 점이다. 둘째로, 우리는 우리의 마음을 너무나 잘 알기 때문에, 자존심이 또 하나의 요소임을 인정할 수밖에 없다. 다른 이들의 권위에 내가 더 이상 순응할 필요가 없는 단체를 세우는 것이 얼마나 매혹적인가?

파라처지 운동이 발전하고 세력이 확대되면서 지역 교회들과의 직접적인 갈등이 표출되었다. 이러한 점은 갈등을 빚는 단체들에 대한 신학적인 타당성의 문제로 이어졌다. 그 결과, 랄프 윈터(Ralph Winter)와 같은 작가들에 의해 파라처치 단체들의 존재를 정당화하는 시도들이 발생하였다. 윈터는 세상을 구원하기 위한 하나님의 선교에는 '두' 구조들의 지속적인 현존을 주장하였다. 먼저 윈터는 어떠한 지역에서도 신신할 자들의 공동체를 품어내는 보다 더 잘 알려진 신약 교회의 구조를 언급했다. 둘째로, 윈터는 바울의 선교 무리를 "첫 번째 구조 속에 있는 구성원을 뛰어넘어 두 번째 결단으로서 헌신적이고 경험 있는 일꾼들이 그들 스스로 결맹하여 조직된 모든 차후의 선교적 노력의 원형"[7]과 동일시 하였다. 이러한 두 구조는 각각 '양식적 체계'(modalities)와 '사회적 체계'(socialities)로 명명되었다.

케이스 힌톤(Keith Hinton)은 그가 1984년 저술한 "오스트레일리아 복음주의"(*Australian Evangelical*)에서 "이러한 이중 구조가 우리 시대만의 현

---

7) Ralph Winter, *The Two Structures of God's Redemptive Mission*, (Booklet reprinted from Missiology, Jan, 1974), 123.

8) Keith Hinton, *Missions and Churches: Parasitic or Symbiotic?* (The Austra. Evangelical, March-April, 1984), 5.

상이 아니라, 이는 항상 하나님의 사람들의 표식"8)이라고 진술하였다. 힌톤은 중세 수도원의 명령서로, 로마 가톨릭의 '위대한 선교의 세 명령', 프란치스칸, 도미니칸, 예수회를 통하여 바울의 선교 무리에서 현대 파라처치 운동의 계보를 추적하고, 윌리암 케리(William Carey)에 의해 현대 선교운동이 개시되었다고 지적하였다. 그는 파라처치 운동을 적법화하기 위한 시도로 관련 없는 몇 개의 요소들을 한 데로 묶어 상상 속에나 가능한 교회사의 해석으로 된 이 논의를 말하자면, 제리 화이트가 그랬듯이, "파라-지역교회가 지역교회의 실패 때문에 나온 단지 일시적인 '갭 필러'(gap filler)가 아니라, 이 시대에 하나님의 뜻의 일부인 것"9)것으로 교회에 대한 이해의 부족함을 드러내 보였다.

이러한 두 영구적인 구조 개념은 신약의 명확한 가르침에 반하여 측정했을 때 타당성이 없다. 단 한 가지 구조만이 있는데, 이는 지역 교회이며, 그 구조의 기초적인 양식과 원칙들이 명확하게 명시되어 있다. 지역 교회는 사역 프로그램이 이런적이 있었나 싶을 정도로 확장하는 기초가 되며, 이 선교적 활동은 새로운 교회들을 세우며 강화시키게 된다. 바울과 다른 사도들의 선교 활동은 이차적인 구조를 수립하는 것으로 잘못 해석하면 안 될 것이다. 이것들은 전 세대와 민족을 위한 교회의 기초를 놓는 하나님이 선택하신 도구이다.

이 두 구조에 관한 근거 없는 믿음을 유지하는 것은 그러나 더 큰 위험으로 이끈다. 이는 지역 교회의 복음 전도와 제자 훈련에 대한 책임의식과 진취력의 부담을 덜어낸다. 이와 관련하여 두 번째 구조가 이 부분을 감당할 것이다. 지역 교회는 평범함으로 정착할 자유를 지니고 있기 때문이다. 지역 교회들은 무기력함과 비전의 부족으로 괴로워할 수 있지만, 중요한 것은 그들이 상황을 완화시키기 위해 항상 연맹 조직을 필요로 할 수 있다. 이 모든 것은 파라처치의 조직이 지역 교회보다 우월하다

---

9) White, *op. cit.*, 118.

는 미묘한, 꼭 미묘하진 않더라도 추론을 낳는다. 파라처치 지도자들이 직접 인용한 다음의 내용들을 들어보라.

- "은사와 부르심, 또는 헌신(이 특수한 목회 가운데 기능하기 위해)이 없는 자들은 더욱 적합한 지체로써 일반적인 교회에 신중하게 결부되어야 한다."

- "구성원이 직능을 못하게 된다면, 그는 사임해야 하고 그 후에는 그 회중에 의해 보호받아야 한다." 10)

- "선교는 전쟁에서 기진맥진하고 부상 당한 군인들을 위한 재활센터와 전역 이후에 공동체의 교제와 돌봄을 받을 수 있는 가정으로써 회중을 필요로 한다." 11)

- "후원자나 친구 없이 낯선 사람으로 또 다른 환경에 들어갈 때 당신에게 필요한 것은 기대치를 낮추고, 기대한 바를 바꾸고, 기대의 폭을 넓혀야 한다." 12)(지역교회로 들어가려는 파라처치 그룹과 상담해보라)

- … 기독교 양식 체계는(교회들) 필연적으로 더 광범위하고, 의심의 여지 없이, 일반적으로 1차 결정 구성원으로서 덜 선택받는 모든 부류의 그리스도인들의 '내적' 관심사를 나타낸다." 13)(Ralph Winter)

이 인용구들은 지역 교회의 그림이자, 선교사들의 고향이다! 진정으로 하나님을 섬기는 열정과 은사, 그리고 헌신이 부족한 자들에게 이 장소는 편안한 안식처가 될 수 있다. 이곳에는 훌륭한 '선택받은 제자들'이 거의 없다! 이러한 견해들은 우리가 앞서 제시한 성경적 관점의 졸렬한 모방이다. 이들은 교회와 그리스도의 대위임령에 대한 심각한 오해를 드러낸다.

---

10) HInton, *op. cit.*, 5.
11) *Ibid.*, 7.
12) White, *op. cit.*, 153.
13) Winter, *op. cit.*, 130.

챈트리는 이러한 입장을 요약하고 응전하는데, "그들이 오늘날 성령의 실제적인 역사가 교회 밖 사회 속에서 있다고 보지만, 예수님은 아직 그의 신부에게 이혼을 선언하지 않으셨다"14)는 것이 그것이다.

다수의 파라처치 기관들을 대표하여 '우월'한 이 태도의 결과는 많다. 지역교회에 대한 적대감과 무관심 모두 그러한 가르침이 지배적인 곳에서 형성된다. 그러한 집단의 현존을 정당화하기 위한 운동이 종종 영향력이 있었으므로 많은 사람들은 지역 교회와의 연대 필요성을 느끼지 못하였다. 다른 이들은 교회에 '동참' 했지만, 그곳에서 하나님의 일에 헌신적이지는 않았다. 지역 원로들의 권위는 때때로 파라처치 지도부의 결단과 갈등을 빚을 때면 거의 인정받지 못하였다.

다음의 진술에서와 같이 화이트(White)는 영적 리더십의 전체적인 개념을 약화시킨다(살전 5:13; 히 13:7, 17; 벧전 5:2-4). "… 지역 파라처치 사회에 참여하면 적어도 두 개의 권위 구조에서 기능하게 된다. 이 권위 구조들은 때때로 충돌할 수도 있다. 갈등 속에서, 성도-성직자 개개인은 어떤 권위를 우선하는지 결정할 책임이 있다."15) 이는 실로 얼마나 혼란스러운가! 하지만 이를 통해서 '성도-성직자' 는 자신의 충성심이 심각하게 분열되는 상황에 처해 있는 자신을 발견해서도 안 된다.

그러나 만일 "두 구조"의 적법성을 감안한다면, 이는 불가피하다. 진정으로 권위의 문제는 여기서 매우 중요하다. 하나님께서 사람을 일으켜 지역 교회들을 목양하게 하신 것이 확실하다면, 그들은 책임감 있고 겸손한 리더십을 행사하도록 하나님이 주신 책무를 지니고 있는 것이다. 이것이 적법하다는 것은 의심의 여지가 없고, 우리는 이러한 사람들과 책무에 대해 명확하게 그려낸 것이 신약 성경에 나타난다(예컨대 디모데전서 3장; 디도서 1장). 설명하지 않은 것이 있다면, 지역 교회의 정상적인 생활 패턴보다

14) Chantry, *op. cit.*, 144.
15) White, *op. cit.*, 85.

요구사항들과 프로그램을 우선하는 순회하는 전문 장로들의 영구적인 그
룹에 관한 것이다!

성도들이 지역 교회 밖에서 수많은 활동과 프로그램에 동참할 수 있다
는 사실은 기독인의 삶과 사역에 대한 개인주의적 접근법을 고취하는 경
향은 긍정적이다. 즉, 사람들은 파라처치라는 '대형매장'에서 그들의 영
적 음식을 구하기 위해 쇼핑을 한다. 즉, 그들 스스로 지역 교회의 공동체
성을 벗어나 강좌를 듣거나 각종 프로그램으로 기도, 교육, 셀 목회, 사회
운동, 복음 전도, 제자 양육, 선교, 상담 등의 컨퍼런스에 간다. 그들이 섬
기는 지역 교회의 생활 밖에서 '그리스도인의 사역'으로 여러 종류의 활
동에 동참할 수 있다는 것이다. 즉, 그들 자신의 프로그램을 계획하고, 그
들 자신의 관심사에 집중하며, 그들 자신의 유익을 증진시키는 것이 그것
이다.

그러면 교회는 무엇인가? 하나님의 백성으로 한 개인의 공동체적 특징
을 지녀야 하는 굳게 단결된 상호 관계는 무엇인가? 서로 부담해야 할 책
임감은 무엇이고(갈 6:2), 복음을 위해 서로 힘쓰는 것은 무엇이란 말인
가?(빌 1:27) 신앙 지도자에 대한 성경적 책임은 어디에 있는가?(히 13:17)
이웃의 관심을 이끄는 형제들의 이타적이고 그리스도와 같은 사랑은 어디
에 있는가?(요 13:34-35) 죄를 짓기 쉬운 사람들에게 필요한 상호간의 갈
고 닦아야 할 것은 어디에 있는가?(잠 27:17; 히 3:13) 우리는 이기적으로
타인을 등한시하며 우리 자신만의 영적인 삶을 진척시키는, 물론 이것은
실제적으로 지역 공동체의 헌신 가운데 가장 잘 수행되지만 또한 위험에
처해 있다. 그러므로 우리는 개인적인 사역을 통해 개인의 명성을 얻는데
몰두해서는 안 되다. 즉, 우리의 과제는 하나님의 주권으로 부르신 지체의
한 영역 가운데서 신실하게 하나님의 책무를 수행하는 것이다.

이 모든 것에서 비추어 볼 때, 우리에게 직면한 결정들은 매우 중요하
다! 우리는 교회가 완전하거나 비완전하다고 믿는가? 하나님께서 그의 선
교를 성취하시기 위해 두 '구조'를 명하셨다거나, 아니면 하나만을 명하

셨는지 느낄 수 있는가? 우리는 모두 한 가지 선택에 직면하고 있다. 우리는 교회를 포기할 것인가, 아니면 우리의 선생처럼 교회를 사랑하고 교회를 위해 자신을 헌신할 것인가? 이 세대의 많은 사람들은 교회가 실패했으므로 다른 무언가를 시도해야 할 때라고 말할 것이다.

하지만 교회는 하나님은 그분의 사역을 성취하기 위한 도구이기 때문에 이것은 해결책이 되지 못한다! '죽은 연약한 교회'가 존재한다고 해서 하나님이 정하신 수단을 포기하는 것을 정당화할 수 없다. 이러한 교회들은 오직 우리가 하나님의 영광을 위해 기도하고 일하도록 자극해야 한다. 그들은 인간의 죄악성과 자의성을 증명하는 것으로, 그의 말씀과 성령의 능력에 비추어볼 때 그와 신실하게 협력할 필요가 있음을 우리에게 알려준다. 사실은 우리가 그의 교회를 저버리면 그리스도의 대의가 도움이 되지 못할 뿐만 아니라, 그의 사명이 전달되지 않을 것이다. 슬프게도 교회가 침체하고 어떤 경우에는 실패했다는 점이 사실이고, 많은 교회가 그들이 되어야 하는 모습을 갖추지 못하였다. 그럼에도 불구하고 이러한 슬픈 상태의 문제에 대한 장기적인 해결책은 파라처지 기관의 확산이 아니라, 오히려 참된 교회를 세우는 노력이다. 복음이 선포되고, 그리스도가 영광을 받으며, 제자가 성장하여 모든 세상으로 보내는 곳이 교회이다.

현대 파라처치 상황은 교회들이 침체한 시기에 번성을 이루었다. 하나님은 수많은 사람들의 회심을 이루시고 많은 제자들을 양성하는데 이같은 수많은 단체들을 사용하셨다. 그러나 이것은 하나님이 교회 가운데 이러한 단체들의 영속적인 구조를 동의하신다는 의미는 아니다. 하나님이 그것들을 사용하셨다는 것은 구속의 선하심과 인간 노력에 대한 주권적 독립성을 증명하는 것이다. 즉, 우리는 그가 그렇게 하셨음을 찬양하는 것이다. 그러므로 이러한 단체들에 집중하고 지역 교회를 등한시 여기는 것은, 우리의 영적 병폐에 대한 임시 처방을 채택하는 것에 지나지 않는다. 우리 시대에 매우 중요한 것은 우리가 성경적 패턴으로 개혁하고 하나님의 힘으로 진정한 복음적 교회를 설립하는 것이다. 파라처치의 독립성과 영속성이 유지되는 한, 사람들의 관심은 이러한 성경적 우선순위에서 떨어져 산만해질 것이다. 이러한 집단의 건강으로, 만일 지역교회를 향한 비성경적인 자세를 취한다면 연약한 교회를 영속하는데 도움을 줄 것이다. 성찰이 요청된다 할 것이다.

3) 제자화를 위한 지역교회의 역할

"나는 규칙적인 노력보다 교회 밖에서 하는 사역이 더 유용하다는 생각에 물린 이들이 있을까봐 두렵지만, 작은 경홈이 많은 이들에게 더 좋은 가르침을 선사하길 바란다. 교회와 단절된 기독교의 노동은 유용한 수확의 열매를 저장할 헛간도 없이 씨를 뿌리고 수확하는 것과 같으나 불완전하다(C. H. Spurgeon)."16)

현재의 복음주의 풍토에서 우리는 지역교회의 완전성을 새롭게 인식해야 한다. 그렇다고 해서 다른 교회와의 협력이나 교제, 그리고 연합이 필요 없다는 것이 아니라, 단지 하나님의 계획 속에서 교회는 사람이 만든 인위적인 보조물에 의존하지 않을 뿐이다. 오늘날 교회는 너무나 흔하게도 외부 단체들의 이른바 '기습적인' 프로그램에 의존하게 되었다. 어떤 사람들은 그들의 프로그램을 운영하기 위해 파라처치 그룹들을, 대부분 잘못 의존한채 매우 빨리 소집한다.

만약 복음주의적 열정이 부족하다면, 개인이나 단체는 즉시 복음 운동에 뛰어들도록 밀접하게 접촉한다. 혹 우리가 여성이나 사업 멘토 아이들에게 다가서고자 한다면, 우리는 적절한 단체를 부르고 모든 것을 모든 요구가 맞춰져야 한다. 그러나 정말 그럴까? 교회 내에서 은사를 제대로 활용하지 못하고, 실질적인 기여를 행사할 만한 기회가 없는 교회 내 사

16) C. H. Spurgeon, *An All-Round Ministry*, (Banner of Truth, 1960), 101.

람들은 어떠한가? 아마도 많은 사역자들은 이것들을 완수하기 위해 교회 밖 '사역'을 직접 찾아 나설 것이다. 확실히 상황이 뒤바뀐 것이다! 제리 화이트는 지난 25년간 파라처치 단체들이 우후죽순처럼 성장한 주요 배경에 대해 "남녀 직분자들을 충분히 활용하지 못한 교회의 무능함"[17) 때문이라고 지적하였다.

이것은 우리가 실제로 교회의 온전함과 완벽함을 잃었다는 것을 지적하는 것임이 틀림없다. 지역 교회는 제자를 양육하는 하나님이 지정하신 맥락이다. 여기서 우리는 하나님께 영광이 되는 방식으로 예수께서 맡기신 일에 필수적인 모든 요소들을 발견한다. 파라처치 리더들의 의구심에도 불구하고, 우리는 그리스도의 사명에 동참하는 모든 성도의 수단이 지역 교회라는 점과 이것이 하나님의 뜻이라는 것을 확신한다! 성경적인 맥락에 따라 지역 교회가 온전히 기능할 때에, 모든 성도의 은사와 자원 그리고 선한 동력을 신실하게 이용할 것이다.

물론 이것은 우리 교회의 낮은 상태를 직면하게 하는데, 이는 우리의 실패로 벌어진 것을 채워져야 할 큰 격차를 만들었다. 성경적인 교회의 회복은 우리가 끊임없이 구하고 지탱하며 섬겨야 할 일이다. 이에 대해 스펄전 목사는 "교회가 온전한 상태에 있다면, 교회 자체가 그 전체 일을 도맡아 하지 않겠는가? 모든 사역은 별도의 기관(secretary) 없이도 스스로 수행되어 질 것이다. 내가 믿는 바로는 이것이야 말로 모든 실수들을 회복할 수 있는 급진적인 원칙이다. 물론 내가 틀릴 수도 있지만, 이것이 내 마음속 깊은 곳에 새겨졌다. 보조하는 단체 없이도 자력으로, 자력에 의해 선한 일과 모든 필요한 직을 수행하며 다른 이들의 협력을 환영하지만, 주 하나님 기뻐하시는 어떠한 목적의 성취를 위해 사회에 의지할 필요가 전혀 없는 그러한 교회 조직을 보기 전까지는 결코 만족하지 않을 것이

17) Whitle, *op. cit.*, 56.
18) C. H. Spurgeon, Met Tab Pulpit vol.7 1861, *Sermon on The Church Conservative and Aggressive?*

다."18)

　너무나 자주 지역 교회는 부차적인 중요성을 띠고, 선교나 다른 단체들은 하나님의 사역에 최전선에 있는 것으로 묘사되지만,19) 단순히 그런 것만은 아니다. 모든 성도는 제자로 부르심을 받았다. 모든 성도는 기독교적 제자도의 동일한 기준의 요구에 비추어서 그들의 삶을 평가해야 한다. 로마서 12:1, "그러므로 형제들아 내가 하나님의 모든 자비하심으로 너희를 권하노니 너희 몸을 하나님이 기뻐하시는 거룩한 산 제물로 드리라"이나, 누가복음 9:23, "아무든지 나를 따라오려거든 자기를 부인하고 날마다 제 십자가를 지고 나를 따를 것이니라", 그리고 누가복음 14:26, "무릇 내게 오는 자가 자기 부모와 처자와 형제와 자매와 더욱이 자기 목숨까지 미워하지 아니하면 능히 내 제자가 되지 못하고"와 같은 성구들은 모든 남녀 그리스도인에게 적용된다.

　지역 교회는 여느 선구자적 선교현장의 상황만큼이나 영적 전쟁의 최전선에 놓여있다. 어느 한 상황에서 참고 견뎌내면서 다른 상황에서는 수용되지 못하는 낮은 수준의 헌신이란 존재하지 않는다. 지역 교회와 '선교 현장'의 차이는 하나님의 부르심에 대한 헌신의 차이가 아닌 것이다. 그가 부르신 곳이 어디든, 책임감을 가지고 그의 제자로 전심을 다해 살아가야 한다. 헌신은 똑같다. 다만, 대적이 사역을 방해하는 만큼 그 영적 전쟁이 치열할 뿐이다.

　그러면 이제 성장하는 지역 교회의 맥락에서 수고하는 몇 가지 유익에 대해 살펴보자. 우리가 앞서 주장했듯이, 지역교회가 제자를 양육하는 하나님의 명하신 전후 사정이라면, 우리는 교회가 제자 양성의 효율성에 기여하는 교회 생활의 몇 가지 요소들을 확인해 볼 수 있는 바, 간략하게

---

19) 우리가 알아야 할 점은 'Youth for Christ'나, Y.M.A.M이나 다른 단체들은 하나님 나라의 지휘 부대와 같다는 것이다(Ian Grant, *New Zeland President of Youth for Christ*).

네 가지를 다음과 같이 정리하였다.

(1) 효과적인 설교와 교육 사역

지역 교회의 삶의 대부분은 말씀 사역을 위주로 세워진다. 이러한 사역이 내용 면에서 성경적이고 영적으로 교훈적이면서 실천적인 면에 강조를 둔다면 실로 엄청난 이점이 된다. 하나님의 말씀을 성령의 감동으로 온전히 선언한다는 것은 교회에 관한 전체적인 삶이 구성되는 중심점이다. 사람들은 하나님의 말씀이 교회에서 행해지는 모든 것의 권위가 된다는 사실을 알고 있다. 하나님의 은혜로 다양한 수많은 요구들이 거듭되는 교육 사역의 과정 가운데 충족되고 있으며, 그리하므로 상담이나 심화 과정에 대한 요구를 최소화할 수 있게 되었다. 하나님의 말씀을 가까이 하는 하나님의 백성들은 제자 양육 사역에 근간이 된다(행 2:24). 그러므로 성경적인 제자화는 끊이지 않고 늘 새롭게 사람들의 주의를 끌게 된다.

(2) 참된 목회적 돌봄

"여러분은 자기를 위하여 또는 온 양 떼를 위하여 삼가라 성령이 그들 가운데 여러분을 감독자로 삼고 하나님이 자기 피로 사신 교회를 보살피게 하셨느니라"(행 20:28).

"또 네가 많은 증인 앞에서 내게 들은 바를 충성된 사람들에게 부탁하라 그들이 또 다른 사람들을 가르칠 수 있으리라"(딤후 2:2).

이 두 구절의 취지가 모든 참된 목사와 장로들의 가슴에 새겨지도록 하는 우리의 기도가 얼마나 절실한가? 이것은 말씀 사역에 더하여 필수적으로 보충되어야 할 요소로 목회적 감독이 그것이다. 오늘날 많은 사람들은 성경적인 감독이나 책임감 있는 공동체성의 구속을 벗어던지는 것을 즐기는 것처럼 보이지만, 이것은 어리석은 것이다. 사람들이 진심으로 하나님의 백성들을 걱정한다는 것은 얼마나 기쁜 일인가? 이들은 하나님 백

성들의 영혼을 책임지고 지켜보고 있다(히 13:17). 하나님의 말씀은 강단
의 고립으로부터 멀리서만 행해져서는 안 된다. 하나님의 교회의 참된 목
회자와 지도자들은 그 말씀과 그 뜻을 사람들에게도 개인적으로 전해줄
수 있어야 한다. 이러한 성경적인 목회가 건전한 가르침과 양립하여 행하
여지는 교회는 진실로 복된 곳이다.

(3) 참된 공동체의 환경

"새신자가 경험하는 영적인 환경의 종류는 이후 그리스도인으로서 성장
하느냐 퇴보하느냐를 결정하는 중요한 역할을 한다. 새신자가 자신을
발견할 수 있는 교회의 영적 온도는 그 성도의 삶의 활력을 어느 정도
조절할 수 있을 것이다."[20]

진리의 영향과 현실의 살아있는 예시들로 둘러싸인 환경에서 사람들에
게 진리를 가르친다는 사실이 이 얼마나 엄청난 이점인가! 기도하는 교회
의 환경 가운데 기도하는 법을 사람들에게 가르치는 것이 얼마나 도움이
되겠는가! 이러한 요구들이 진지하게 받아들이는 공동체 가운데 기독교적
제자훈련의 까다로운 성격에 대해 사람들에게 가르치는 것이 얼마나 효과
적이겠는가!

물론 어떠한 지역 교회도 완벽하다는 말이 아니다. 하나님의 백성들이
있는 공동체에서 진지하게 그를 기쁘시게 하고 섬기기를 구한다면 제자를
양육하는 활력있는 환경을 조성할 수 있다. 교회 안에서 모든 연령과 기
질을 가진 다른 성도들과의 의미 있는 친목의 너비는 더욱 개인화된 목양
에 대한 요구를 줄일 수 있다. 하나님의 백성의 이러한 면모와의 접촉은
제자를 확실히 양육시킨다. 이것은 그리스도의 지체의 성경적인 관점으로,
각 구성원이 자신만의 고유한 역할을 감당하며 전체가 세워지도록 기여한다.

---

20) Gary Kuhne, *The Dynamics of Personal Follow-up*, (Zondervan, 1976), 35.

친목의 범위는 자연스럽게 '특정화' 된 파라처치 기관 내에서 더욱 좁혀지는데, 이 기관에서 동일한 재능과 관심사를 가진 사람들은 아마도 특정 그룹의 사람들에게 다가가기 위해 함께 위대감을 맺는다. 하나님의 백성을 대표하는 집단과의 친목 가치의 상당 부분이 상실될 수도 있고, 아마 끊임없이 한 집단의 사람들과만 관계를 맺는 자신을 발견할 것이다(예컨대 고등학교 청소년들이나 사업가, 또는 대학교 학생들). 이러한 집단 내에서의 친목 활동은 의심의 여지 없이 매우 도움이 될 수 있으며, 만일 이것이 우리가 하나님의 백성과 함께 하는 것의 한계라면 그것은 건강하지 않으며 제한적이다.

영적인 친목과 실제적인 사랑은 교회 내에서 가능하며, 교회의 구성원들은 모두 도움을 받을 것이다. 청년들에게 좋은 모범의 예시가 되는 나이 든 경건한 자들이 있는 환경에 있다는 것이 얼마나 건강하고 새로운가? 이곳은 노동자들과 사업가, 학생들과 정년퇴직자들, 선생들과 구직자들이 그리스도 안에서 삶을 나누는 곳이자, 하나님을 경외하므로 자식들을 키우려는 부모에게 노출되는 곳이기도 하며, 이 지체가 진실 되게 작용하므로 하나님이 기꺼이 제자들을 양성하시는 곳이기도 하다!

(4) 균형이 잘 잡힌 사역

"나는 제자의 성장이 오늘날 교회가 가장 절실하게 필요로 하는 것이라고 느끼지만, 동시에 다른 성경적인 목적을 배제하면서까지 제자 성장을 무리하지 않는 것이 중요하다"(Carl Wilson).[21]

월슨의 인용구가 강조하는 것은 목회에 대한 파라처치 접근법의 위험성이다. 오직 한 국면만이 강조될 때 나타나는 불균형과 자존심의 위험성이 실제적인 경향으로 나타난다. 많은 파라처치 그룹들의 주장은 다음과

21) Carl Wilson, *op. cit.*, 46.

같이 진술될 수도 있다. "우리는 교회가 아니다. 하나님께서 우리를 일으
켜 세워서 이때 그리스도의 지체에 특별히 공헌하게 하시므로, 부족한 것
이 회복될 수 있도록 하셨다." 화이트는 이에 대해 비평하기를 "교회는
사역에 있어서 주로 보편적인 위치라면, 파라처치의 사회는 좁게는 전문
적인 위치에 있다."[22] 물론 지역 교회들은 이 전문화 된 '미생물'(bug)
로부터 면제되지 않는다. 그들은 또한 진리의 한 측면에만 노력을 집중할
것이기 때문에 다른 필수적인 요소들은 슬프게도 무시된다.

여기에는 지역 교회 구조의 강한 이점이 있는데, 포괄적인 멤버십이라
는 바로 그 이유에서 우리는 원만한 사역의 필요성을 지속적으로 상기하
게 된다. 우리는 실질적인 제자도를 강조해야 하지만, 성경의 위대한 교리
에 대해서 명확히 가르쳐야 한다. 우리는 설교를 강조하면서, 기도를 제쳐
두어선 안 된다. 우리가 아이들을 가르치지만, 어른들이 그리스도의 지식
과 그리스도를 향한 사랑에서 자라나기를 멈춰서는 안 된다. 성도를 굳건
하게 해야 하지만, 세상을 복음화해야 한다. 우리는 성도의 영적 생활에
대한 사역의 우선성을 두어야 하지만, 그들의 외적 사회적 요구들에 대한
관심도 가져야 한다.

이러한 균형과 전체는 유지되어야 한다. 우리는 우리 마음에 드는 하나
님의 명령에만 순종한다거나, 우리에게 호소하는 교회 생활의 그러한 측
면에만 집중해서는 안 된다. 우리는 다른 것들을 배제하면서 우리가 은사
를 발휘할 수 있는 영역만을 강조해서도 안 된다. 지역 교회는 적어도 확
실히 '현실성'을 가져야 한다. 우리는 모든 범위의 성경과 문제들을 직면
하게 된다. 우리는 영적 성장의 모든 단계에서 성도들과 매일 접촉하고
있다. 우리는 하나님께서 교회의 성장에 필요하다고 여기시는 어떤 요소
도 소홀히 할 수 없다. 그래서 우리가 무엇을 전문적으로 할지에 대해 선
택하거나 집어낼 여력이 우리에게 없다. 우리는 우리가 돌보는 모든 성도

---

22) White, *op. cit.*, 53.

에게 설교하고 하나님의 권고를 가르치도록 위임받았기 때문이다.

여기서 우리는 제자를 만드시는 하나님의 맥락인 지역 교회를 보게 된다. 주께서 우리에게 얼마나 강력하고 도전적인 개념을 보여주시는가! 신약의 시야는 단순히 개인적인 제자를 양성하는 것이 아니라, 제자를 만드는 교회를 세우는 것이다. 오늘날 많은 사람들이 이러한 시야를 잃었지만, 하나님의 은혜로 말미암아 우리는 이러한 하나님의 관점을 회복해야만 한다. 너무나 흔히 사람들은 잘못된 방식으로 예수님을 우리에게 모범 사례로 들거나, 아니면 우리로 사도들의 활동들에 주목시킨다. 우리는 주님과 사도들의 열성 그리고 목적과 헌신을 잘 비추어야 한다. 물론 그리스도를 반영하는 경우, 우리는 가장 흐릿하게 하는 것에 지나지 않겠지만, 우리 사역의 양식은 사도적인 리더들이 되는 것이 아니라, 마태복음 28:18-20에 나오는 예수님의 명령에 순종하여 성령이 이끄시는 복음적인 교회가 되는 것이다. 그는 우리의 머리요 우리는 그분의 지체이다.

오늘날 사람들은 성경적인 양식에서 완전히 벗어나 흔히 개인주의적한 사람에 치중한 사역을 추구한다. 제자는 교회 삶의 총체성을 통하여 가장 효과적으로 길러진다. 누구도 스스로 '제자를 만드는' 모든 은사와 지혜를 가지고 있지 않다. 이러한 사실은 하나님이 명하신 교회의 구조에 극명하게 반영되었다(고전 12:7, 2, 15-21).

아마도 당신은 이론적으로 지역 교회의 완전함과 적합성에 관한 이 모든 이야기가 괜찮다고 생각할지 모르지만, 당신이 아는 교회는 아직 확실하게 서 있지 않다. 하지만 지역 교회가 균형 잡히고 하나님을 찬란하게 제자들을 만들 수 있는 영광스러운 잠재력을 보고 있는가? 교회는 제자를 양육하는데 최선의 환경이면서도, 가장 어려운 곳이기도 하다. 파라처치 단체의 온실 속 분위기 가운데 제자를 양성하는 것이 비교적 쉬운 일이다. 그곳에서 성공하지 못한 자들은 지역 교회로 빼돌릴 수 있다. 하지만 당신이 모든 성도를 제자로 살도록 돕는 것에 관하여 대화를 시작한 때에, 그 과업의 어려움은 분명해진다. 그리고 이것은 오직 선을 위한 것인데, 왜냐하면 각 제자의 삶에서 하나님의 사역에 의지하도록 우리를 강요하고 우리로 방법과 프로그램에 젖 먹는 아이와 같이 의지하지 않기 때문이다. 우리는 그 누구도 아직 그 위치에 있지 않으니, 우리는 그 일에 힘써서 기도하여서 하나님이 기뻐하시도록 모든 민족으로 제자를 만들고, 복음의 교회를 확장하여 그분의 이름에 큰 영광을 가져다 주어야 할 것이다.

제자도의 원리 7

제7장 결 론

제 7장 결 론

지금까지 본서에서 우리는 제자도의 목적과 내용을 포함하여 성경적인 원리와 역사적인 실례를 다양하게 고찰하였다. 앞에서 보았듯이, 오늘날의 교회 사역에서 우리가 제자를 훈련시키는데는 필수적인 점들이 다양하게 요청된다. 하지만, 결론에서 필자는 제자도에 관한 다음의 강조점들을 제시하였다.

1) 제자도에 관한 강조점

(1) 제자도의 첫 번째 규칙은 하나님의 말씀에만 홀로 순복하고, 성령을 삶의 믿음과 실천의 유일한 원천이라는 사실을 수용하는 것이다. 개혁자 "존 칼빈이 다른 문맥에서 말한대로 성경이 가는 곳에는 우리가 안전하게 갈 수 있지만, 멈추는 곳에서 우리 또한 멈추어야 한다." 그 어느 것이든지 세속적인 생각을 떨쳐내고, 우리들의 거짓된 욕정을 굴복하고 철회하여 부패한 세상 가운데서 우리 자신을 천사처럼 하나님과 그분의 살아있는 말씀에 헌신하도록 해야 할 것이다. 그러나 이것은 모든 그리스도인의 고귀한 부르심으로, 어떤 것도 덜 요구되거나 하지 않고 하나님의 법과 율례에 복종해야 하는데, 이는 단지 하나님의 법이 그 자체로 새 생

명의 역동성을 지니고 있어서, 이 생명으로 말미암아, 비록 우리는 천성적으로 지지부진하지만 우리로 하여금 성경을 통해 삶의 개혁을 위해 원리적인 근원을 찾도록 하기 때문이다. 다른 말로, 모든 사상과 언행은 매일 성경 말씀으로 조명되었다.

우리의 마음 속에서 끝없이 일어나는 질문들에 관해서도, 삶의 고충의 모든 것들이 성경에 비추어 확인되고 표명되어야 한다. 진실로 모든 성경은 어떤 실수도 없는 살아있는 진리의 말씀으로 균형과 조화를 이루는 그리스도의 삶을 묘사한다. 그러므로 우리는 하나님께서 우리에게 무엇을 요구하시고, 우리는 삶 속에서 무엇을 해야 하는지에 대해 알기 위해 열심히 공부해야 한다. 딤후 3:16-17, "모든 성경은 하나님의 감동으로 된 것으로 교훈과 책망과 바르게 함과 의로 교육하기에 유익하니 이는 하나님의 사람으로 온전하게 하며 모든 선한 일을 행할 능력을 갖추게 하려 함이라".

(2) 제자들로 하여금 교회사뿐만 아니라 모든 역사로부터 교훈을 배우게 하는 것은 균형잡힌 생각을 하도록 성도를 인도하는 유익을 제공한다. 교회사는 정통 진리가 논쟁의 불씨에서 나온 것에 대하여 우리에게 큰 도움을 준다. 성경 해석은 지속적인 역사적 논쟁으로 큰 도움을 받을 수 있다. 우리는 교회의 공의회로부터 지극히 많은 것을 배울 수 있는데, 가령 니케아, 칼케돈, 에베소 공의회와 종교개혁이 그것이다. 예를 들면, 역사의 추는 발전 과정에서 종교개혁에서 경건주의로, 경건주의에서 신비주의로, 보수주의에서 자유주의로, 그리고 일반적으로 근본적 진리에서 세상이 다변화 되면서 세속주의의 영향으로 이교성과 이단성으로 이동한 것을 보여주는데, 칼빈은 종교가 세상과 극도로 간통하지 않은 시대는 거의 없었다고 지적하였다.

그러므로 우리의 과업은 이것을 성취하기 위해 하나님의 은혜를 강하게 요청하는 정통주의의 명확한 이해와 계승을 확고히 해야 할 것이다.

이 세대는 역사 속에 위대한 저자들, 예컨대 어거스틴, 루터, 칼빈, 청교도
들의 작품을 통하여 전쟁터에서 참 진리를 이미 얻게 된 모든 유익을 가
지고 있다. 이 모든 작품을 성경을 통해 확인함으로, 우리는 실수를 하지
않도록 하고, 어떤 면에서 우리 앞에 놓인 바위와 격랑 중에 난파선을 피
해야 할 것이다.

(3) 첫째는 가정에서, 둘째는 교회인 그리스도의 몸 안에서 제자도의
전파가 실천 되어야 할 것이다. 교회는 구원받기로 택정함을 입은
자들에게 실현된 '성례'나 '기도'와 같은 단어들로 이 모든 것은
은혜의 모든 수단이요 근원이다. 교회가 그리스도의 지체이기에,
그들은 모두 예수 그리스도가 중심이 되거나 머리가 되시는 유기
적 전체로서 한 구성원이다. 어떠한 그리스도인도 혼자 존재할 수
없고, 지체의 일부이기에, 우리는 개인주의나 분리주의 또는 명백
한 이기심의 개념을 거부해야 한다. 최근의 사조는 결과주의에 기
초하는바, 이는 각 구성원이 자신의 기독교를 순전한 주관주의와
겸손한 순종을 태만으로 몰고 가는 경험을 개인화시키려는 경향이
있다. 그러므로 공예배가 아닌 파벌만이 예배를 드리는 소위 '하우
스 펠로우십' 즉, 미국 TV예배나 대중매체로 드리는 예배는 진정
한 공동체적 예배를 대신할 수 없다. 교회는 주께서 세우시는 기관
으로 우리는 성경에서만 어떻게 진정한 교회가 세워질 수 있는지
를 보게 된다. 즉, 말씀 낭독이나, 기도, 설교와 교제, 그리고 성례
와 같은 요소들이 그것이다. 개혁자들은 성경적인 교회에 대한 세
가지 요점을 진술한다.

A) 참된 설교
B) 성례의 온전한 시행
C) 권징

예수 그리스도의 지체로서 실시되는 이 모든 것들은 지역 교회에서 눈으로 보고 시행할 수 있는 모임으로, 이것이 없이는 교회도 없는 것이다.

(4) 제자도는 완벽주의를 의미하지 않는다. 제자도는 영적인 성장의 한 부분이다. 그러므로 결코 완전주의를 표방하지 않는다. 전혀 그렇게 할 수도 없다. "의인의 길은 돋는 햇살 같아서 크게 빛나 한낮의 광명에 이르거니와"(잠언 4:18). 우리는 동료 그리스도인들에게서 복음의 절대적 완전성을 주장하는 것이 아니다. 우리 스스로 이를 위해 얼마나 부단히 노력하는가! 우리가 누군가를 그리스도인으로 인정하기 전에 복음적인 완전함을 요구하는 것은 불공정할 것이다. 우리가 절대적 완전성의 기준을 정해 놓는다면 교회란 존재할 수 없을 것인데, 이는 우리가 제 아무리 뛰어난들 완전함과는 여전히 거리가 있으며, 우리는 결국 성장이 느린 자들을 거부해야 하기 때문이다. 그러나 완전함은 우리가 추구해야 하는 마지막 표식이자, 우리가 노력해야 하는 하나의 목표이어야 한다.

하나님과 타협하여 당신의 의무와 일부를 이행하려 하면서 다른 이들의 의무는 당신 마음대로 생략하는 것은 온당치 않다. 주님께서는 무엇보다도 섬기는 자들의 거짓과 속임이 없는 진실함과 순전한 마음을 원하신다. 두 마음을 품은 자들은 영적인 삶과 갈등을 빚는데, 이는 그들이 하나님께 헌신하는 척하는 것을 암시하기 때문이다. 하지만 영적인 성장은 대부분의 그리스도인들이 그러한 큰 약점 때문에 비틀거리고 멈추거나 심지어 땅에 기면서 겨우 전진할 정도로 억눌려있을지라도 필수적인 것이다. 우리는 그들에게 주어진 능력에 따라 성장해야 하며 그들이 시작한 경주를 계속하도록 해야한다. 누구도 아무리 작은 성장이라 할지라도 성장을 이루어내지 못하여 행복하지 않을 자는 없다. 그러므로 우리는 비록 우리가 이 삶에서 완벽해질 수는 없어도 최선을 다하기를 멈추어서는 안 될 것이며, 주님의 길을 따라 지체없이 전진하여 어떠한 그리스도인도 자신의 성취도가 작다는 이유로 절망하게 두어서는 안 된다.

혹 우리가 완전함에 미치지 못해도, 믿음 안에서 흔들리지 않고 굳건하게 지속한다면 주 안에서 우리의 수고가 헛되지 않은 것이다. 오늘이 어제의 전날을 능가한다면 우리의 수고는 결코 버려진 것이 아니다. 이것이 결국 영광과 완전함으로 이어지는 제자들의 끈기와 인내의 열쇠이다. 기쁨과 슬픔, 고통과도 같은 모든 것을 통하여, 우리는 순례자의 길을 떠나면서 그리스도의 형상을 더욱 닮아가는 것이다. 그래서 사도 바울은 빌립보서 3:12-16에서 "내가 이미 얻었다 함도 아니요 온전히 이루었다 함도 아니라 오직 내가 그리스도 예수께 잡힌 바 된 그것을 잡으려고 달려가노라 형제들아 나는 아직 내가 잡은 줄로 여기지 아니하고 오직 한 일 즉 뒤에 있는 것은 잊어버리고 앞에 있는 것을 잡으려고 푯대를 향하여 그리스도 예수 안에서 하나님이 위에서 부르신 부름의 상을 위하여 달려가노라 그러므로 누구든지 우리 온전히 이룬 자들은 이렇게 생각할지니 만일 어떤 일에 너희가 달리 생각하면 하나님이 이것도 너희에게 나타내시리라 오직 우리가 어디까지 이르렀든지 그대로 행할 것이라."고 역설하였다.

2) 예수 그리스도의 왕국으로 구성된 교회의 이상적인 공동체

제자도에 관한 몇 가지 강조점들을 보고 살피는 중에 이제 하나님의 나라로서 예수 그리스도의 지역 교회의 이상적인 공동체를 생각해 본다. 우리는 현재 즉각적이면서 즉흥적인 것을 열망하면서, 시간과 연단을 요구하는 것을 인내하지 못하는 세대에 살고 있다. 기독교 공동체는 "지금" 혹은 "현재" 증후군에 대항할 항체가 없다. 하나님의 자녀이자 하늘 천국의 구성원이지만, 우리는 이것에 몹시 시달리고 있다. 서론에서 보았듯이, 하나님의 나라에서는 가장 중요한 핵심은 그분의 자녀로 우리가 어떻게 살아가느냐를 성경이 보여준다는 것이다. 주 앞에서 그분의 뜻, 계획과 목적을 이루기 위해서 우리는 그분을 바라보아야 한다. 우리는 서로 다른 종족과 문화와 배경을 가지고 있더라도 주 안에서 하나이다.

본서 서두에서 우리가 본 것처럼, 하나님의 나라는 예수 그리스도의 교회요 그분의 꿈과 이상이다. 우리는 하나님이 오늘날 전 세계에 놀라운 방법으로 그분의 교회를 세우시는 것을 기뻐한다. 하나님 나라 확장의 일환으로 한국교회 성장에 관한 이야기는 사람의 상상을 뛰어넘으며 선교에 대한 심오한 교훈을 가져다준다. 하나님 나라의 공동체로써 교회의 개념은 세상 종교들의 신앙에서는 독특한 것이다. 교회는 구성원들이 많은 신앙의 집이요 피난처이다. 이는 그리스도의 신비한 몸으로, 성, 인종, 사회적 구별을 초월하여 그리스도 안에서 하나가 된 신성한 교제이다.

하나님의 신성한 선택된 백성으로서의 교회는 시대의 풍조에 당당히 맞서야 한다. 오늘날 우리가 기술적으로 매우 진보한 세상에 살고 있지만, 동시에 매우 세속적이고 염세적이어서 매일의 삶과 윤리에 관한 가치와 직결되었다. 그러나 하나님의 백성은 그들 주변 세계, 안과 밖을 면밀히 살펴야 한다. 성경적 가르침의 취지는 기독교적인 인격이 특별하지 않은 수단을 통하여 장기적이고 인내적으로, 극적이지 않게 형성됨을 강조하기 때문이다.

사도적 목회와 섬김에 가장 큰 부담은 무엇인가? 우리는 바울의 모든 응급상황이 하나의 큰 결말을 염두에 두고 있었음을 잘 알고 있다. 골로새서 1:28-29에서 바울은 "우리가 그를 전파하여 각 사람을 권하고 모든 지혜로 각 사람을 가르침은 각 사람을 그리스도 안에서 완전한 자로 세우려 함이니 이를 위하여 나도 내 속에서 능력으로 역사하시는 이의 역사를 따라 힘을 다하여 수고하노라"고 하였다. 그리고 사도 바울은 로마서 12:2에서 우리에게 말한다. "너희는 이 세대를 본받지 말고 오직 마음을 새롭게 함으로 변화를 받아 하나님의 선하시고 기뻐하시고 온전하신 뜻이 무엇인지 분별하도록 하라!"

우리는 기독교적 가치 체계, 윤리적 기준, 종교적 헌신, 돈과 야망, 삶의 방식과 관계 네트워크에 대한 태도를 긍정해야 한다. 우리는 무엇을

통해 이런 종류의 "성숙한 그리스도인"이 될 수 있는가? 진정한 제자도
는 하나님의 무한한 자원을 이용할 수 있는 기회를 제공한다. 이것은 우
리의 삶을 평범함보다는 구별된 공의에 바칠 기회이기도 하다. 하지만, 우
리 주님의 말씀은 명확하다. "아무든지 나를 따라오려거든 자기를 부인하
고 날마다 제 십자가를 지고 나를 따를 것이니라"(눅 9:23; 마 16:24). 하나
님의 모든 그리스도인이 그분의 제자가 되기를 원하지만, 이제 선택의 몫
은 우리 각자에게 달렸다. 사실, 새신자가 양육을 받은 후 마침내 다른 사
람들을 제자로 만든다면, 그는 진정한 제자가 되는 것이다. 얼마나 놀라운
일인가! 이것은 예수 그리스도께서 "가서 제자 삼으라"(마 28:19)는 대위
임령에서 의도하신 계획의 성취이다.

　우리는 하나님께서 제자훈련을 통해 성숙하게 성장하도록 우리 모두에
게 도전하신다는 사실을 깨달아야 한다. 우리는 예수 그리스도와의 관계
쪽에서 지속적으로 성장하고 발전하며, 성숙해져가도록 부름 받았다. 더
나아가, 하나님은 이 세상에서 그의 은혜와 능력을 나타낼 수 있는 아들
과 딸들을 찾고 계신다. 그렇기에 우리는 하나님께서 우리로 열매 맺는
삶을 살기를 원하신다는 사실을 기억할 필요가 있다. 그분은 우리를 사용
하고자 하시고 다른 사람들의 삶 속에서 우리 각자에게 사역을 주신다.
그분은 우리가 왕국 백성으로 그리스도인의 삶을 누리기를 원하신다.

　그러므로 우리가 하나님의 방법대로 살기를 거부한다면, 하나님의 말씀
에 따라, 우리는 모든 기쁨과 승리, 그리고 다른 사람들이 예수 그리스도
를 찾도록 돕는 일을 포함하여 그리스도인의 풍족한 삶의 축복을 잃게 될
것이다. 하나님은 주를 아는 우리 모두가 복음으로 세상을 읽는 일에 동
참하기를 원하신다. 따라서 우리는 주님과의 관계 속에서 계속해서 영육
간에 성장해야 한다. 이 때문에 그의 두 번째 서신 말미에서 베드로는
"오직 우리 주 곧 구주 예수 그리스도의 은혜와 그를 아는 지식에서 자라
가라"(벧후 3:18)라고 권면하였다. 물론, 성장은 지극히 중요한 것이다. 여
기에는 우리가 배워야 할 구체적인 영역으로 기도, 성경 읽기, 베풀기, 그

리스도인의 교제, 기독교 선교, 믿음과 순종을 통한 하나님의 능력 체험, 신실함, 주를 알고 주를 신뢰하는 것, 무엇보다 그리스도의 형상을 닮아가는 것과 같은 것들이 있다. 성경은 우리에게 "그러므로 우리가 그리스도의 도의 초보를 버리고 죽은 행실을 회개함과 하나님께 대한 신앙"(히 6:1)을 촉구한다.

예수님은 우리에게 "너의 삶은 무엇이냐?"라고 묻고 야고보는 "너희는 잠깐 보이다가 없어지는 안개니라"(약 4:14)고 말씀하였다. 이 세상에서는 오직 두 가지만 영원한데, 이것은 하나님의 말씀과 사람의 영혼이다. 나머지는 모두 무너지게 된다. "그러나 주의 날이 도둑 같이 오리니 그 날에는 하늘이 큰 소리로 떠나가고 물질이 뜨거운 불에 풀어지고 땅과 그 중에 있는 모든 일이 드러나리로다"(벧후 3:10). 이러한 사실에 비추어볼 때, 우리는 어떻게 살아야 하는가? 바로 제자 삼는 일을 통하여 영원한 약속, 하나님의 나라를 이 땅에 성취해야 할 것이다.

"단 한 번뿐인 삶은 금새 지나가지만,
그리스도를 위한 삶은 영원할 것이다."

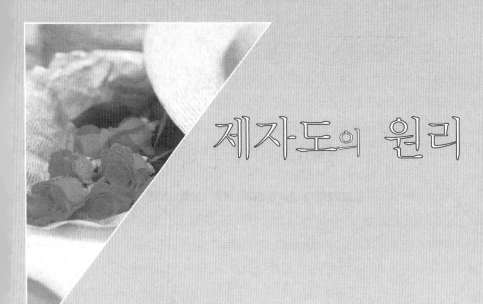

제자도의 원리

칼빈주의와 문화
-종교개혁자 존 칼빈의 문화 신학 소고-

칼빈주의와 문화

-종교개혁자 존 칼빈의 문화 신학 소고[1]-

1. 서론

주지하듯이 종교개혁자 존 칼빈은 초대교회의 교부 성 어거스틴과 16 세기 종교개혁자 마틴 루터와 헐드리히 츠빙글리를 계승한 개혁자였다. 하지만 칼빈은 단순히 모방자요 재생가라기 보다는 상기한 지도자들의 신앙적 기반과 기초위에서 자신의 신학을 체계화하여 삶의 전 영역에 적용하였다. 사실 현대 문화, 특별히 서양문화는 칼빈의 영향이 절대적이었다.[2] 오늘 날 유럽이 유럽되고 미국이 미국 된 것은 전적으로 칼빈의 영향이었다. 칼빈은 생전에 병든 몸을 이끌고 필생의 과업인 성경 주석을 집필하고 무엇보다 신학의 요체인 기독교 강요를 통해 자신의 사상을 정리하였다. 그의 주된 사상은 롬 11:36에 기초한 바, 하나님의 절대 주권과 영광으로, 성경을 통한 세계의 역사와 문화, 과학과 정치, 철학과 예술을 해석 적용하였다

---

1) 보다 자세한 것은 서요한, 「종교개혁사」, (도서출판 그리심, 2013), 283-397 참조.

2) John McNab, *Our Priceless Heritage, the Essence of Our Faith* (The Presbyterian Church in Canada, 1950), 25; Philip Schaff(ed.), *The Creeds of Christendom with a History and Critical Notes* (Michigan: Baker Book House, 1990), vol. 1., 423.

2. 개혁자 칼빈의 생애

(1) 생애: 16세기 격동기, 스위스 제네바의 위대한 종교개혁자 존 칼빈은 1509년 7월 10일 파리 북동쪽으로 약 97㎞ 떨어진 피가르디(Picardy) 지방의 노용(Noyon)에서 태어났다. 그의 부친 게라르 칼빈(Gerard Calvin)은 자수성가한 사람으로 노용 주교의 비서 겸 법률 고문의 직을 갖고 있었다. 따라서 세력 있는 귀족 친지들이 많았다. 그의 부친의 영향으로 칼빈은 교회의 도움을 받아 1523년 8월 파리 대학에 입학하여 코르디어(Mathurin Cordier, 1479-1564)로부터 라틴어와 철학, 변증법을 배웠고, 1528년 초에 졸업했다. 하지만 부친이 뜻밖에 어려움을 겪게 되자 칼빈이 사제보다는 법률가가 되기를 원하였다.

부친의 뜻을 따라 칼빈은 법학 공부를 위해 오를레앙으로 이주하였다. 그곳에서 그는 법학자 피에르 드 레스트왈르 교수와 루터파 출신의 헬라어 전문가 멜키오르 볼마르 교수의 가르침을 받았다. 볼마르 교수는 당시 종교개혁에 헌신한 인물이었다. 그러나 그 이듬해 그는 부르쥬 대학교로 옮겨 그곳에서 계속 법학을 공부하였다. 1531년 부친의 갑작스런 사망으로 칼빈은 간섭에서 벗어나 자유롭게 공부하였다. 1530년 당시 프랑스 국왕 프란시스 I세(Francis I)가 설립한 인문주의 프랑스 대학(College de France)에 가서 헬라어와 히브리어를 공부했다. 그 즈음 노력 끝에 첫 저서『세네카의 관용론에 대한 주석』(Commentary on Senca's Treatise on Clemency, 1532년 4월)을 출판한바, 곧 학계에 명성을 떨치게 되었다.

1532년-1533년 즈음 칼빈은 회심하였다. 1533년 11월 1일 친구 니콜라스 콥(Nicholas Cop)이 파리 대학 학장으로 취임할 때 작성한 연설문에서 칼빈은 에라스무스를 인용하여 개혁의 필요성을 강조하였다. 그리고 복음주의 사상을 소개하여 투옥되었고, 석방 후 미사를 반박하는 글을 쓴 뒤 1535년 바젤로 망명하였다. 그가 바젤에 체류하던 때는 나이 26세였다. 이 때 그는 자신의 명저『기독교 강요』(Institutes of the Christian Religion)

를 완성하여 1536년 3월 출판하였다. 그 책 서문에는 프랑스 왕 프랑시스 I 세(Francis I)에게 보내는 편지가 담겨져 있다. 이 책은 개신교가 교황청을 반박하는, 특별히 "26세의 젊은이가 자신도 모르는 사이에 원수들과 비방자들과 박해자들에 맞서 개신교의 지도자적인 자리를 떠맡고 엄숙하게 선포하는 과감한 선언문이었다." 칼빈은 이 책을 프랑스의 왕이며 주권자이고, 가장 은혜로우신 폐하 프란시스에게 그리스도의 평화와 구원이 있기를 바란다고 헌정하였다.

무엇보다 칼빈은 "본인은 폐하의 왕국을 불과 칼로 소란스럽게 하는, 저 미친 사람들의 막을 길 없는 분노의 원천인 그 교리가 어떠한 것인지를 알고 계시리라고 과감하게 말하였다. 따라서 본인은 저들이 그처럼 시끄럽게 떠드는 교리들을 구금과 추방과 금지와 소각으로써, 이 땅에서 영원히 사라져야 할 것임을 밝히 드러내기 위해서, 본인의 본 논문에 그 개요를 서슴없이 밝히는 바이다라고 하였다. 그리하여 기독교의 진리를 변증적으로 서술하고, 기독교 신앙에 대한 자신의 이해를 개진하였다. 칼빈은 강요 서두에서 하나님과 자기 자신을 아는 것이 최고의 지식이라고 가르쳤다. 하나님의 뜻에 복종하는 것이 인생의 첫째 의무라는 것이다. 신자가 하나님을 기쁘시게 하는 것은 그리스도와 긴밀히 연합되었음을 증거하는 것이기 때문이다. "우리는 행위로서는 아니지만 행위 없는 의롭다 함을 받지 않았다"(We are justified not without, and yet not by works.). 그러므로 칼빈은 "행위"의 개념에 대한 여백을 남겨두었다. 이 책은 이 후 여러 판 발행 되었으며, 최종판은 1559년 발행되었다. 최종판은 80장으로 네 권으로 구성된 방대한 신학서적이다.

(2) **파렐의 만남**: 칼빈의 스승 기욤 파렐은 성격이 불같고 음성은 매우 큰 예언적 인물이었다. 그는 먼저 제네바에서 종교개혁의 기초를 놓았는 바, 루터의 이신칭의 사상을 받아들였고, 베른(Bern) 시의 보호아래 개혁사상을 전파하였다. 1536년 제네바 시민의회는 공식적으로 종교개혁 사

상을 채택했다. 파렐은 자기를 도와 제네바에서의 종교개혁을 정착시키기 위해 보다 조직력 있는 인물을 요청하였고, 1536년 어느 날 밤 파렐은 제네바에 도착한 칼빈에게 자기를 도와 달라고 요청했다. 파렐은 칼빈에게 만일 제네바에 머물지 않는다면 하나님의 저주가 임할 것이라고 하였다.

따라서 칼빈은 파렐의 조수(助手)로 성 피엘 교회에서 교사 역할을 맡았다. 칼빈은 바울 서신을 가르치며 제네바 개혁의 청사진을 작성했다. 1537년 1월 칼빈에 의하여 세 가지의 초안이 소의회에 제출되었다. (i) 신앙 요리 문답이고, (ii) 신앙 문답에 동의하지 못할 때는 추방조치를 취할 것, (iii) 성찬식을 매일 거행할 것 등이다. 약간의 수정을 거쳐 제의가 받아들여졌으나, 시행에서 난관에 부닥쳤다. 그 무렵 칼빈은 정식으로 제네바시의 목사로 시의회의 인정을 받게 되었다. 1538년 1월 시의회는 칼빈이 제안한 성만찬을 거부하였다. 칼빈과 파렐은 1538년에 추방될 때까지 협력하여 일했다. 그러나 성만찬 예식에 관한 분란과 칼빈의 급격한 개혁운동의 적지 않은 역반응으로 1538년 4월 시의회는 칼빈과 파렐의 추방을 결의하였다. 따라서 칼빈과 파렐이 시당국의 간섭으로부터 독립된 교회 설립의 꿈은 깨어지고야 말았다.

(3) 제네바 시의회의 개혁: 1540년 8월 칼빈은 두 아이의 엄마로 화란 출신 재세례파 과부 이델레트 드 부어(Idelette de Bure)와 혼인하였다. 칼빈의 결혼 생활은 선배들과 달리 행복하지 않았다. 1542년 어린 아들을, 1549년에는 아내를 잃었다, 그 후 칼빈은 독신으로 지냈는데, 자기와 결혼하는 여자는 불행하고, 여자가 없으면 하나님을 더 자유롭게 섬길 수 있기 때문에 다시 결혼하지 않을 것이라고 하였다. 1538년부터 1541년까지 칼빈은 스트라스부르크에서 종교문제로 피난온 프랑스 난민들을 위해 사역하였다. 1541년 개혁 세력이 다시 제네바에서 득세하면서 칼빈은 제네바로부터 재 초청을 받았다. 칼빈이 제네바에 입성하던 1541년 9월 13일, 의회는 시(市)의 교회가 헌장을 가져야 한다고 결정하고, 칼빈과 그의

목회사역 동료들에게 그리고 의회가 6명으로 구성한 위원회로 하여금 초안을 작성을 요청하였다.

　이 일은 20일 이내에 완성되었고, 약간의 수정을 통해 최종적으로 200명의 의회에서 만장일치로 통과 되었다. 그리고 저 유명한 『제네바의 교회규범』(Ecclesiastical Ordinances of Geneva)이 공표되었다. 이 교회법은 1561년 최종적인 모습을 갖추었다. 이것은 교회 내의 네 계층의 직분자들의 활동을 요약한 것이다. 이 문서에는 설교하고 치리를 관리하기 위한 목사들의 협회, 교리를 가르치는 교사들의 집단, 그리고 가장 중요한 것으로 공동체의 신학과 윤리를 감독하며, 필요한 경우에는 제멋대로 행동하는 교인들을 출교시키기 위한, 목회자들과 장로들로 구성된 당회 등을 구성하였다. 칼빈은 효과적인 체계를 세우고 보다 엄한 형벌을 부과하기 위해 국가를 사용했다. 그러한 형벌은 매우 엄격한 것으로, 1546년에 58명을 처형하고, 76명을 추방하였다.

　(4) 사망과 공헌: 칼빈은 연약한 몸으로 복음을 위해 열심히 노력하던 중에 1564년 사망하였다. 제자 테오도르 베자가 칼빈의 뒤를 이어 제네바의 지도자가 되었다. 칼빈이 개혁신앙에 기여한 가장 큰 공적은 단연 기독교 강요를 펴낸 것이다. 칼빈은 당시 유럽 전역과 브리튼(영국)에서 조언을 구하는 편지를 보낸 사람들에게 엄청난 분량의 편지를 썼다. 그의 편지들과 그밖에 다른 글들이 57권으로 구성된 종교개혁 대전을 채웠으며, 약 2,000편의 설교가 보존되어 있다. 칼빈은 교육도 장려했다. 그는 세 단계로 구성된 교육 체계를 세웠는데, 그중 가장 상부에는 제네바 학당이 있다. 이것은 이후 제네바 대학이 되었으며, 1559년 설립되었다. 그 후 칼빈의 후예 청교도들이 미국 신세계 대학들을 설립하면서 아메리카 대륙에 크게 영향을 끼쳤다. 존 낙스도 한때 제네바 피난 시절에 칼빈의 유능한 설교에 감동을 받았다. 칼빈의 사 후 그의 사상을 채택한 사람들은 성경의 여러 책들에 대한 칼빈의 주석들을 연구했다. 칼빈은 교회와

국가의 통치에 있어서 대의제 원리를 채택했다는 점에서 민주주의의 발전에 영향을 끼쳤다. 그는 기독교 신앙을 육성하기 위해서 교회와 국가는 협력해야 한다고 생각했다. 그는 직업에 대한 거룩한 소명, 절제, 근면 등을 강조했는데, 이것이 자본주의에 자극을 주었다. 개혁신앙을 고백한 사람들이 과거의 위대한 신앙부흥과 현대의 선교 운동에서 중요한 위치를 차지해 왔음이 역사속에 드러났다. 그는 진실로 장로교, 개혁교회, 청교도들에게 영향을 준 국제적인 개혁자였다.

3. 칼빈의 신학사상

종교개혁을 평할 때 흔히 루터를 개혁운동의 행동적 주역으로, 칼빈을 사상적 주역을 맡은 개혁자로 표현한다. 루터는 농민출신인 반면 칼빈의 부친은 공증인인 탓에 칼빈은 전문인 계층의 일원이 되었다. 루터는 대학에서 철학과 신학을 공부했지만, 칼빈은 인문학과 법률을 공부했다. 그렇기 때문에 칼빈은 개신교 운동을 체계화하였고, 반면에 루터는 개신교 운동을 외치는 예언자였다. 루터는 이신칭의를 강조했으나 칼빈은 하나님의 주권을 강조했다. 루터는 성만찬에서 그리스도의 임재를 강조한 공재설을 주장했지만, 칼빈은 그리스도의 육체적 임재를 거부하고 수찬자의 마음에 그리스도가 믿음으로 임재하는 영적임재를 주장했다. 칼빈은 루터와 달리 성경에 의해 증명되지 않는 모든 과거의 것들을 거부했다. 루터는 택자의 예정을 믿었지만 정죄의 선택은 언급하지 않았다. 그러나 칼빈은 하나님의 뜻에 기초한 이중 예정을 믿었다.

칼빈 신학의 핵심은 돌트 총회의 5대 교리로 정리되었다. 5대 교리의 첫 글자들을 모으면 "tulip"이다. 즉 인간의 전적타락(total depravity)으로 인간은 첫 사람 아담의 범죄로 죄책을 물려받았으며, 의지가 완전히 타락했기 때문에 자신의 구원을 위해 아무 것도 할 수 없다. 무조건적 선택(uncon-ditional election)은 인간의 구원은 하나님의 주권적 의지에 기초하며, 구원은 선택된 사람들에게만 제한된다. 제한 속죄(limited atonement)는 그리스도의 십자가상에서의 사역이 구원으로 선택된 자들에게만 적용된다는 것이다. 불가항력적 은혜(irresistible)는 이에 따르는 당연한 결과이며, 택함은 받은 사람들은 성령께서 불가항력적으로 그리스도께로 인도하여 주심에 따라 자신의 최소의 소원과는 상관없이 구원을 받을 것이다. 성도의 견인(peseverance)은 칼빈의 체계에서 마지막 항목으로 성령의 사역에 의해 불가항력적으로 구원 받을 택자들은 궁극적으로 결코 유기되지 않을 것이다. 칼빈의 신학에서 어거스틴의 신학과 유사한 점이 있지만, 이는 그가 성경을 연구한 결과였다. 다른 개혁자들처럼 물론 칼빈도 성경으로부터 출발하여 교부들 중의 왕자라 할 수 있는 어거스틴에게로 나갔다. 그는 성경을 연구하는 중에 교부들의 대표 어거스틴에게로 나갔다.

(1) 성경주의: B. B. 워필드는 종교개혁운동은 기독교 출범 이후 인간이 이룩한 가장 위대한 혁명이다[3]라고 하였다. 그런데 그 혁명의 중심에 존 칼빈이 자리한다. 개혁 당시 사람들, 특별히 멜란히톤은 그를 탁월한 신학자로 간주하였다. 칼빈은 성경의 영감과 함께 오류 없는 말씀으로 믿었다. 그에게 예정론은 성경에 기록된 대로 알아서 필요 없는 것, 유의하지 않는 것은 모두 제거되었다. 결국 우리의 영적 생활에 이롭지 않은 것은 다 제거되었다. 칼빈은 예정 교리에 대해 성경에 선포되어 있는 것은 무엇이든지 신자들에게 숨기지 않도록 해야 한다고 하였다. 성도가 명심해야 할 것은 하나님께서 그에게 말씀하시는 모든 말씀에 마음을 열고 귀를 기울여야 한다는 것이다. 그는 어떤 문제에 있어서 무지를 수치로 여겨서는 안 되는 이유는 유식의 무지가 있기 때문이라고 하였다. 칼빈의 예정론은 고립되지 않고 오히려 설교를 통해 인간의 책임을 강조하였다. 그는 인간의 믿음은 행위를 통해 증거됨을 확신하였다. 칼빈은 영감된 성

---

3) B. B. Warfield, *Calvin and Calvinism* (New York, 1931), 10.

경에 복종함으로 만물이 하나님의 의로우신 뜻을 이루게 된다고 가르쳤다. 비록 우리의 유한한 마음이 때로 선택과 유기의 사실로 난처해질 때도 있지만 오히려 피조물이 공의의 최고 심판장인 하나님의 뜻을 이해하게 된다. 그러므로 우리는 하나님을 변덕스런 분으로 생각할 수 없다. 하나님의 뜻보다 앞서는 어떤 것이 존재한다고 생각하는 것은 분명히 불신앙의 태도이며, 이는 하나님의 완전성과 무한성을 부정하는 것이다.[4] 따라서 칼빈은 분명 하나님에게 취한 사람이었다.

(2) **하나님의 소명**: 칼빈은 어두운 때에 하나님께서 자신을 소명하신 사실을 통감하였다. 따라서 그는 자신이 가진 모든 은사, 예를 들면 학식과 문필을 저술에 바쳤다. 한 때 그는 조용한 시간을 갖고자 했으나 하나님께서 제네바에서 일할 것을 소원한다고 믿고 헌신하였다. 그는 철저히 자신이 제네바에서 하나님의 일을 하고 있다는 사실을 확신하였다. 그리하여 칼빈은 다윗처럼 "여호와가 항상 내 앞에 계시도다. 그는 나의 오른손이 되시니 내가 흔들리지 않음이로다"(시 16:8). "여호와는 나의 오른손이며, 나의 구원이시니 내가 누구를 두려워하겠는가"(시 27:1)라고 노래하였다.

결국 칼빈은 하나님의 대리자로 모든 대적자들을 정복하였다. 칼빈은 마음이 안일한 민족적 그리고 파멸의식에 사로잡힌 개혁자가 아니었다. 그는 모든 사람을 하나님께 인도함으로 그들이 하나님을 섬기고 하나님께 경배하도록 해야 한다고 믿었다. 이 목적을 위해 1556년 식민주의자의 무리와 함께 브라질에 두 선교사를 파송하였다. 칼빈은 그의 영적 사역을 제네바와 프랑스에 국한하지 않고 전 세계를 자신의 교구로 삼았다. 원수들이 그를 조롱하고 그의 목전에서 아들을 죽였을 때, "나는 온 세계에 수많은 아들들을 갖고 있다"고 하였다. 1552년 그는 영국에 있는 클란메

---

4) Henry R. Van Til, 「칼빈주의 문화관」, 이근삼 역, (성암사 1972), 127.

르에게 편지하기를, "내 자신으로 말하자면 그 문제에 대하여 내가 필요하고 내가 무슨 보탬이 된다면 열 개의 대양을 건넌다 할지라도 물러서지 않을 것이요 영국에 대하여 구원의 손을 내미는 것이 당면한 문제라면 그것만으로 내가 영국에 갈 충분한 이유가 될 것이라 하였다. 이는 곧 칼빈의 연합정신을 나타내는 것이다.

(3) **교회연합:** 칼빈은 연합을 강조하는 대신 교회의 분리를 경고하였다. 실제로 그는 스위스 교회의 연합을 위해 노력했으며, 1549년 불링거와 함께 티구리누스의 합의(The Consensus Tigurinus)를 저술하였다. 칼빈은 츠빙글리 계열과 분리를 원치 않았다. 그리고 보다 적극적으로 가능하면 복음주의적인 단체와 연합을 추구하였다. 실제로 그는 멜란히톤과 불링거에게 성만찬 논쟁을 둘러싼 루터의 주장에 자제를 요청하였다. 그리고 실제로 자신이 당한 모든 쓰라린 반대를 인내하였다. 한 때 루터가 자신을 욕하고 악마라고 부를 지라도 그를 인정하고 하나님의 사자로 간주할 것이라고 하였다. 1546년 루터의 사망 때 칼빈은 계속 부쩌와 멜란히톤의 화합을 독려했으나 효과는 없었다.[5]

하지만 칼빈의 교회 연합은 오늘 날의 교파 통합주의와는 구별해야 할 것이다. 맥네일의 지적처럼 칼빈은 진리에 순종하는 문제였을 뿐, 교리가 다른 교파들의 정치적 통합을 반대한바, 현대의 연합과는 다르게 운동을 펼쳤다.[6] 그의 개인 신앙과 교회정치운동을 정리할 때 그는 말씀과 연합의 신학자였다. 칼빈은 사도 바울처럼 그리스도를 본받으려는 환상에 사로잡혔으나 그러나 그것은 하나님을 위하여 사용되도록 철저한 통제 속에 올바르게 지향되었다. 무엇보다 박해 중에 있던 위그노들에게 용기를 불어 넣었고, 그들의 정신을 강철같이 굳게 하였다. 스코틀랜드 개혁자 존

---

5) Henry R. Van Til, 「칼빈주의 문화관」, 이근삼 역, (성암사 1972), 130.

6) Henry R. Van Til, 「칼빈주의 문화관」, 이근삼 역, (성암사 1972), 131.

낙스에게 영감을 주어 폭군에 맞서 대항하여 종교개혁을 성공시켰다.[7) 더
욱이 화란과 영국, 스코틀랜드에 칼빈주의 문화를 잉태시키며, 미국에까
지 영향을 끼쳤다.

  (4) 정치관: 종교개혁은 본질상 외적이 아니고 생의 근원적인 내적, 마
음의 문제였다. 그것은 하나님에 대한 인간관계의 문제이며 기타 모든 문
제는 여기서 결정된다. 이런 면에서 종교개혁은 사회생활 전반과 관계하
는 선도적이며 우주적인 운동이었다. 참된 교회의 회복이 제1차 목표였지
만 그리스도를 통한 하나님의 역사와 그분께 돌리는 영광은 그 빛을 삶의
모든 영역에 투영하였다. 정치적 영역에 대한 칼빈의 이론은 새로운 기원
을 확립하고, 국가 존재에 대해 새로운 성질과 지향점을 제공하였다. 역사
적으로 앗시리아나 바벨론 같은 고대 국가들처럼 헬라나 로마 또한 통치
자 중심의 전제주의였으며, 종교는 국가의 영광을 위해 봉사하였다. 중세
기는 반대로 교황을 중심으로 교회 국가가 되었다. 그리하여 국가로 하여
금 교회에 봉사케 하기 위하여 교황에게 지상의 나라를 다스릴 절대적인
권리가 부여되었다. 칼빈에게 교회와 국가는 공히 주권적인 하나님으로부
터 그 자체 권위를 부여받은 상호의존적인 기관이었다. 이러한 개념아래
국가는 세속적인 것이 아니며 국가와 교회는 현대적인 어의에서 서로 분
립되는 것이 아니다.
  칼빈에 의하면 교회와 국가는 평화적으로 공존해야 하며 하나님의 말
씀에 순종하여 서로 협조하고 각자는 각각의 법치권을 갖는다. 즉 국가는
시민적이고 현대적인 일에만 권위를 가지며 교회는 영적인 일에 권위를
가진다. 칼빈은 자신과 동역자들을 시민적인 일에 있어서 행정관에게 순
종하므로 성직자의 특권을 배제하였다. 행정관 편에서 영적인 일들은 성
직자의 재판권 아래 들어가야 한다. 즉 칼빈은 국가를 기독교 시민에 의

---

7) Henry R. Van Til, 「칼빈주의 문화관」, 이근삼 역, (성암사 1972), 131.

해 구성된 것으로 생각하였다. 그 이유는 참된 종교에 입각한 도덕 없이는 진정으로 번영하는 시민 생활이 영위될 수 없기 때문이었다. 따라서 참된 종교 즉 기독교에 입각한 참된 도덕 없이는 사회적, 정치적 생활을 유지하는 것은 불가능하다고 보았다. 그러나 중세의 교회관에 따르면 국가는 교회의 시녀였다. 한편 재세례파는 국가를 사탄의 종으로 간주하였다. 그러나 칼빈은 국가를 하나님의 종이라고 하였다.8) 그 이유는 신민정치는 악을 제거하여 그들이 죄를 짓지 못하게 함으로 인간생활을 가능하게 하기 때문이다.

　여기서 국가가 하는 일은 거룩한 것이며, 하나님의 이름과 그의 영광을 위해 실행되어야 한다. 행정관은 하나님의 대리자이며 그들의 사명은 합법적일 뿐만 아니라 인간생활에 있어서 훨씬 더 명예로운 것이며 성화된 것이다.9) 따라서 우리는 양심으로 그들에게 순종해야 한다. 기독교인의 영적 자유는 법관과 법률과 정치가의 권한을 무시하지 않고 오히려 시민의 의무와 완전히 일치한다.10) 통치자는 하나님에 대한 예배와 종교에 관한 입법을 할 권리가 없지만 그들의 의무는 성경의 원리나 혹은 이교도 철학자들이 종교를 그들의 관심사로 삼는 사실이 보여준다. 혹여 기독교 행정관이 인간의 이익을 위해 하나님의 사명을 무시하는 것은 절대로 용납될 수 없다. 칼빈은 정부가 기독교인들에게 공적으로 종교의식을 유지하게 해 주고, 일반인들에게는 인간성을 유지하도록 해주기를 소원하였다. 시 당국자들은 그들 스스로가 기독인이 됨으로 하나님의 법에 있는 참된 종교가 대중의 참람한 태도로 침범당하고 더럽혀지는 것으로부터 보호해야 하였다.

---

(5) **시민불복종:** 한편 칼빈의 정치 질서는 철저히 하나님의 주권에 기초하였다. 따라서 칼빈은 모든 형태의 국가절대주의 독재정치, 절대군주정치를 강력히 반대하였다. 그에 의하면 왕과 대통령은 입법의원들과 헌법에 의하여 권력의 제약을 받아야 한다. 칼빈은 사무엘서를 통해 백성과 왕의 권리의 한계를 설명하였다. 이것은 장자크 룻소의 사회계약론, 즉 시민의 집약된 의사가 최고의 규범이라는 것과는 전적으로 다른 것이다. 칼빈은 주권적인 하나님만이 사무엘 시대처럼 오늘 날도 국가법의 부여자라고 보았다.11) 그에게 시민의 절대 주권이란 타락한 인간이 생각해 낸 공상일 뿐이다. 국가가 합리적인 권위를 인정받기 위해서는 국민의 동의가 필요하다. 그런 의미에서 국가는 선택에 달려있다.

칼빈은 다윗의 예를 들어 철저히 신정정치를 주장하였다. 다윗은 하나님의 선택을 받은 후, 백성들의 장로들이 나와서 저들의 왕이 되어 달라고 요청할 때까지 헤브론과 이스라엘 통치를 거절하였다. 이를 기초로 칼빈은 투표를 통한 지도자의 선출을 매우 신성한 과업으로 간주하였다. 이유는 폭정을 억제할 수 있는 지도자를 직접 뽑을 수 있기 때문이다. 선택받은 지도자는 맡은 과업을 수행하기 위해 권리를 행사할 수 있고, 그렇게 하는 것은 사실상 신성한 의무이다. 그러므로 세습적인 통치가 사라지게 되며, 시민들은 통치자가 하나님의 말씀에 반하는 것을 명령할 때는 복종을 거부할 수 있다고 하였다. 그 이유는 우리는 사람에게 보다 하나님께 순종해야 하기 때문이다.

하지만 시민은 정당한 이유 없이 합법적으로 이루어진 권위에 반대하거나 항거할 수 없다. 시민은 정부에 순종하되, 군복무와 납세 의무를 감당함으로 국가의 안녕을 도모해야 한다. 비록 불의한 통치자라 해도 백성들의 부정과 죄악을 벌하기 위하여 하나님께서 세우신 자이기 때문에 그에게 순종해야 한다. 이러한 경우 시민이 할 수 있는 유일한 길은 기도이

---

11) Henry R. Van Til, 「칼빈주의 문화관」, 이근삼 역, (성암사 1972), 133.

다.12) 이는 하나님께서 장차 나라들을 심판하시며 과부와 가난한 자의 권리를 짓밟는 자를 벌하시기 때문이다.13) 그러므로 통치자는 하나님의 제약 하에 있을 뿐 아니라 피통치자인 시민 역시 하나님의 이름을 위하여 그의 신성한 의무를 수행해야 한다. 하나님은 결국 시민을 일으켜 폭군을 제거하시든지 아니면 다른 통치자를 보내어 폭군들을 정복하실 것이다. 그러나 이러한 경우 만사에 때가 있듯이 하나님의 특별한 부르심이 필요하다. 합법적인 정치인이 백성을 못 살게 굴고 법을 침범하는 폭군을 제거하는 것은 어디까지나 정상적인 일이다. 이러한 과정을 칼빈주의 학자들은 신성한 항거의 권리, 시민불복종 이라고 하였다.

이같은 가르침과 신학적 전통아래 영국과 독일, 미국과 네덜란드, 스코틀랜드처럼 칼빈주의가 들어가는 곳마다 정치 분야에서 엄청난 변화가 일어났다. 소위 인권을 존중하는 사상과 대의민주주의의 정착이 그것이다. 그것은 칼빈이 제네바에 시 개혁을 위해 도입한 장로와 집사 직의 선택에서 시작되었다. 예일대학교의 윌리스톤 워커(Williston Walker)는 제네바의 개혁자 칼빈 사망 100년 후 칼빈주의의 영향은 구라파에 시민의 자유를 증진시키는데 결정적인 힘이 되었다고 하였다. 최근 한 영국의 저자는 미국에서 칼빈주의의 성취를 "칼빈주의가 화란, 영국 등 이미 전통이 확립된 나라에서 법률과 오랜 생활양식을 변경시켜온 것을 보았다. 그러나 신대륙에서는 칼빈주의가 새 나라를 형성하는데 결정적인 힘이었다. 오늘날 미국이 세계에 미치는 영향력의 근원은 큰 관심거리이며, 그 근원은 칼빈주의의 현저한 승리 때문이었다13)고 하였다. 이 사실은 데이비스가 미국 이주민의 정신은 제퍼슨(Jefferson)이 록크(John Rocke)의 영향을 받기 전에 이미 형성되었다고 한데서 발견된다. 또 데이킨이 미국독립전쟁에 참

---

12) Henry R. Van Til, 「칼빈주의 문화관」, 이근삼 역, (성암사 1972), 134.
13) 4: 20. 17-32.
13) A. Dakin, *Calvinism* (Philadelphia, 1946), 162.

전한 2-300백 만 명의 미국시민은 칼빈주의자의 후예였다고 함으로 강조되었다.

칼빈은 교회와 국가의 관계에 있어서, 국가가 성직자들의 물질적 공급을 해야 한다고 생각하였다. 물론 가난한 사람을 돌보고 청년을 교육해야 한다고 믿었다. 칼빈이 비록 기독교 정부를 마음에 그렸지만 정부의 손에 예리한 무기를 들려줌으로 정부로 하여금 손쉽게 교회를 억지로 그 명령에 복종케 만들었다는 것은 부정할 수 없다. 물론 교회가 민주적 국가를 일으켰음도 배제할 수는 없다. 하지만 칼빈이 실제로 조직한 교회는 현대적인 관점에서 볼 때 민주적이지는 않았다. 왜냐하면 궁극적인 권한과 주권은 그리스도로 말미암아 선택받은 장로들에게 귀속되었기 때문이다.

비록 칼빈의 생전에 교회와 국가의 분리가 제네바에서 실현되지는 않았지만, 그러나 그 교회에서 영적 훈련을 위해 노력한 결과 역사적으로 현실화 되었다. 그 중에 하나가 바로 파문 혹은 출교 교리이다. 이것을 입법하기 위해 칼빈은 장기간 투쟁하였고, 마침내 의회와 격렬히 다투었다. 이에 대하여 워필드는 이것이 국가와 교회가 서로 나눠지지 않을 수 없도록 한 실제적인 문제였다고 지적하였다. 비록 칼빈의 후예들이 이 사실을 충분히 인식하지 못한다 해도, 칼빈 자신은 교회가 독자적이며 영적 영역에서 자기치관이 되기를 소원하였다. 따라서 워필드는 오늘 날 신교주의 국가의 교회들이 예수 그리스도의 교회로서 그 기능을 발휘함에 있어서 누리는 모든 자유는 칼빈의 영적인 훈련의 성공적인 소개와 유지 때문이며 이 모든 것은 칼빈의 덕택이라고 하였다.

(6) 문화관: 상기한 칼빈의 정치관은 문화관과 직결된바, 문화의 전 영역을 교회의 속박에서 자유롭게 확대하였다. 따라서 칼빈은 토마스 아퀴나스의 자연과 은총관을 거부하였다. 토마스에 의하면 세계는 상하로 구분되어, 상반부는 신앙이 주관하고 하반부는 이성이 지배한다. 여기서 은총은 종교와 윤리, 신학과 교리를 포함하며, 자연은 인간의 모든 자연적

활동을 포함하는 문화 영역이다. 저급한 영역인 자연이 여러 가지로 그 자체에 있어서 부적당한 사실을 깨달으므로 아퀴나스 사후 교회는 문화의 전 영역을 교회의 지배아래 둔 채, 신학의 종, 시녀가 되게 하였다. 유명론 철학자 오캄의 윌리암(William of Occam)은 이 주장에 맞서 두 영역을 서로 대립하는 위치에 두었다.

칼빈은 교회와 국가를 나란히 하되 중복되는 제3의 영역을 아디아포라(adiaphora), 즉 무관심사로 양심재판소로 간주하였다. 여기서는 그 누구도 제왕이나 교황도 그 권리를 침해하지 못하였다. 이 영역은 개개인의 취미나 의견을 포함하여 음악, 건축, 과학, 심지어 의식주 모든 문제를 포함한다. 칼빈은 이 모든 광범위한 생활 영역을 교회와 국가로부터 해방을 선언하였다. 그리고 인간 스스로 양심을 통해 하나님 앞에서 책임을 지게 하였다. 여기서 양심과 관련하여 자유에 대한 이해가 요청된다. 칼빈에 의하면 두 가지 경우로 혹 어떤 인간은 자유라는 구실아래 하나님에 대한 순종 대신 무분별한 방종으로 기울었고, 또 다른 인간은 금욕적으로 절제와 질서, 도덕적 구별을 철폐하였다. 이것은 곧 세속주의와 금욕주의적 성향을 보여주는 바, 칼빈은 상기한 두 가지를 모두 반대하였다. 칼빈에게 기독교인의 자유는 본질상 영적이다. 그것은 법의 굴레에서 벗어나 자유의지를 통해서 하나님의 의지에 순종하는데서 성취된다. 예수님은 구원에 이르게 하는 중보자로 율법의 요구에 모든 형벌을 기쁘게 순종하여 하나님께 영광돌렸다. 그러므로 참된 자유는 신앙 안에서 꽃피우며 우리를 덕으로 나가도록 이끈다. 그러나 방종한 자는 육체의 정욕을 위해 자유를 사용한다. 바울은 성도가 자신의 자유를 사람 앞에서가 아닌 하나님 앞에서 행사할 때 비로소 존재가치를 드러낸다고 하였다. 우리는 하나님이 주신 것들, 은사든지 혹은 재물이든지를 방탕과 방임으로 낭비하면 안 된다. 깨끗한 자들에게는 모든 것이 깨끗하나 믿음에서 나오지 않는 것은 죄이다. 그리고 더럽고 믿지 않는 자들에게는 아무것도 깨끗한 것이 없고 저의 마음과 양심이 더러울 뿐이다(딛 1:15).

자유하는 하나님의 자녀는 이 세상을 믿음 안에서 사용하며 하나님의 명령에 순종함으로 그에게 영광돌린다. 하나님이 주신 선물을 악용하지 않기 위해 절제하며, 혹 지상의 축복을 빼앗길 때도 인내하며 순종한다. 성도는 자신의 자유를 사용함에 있어서 사랑을 실천하며 오래 참음으로 이웃을 교화시켜야 한다. 하지만 지상의 것들은 그 자체가 쉽게 죄악에 노출되었다. 그러므로 우리는 그것들을 소유할 수 있지만, 그러나 거기에 마음을 빼앗기지 않도록 삼가야 할 것이다. 문화적 업적과 부의 추구는 그 자체 악이 아니다. 음식을 먹고 마시고, 즐기는 것을 무시할 수 없다. 그러나 부자가 내적 쾌락을 탐닉하고 현세적 즐거움에 취한다면 하나님의 징벌이 따를 것이다. 현재의 향락은 우리를 사명에서 떠나게 한다. 그러므로 신앙인은 이를 경멸해야 한다고 하였다. 그러므로 자체가 선한 것이라도 때로는 악이 될 수 있다. 우리는 만물을 영원의 빛 아래서 보아야 한다.

칼빈은 각자의 신앙과 인격의 성숙도에 따라 문화 활동이 선하기도 악하기도 한다고 하였다. 중요한 것은 신앙에서 나오지 않는 것은 모두가 죄이다. 모든 배교자의 문화는 자신의 작품을 후세에 남김으로 자신을 내세우고, 자신의 영광을 높이려 한다. 그러나 기독인의 자유를 수행물로 하는 칭의의 교리는 인간을 자유롭게 하여 문화적 사명에서 하나님을 섬기게 한다. 아브라함 카이퍼는 칼빈이 중세 인들의 행위 구원의 무거운 부담에서 자유를 줌으로 성경적 개혁을 이끌었다고 평가하였다. 칼빈은 이 세상의 것을 올바로 사용할 것을 강조하고, 신자들의 안목이 하나님의 창조물에 쏠리게 했으며, 그리고 문화적 대리자가 되게 하고 땅을 정복하고 다스리게 했기 때문이다.15) 한편 어거스틴은 노동은 비록 유용하나 그 자체가 하나의 형벌이다고 했으나 칼빈은 모든 사람의 직업은 하나님께서 주신 것이므로 특별한 뜻이 있다. 모든 직업에는 천하고 더러운 직업은 없고, 하나님 앞에서 모두가 중요한 가치를 갖는다.

---

15) *Calvinism* (Grand Rapids, 1943), 117-130.

(7) 경제관: 경제와 관련하여 칼빈은 특별히 설교를 통해 중요성을 강조하였다.[16) 칼빈은 경제관과 관련하여 3가지를 강조하였다. (i) 금전거래: 금리는 중세에 금지 사항으로 성경 눅 6:35; 신 23:19; 시 15편 등으로 입증되었다. 아리스토텔레스는 돈은 아이를 낳지 않는다고 했는데, 이러한 사상이 종교개혁자들에게도 영향을 미쳤다. 그러나 칼빈은 예외적으로 돈 놀이의 위험과 무법을 인식한바, 이자를 금하는 것은 성경은 물론 양심을 속박하는 것이라고 하였다. 그에게는 성경의 권위와 신앙인의 자유 때문이었다. 스콜라 철학자들은 이자놀이를 용서받지 못할 죄로 간주하였다.

성경 눅 6:35은 우리들에게 가난한 사람을 먹이고 사랑으로 돌보라고 하였다. 그러나 칼빈은 유대인의 민법, 신 23:19을 신약시대의 적용하는 것은 바람직 하지 않다고 보았다. 유대인들 간에 있었던 것과 현대 기독인들 사이에 존재하는 형제적 결함에 대한 호소는 상호교류를 위한 규범이 아니다. 카이퍼와 그의 제자들은 이것을 주권영역 문제로 취급하였다. 예를 들면 재판상의 법률과 세부적인 생활양식의 규례와 구별이 있듯이 도덕과 경제적 영역에도 구별이 있기 때문이다. 물론 이자놀이는 좋지 않는 것이다. 문제는 마 5:42, 성경이 금리를 받는 것이나 장사에서 이득을 보는 것을 금하고 있지 않기 때문이다. 오히려 칼빈은 돈의 생산성을 주장하였다. 그는 아리스토텔레스의 돈은 비생산적이라는 말에 맞서 돈의 생산력을 강조하였다.

그러나 출 22:25; 레 25:25-28; 신 23:19-20처럼 가난한 자에게는 이자 없이 돈을 빌려 주어야 한다. 칼빈은 신앙인의 사랑과 사업을 구별하되, 그 결과로 상업과 공업에 투자할 문호를 개방하였다. 따라서 칼빈은 많은 경제학자들로부터 칭찬을 받았다. 대표적으로 막스 웨버(Max Weber)와 토니(R. H. Tawney)는 자본주의를 주장한 자는 바로 칼빈이라고 높이 평가하였다.

---

16) 신 15:11-12; 26:16 참조.

(ii) 칼빈의 경제관은 하나님과 성도들의 공동체와의 관계에 기초하였다. 칼빈은 인격의 귀중성을 깨닫고 그것을 발전시키는데 개인주의 자였으나 동시에 자신을 들어내지 않고 공동사회와 교회, 국가를 위해 헌신하였다. 그러나 정작 제네바의 성직자들은 칼빈 사후 은행 설립을 반대하였다. 제네바가 가난하면 더 강해질 것이라고 믿었기 때문이다. 칼빈은 특별히 중세적 직업관과 무역에 대해 비판하였다. 중세 동안에 농민은 존경받았으나 상인은 심지 않고 거두는 자로 치부되었다. 칼빈은 한 쪽을 무시하고 한 쪽을 과도하게 평가하지 않았다(호 12:8; 창 47:19-23; 요 2:16; 사 23:2). 칼빈은 무역이 두로를 낮춘 것이 아니라 세상일을 너무 좋아하여 그렇게 되었고, 바벨론은 장사로 번영과 치부를 누린 것이 아니라 거만과 자랑 때문에 망했다고 하였다. 결국 칼빈의 고리대금에 대한 평가는 비판적이었으나 예외적으로 아주 까다로운 조건 아래서 예외적으로 허용하였다.[17] 그러나 그는 모든 직업은 소중하며 영광스런 것으로 평가하였다. 그는 자선의 손길이 닿을 수 있도록 교인들이 검소하게 살기를 소원하였다.

초대교회의 교부 어거스틴은 나태의 악을 경고하고 수도사들이 일할 것을 주장하였다. 하지만 그에게 일 자체는 형벌이기에 불가피한 악으로 간주하였다. 그러나 칼빈은 수도원 생활을 교만과 시기와 싸움으로 이끄는 악으로 보았다. 그것은 분명히 나태와 타락을 초래케 하여 세상을 도피하는데서 오는 등, 소위 성직자와 평신도를 나누는 이원론을 낳았다. 성례론은 이 같은 이원론을 더욱 조장하였다. 따라서 어떤 사람은 육체와 세상의 것을 부인함으로 부당한 길을 택하게 되고 어떤 사람은 결혼을 통해 세상 것을 소유함으로 더 저속한 길을 걷게 되었다. 그리하여 하나는 수도사들을 위해, 다른 하나는 일반 죄인으로, 기만하는 자를 위한 이중적인 도덕적 발전을 이루었다. 토마스 아켐피스(Thomas a Kempis)는 「그리

17) 자크 바전, 「새벽에서 황혼까지 1500-2000: 서양문화사 500년」, 이희재 역, (민음사, 2012), vol. I., 95.

스도를 본받아」(*Imitation of Christ*)에서 이원론을 높이고, 병적으로 철학과 학문과 예술을 멸시하였다. 그에게 정신적 감각적 쾌락은 영적 즐거움을 위태롭게 하기 때문이었다.

칼빈은 수도사들의 모든 계약을 부정하였다. 이는 하나님께서 교회에 주신 법보다 더 완전한 법이 성직자에게 있다는 가정 때문이었다. 그에 의하면 가톨릭의 성직 계약은 하늘의 것과 땅의 것 간에 부자연한 구별을 짓는다. 그러나 하나님은 그의 자녀가 모두 완전하기를 원하신다. 칼빈은 우리가 이 한계를 넘어 법을 제정할 수 없다고 하였다(빌 3:15; 요일 3:12). 그러므로 기독인의 완전은 기독인이 사명을 수행하는 그 안에서 찾아야 한다. 칼빈은 금식을 전적으로 금하지 않지만 그것은 미신으로 퇴보하기 쉽다고 하였다. 그리고 가톨릭의 수도사들의 결혼 금지를 비판하였다. 그 이유는 그들의 독신생활이 억제할 수 없는 욕정에 사로잡혀 간음이 성행하기 때문이다.[18) 하나님은 사람에게 자유를 주셨으며, 우리는 그 자유를 침범해서는 안 된다(딤전 3:2; 딛 1:6). 그리고 자칫 이것은 배교자와 훼방자들에게 교회를 악평할 증거를 제공한다. 하지만 결혼은 그리스도께서 자기와 교회의 결합을 성스러운 결혼으로 비유하셨다(딤후 4:13). 이처럼 칼빈은 수도원 생활을 공격했으나 비평가들은 그를 금욕주의자라고 하였다. 그들은 칼빈이 먹고 마시는 것 밖에 세상의 것을 사용하는 것을 부정했다는 것이다.

(iii) 칼빈은 이후 사람의 의무와 직업, 미와 부업, 예를 들면, 골프를 포함한 일반적인 경기들에 대해 허용적이었다. 그는 일상의 농업이나 상업을 포함한 미술품과 예술품에 대해, 넓은 의미의 문화를 옹호하였다. 칼빈은 사치생활을 반대하며 기독교인의 생활원리에 대하여 언급하였다. 칼빈에게 죄는 물질이 아니고 인간의 마음이었다. 악은 빛깔, 소리, 음식, 의복에 있지 않고 하나님의 선한 선물을 남용하고 소란을 부리고 술취하고

---

18) 4: 12.23-28.

타락하는데 있다고 보았다. 거룩이란 어떤 육체적인 기능을 회피하거나 하나님의 선물을 거절하지 않고 그것을 믿음으로 받아 하나님의 영광과 교회의 발전을 위해 사용하는 것이다(신 11:15, 12:15, 22:5,; 삼상 25:36-43; 암 6:4; 약 5:5; 사 3:16).[19] 의복 활용에서 칼빈은 목적을 생각하며 지나친 낭비와 유행에 따라 변하는 스타일, 남에게 보이기 위한 옷을 삼갈 것을 경고하였다. 그에게 소박과 절제가 하나님의 선물을 올바로 사용하는 기본 요소이기 때문이다. 그렇게 함으로 하나님의 선물을 사용하지 않고 감사하지 않는 죄를 범하지 않게 된다.

이와 관련하여 칼빈의 비평 자들도 칼빈주의가 루터주의보다 훨씬 더 사회에 영향을 미쳤다고 평가하였다. 사상가 트뢸치(Troeltsch)는 칼빈주의적 금욕주의를 활동적이며 공격적이라고 하였다. 즉 그것은 세상을 변화시켜 하나님께 영광을 돌리게 하며, 그렇게 하기 위해 논리적 이론과 교회 훈련을 통하여 전 생애를 합리화하며 교화한다. 이는 피상적이기 보다는 사실은 하나님의 영광과 교회를 위하여 일하려는 정열로 가득하다. 그러므로 칼빈주의적 논리는 생생한 활동과 엄격한 훈련과 완전한 계획과 사회적 기독교의 목적을 낳게 한다. 이 금욕주의는 응당 사회속에서 작용하도록 준비된 열심을 품고 세상 사에 참여하며, 하나님의 영광을 위하여 세상에서 선한 것을 취하게 한다. 그러므로 칼빈주의적 금욕주의는 언어도단이다. 칼빈에 의하면 우리에게 꼭 필요한 물질의 사용을 허용하지 않고 하나님께서 우리에게 빼앗아 갈 뿐만 아니라 인간의 모든 감각을 약탈하여 감각없는 물체가 되게 할 때까지 하나님의 선물을 받아 들이지 못하게 하는 이 몰인정한 철학을 버려야 한다고 하였다.[20]

칼빈은 재세례파와 자유주의자들의 재산 공유를 비판하였다. 그에 의하면 이들은 하나님의 일반 은총과 성경의 권위를 부정하기 때문이다. 오

19) Henry R. Van Til, 「칼빈주의 문화관」, 이근삼 역 (성암사 1972), 146.
20) 3: 10.3.

히려 이들은 극단적으로 자유로운 생활을 하되 성경을 거부하였다. 그리고 영적인 결혼이라는 미명아래 동물과 같은 무질서한 생활을 하고 결국 범죄한 아담처럼 방임하였다. 무엇보다도 아내를 공유하는 동물적인 정욕과 아무런 상관이 없는 자들의 재산공유를 비판하였다. 칼빈은 너무 지나친 욕심으로 물질을 소유하려 해서는 안 되며, 필요한 빵을 얻기 위해 정직하게 일할 것과 모든 악한 행동을 버려야 한다. 그리고 적게 가진 사람도 하나님께 감사하는 것을 소홀히 해서는 안 되며 가진 것에 만족하고 또한 많이 가진 사람도 과도히 소비해서는 안 된 다고 하였다.[21]

(8) 미관(美觀): 개혁자 칼빈은 미적 감각이 뛰어난 사람이었다. 특히 그는 자연에 나타난 하나님의 창조를 통해 아름다움, 우아함, 찬란함 등의 말을 적절히 활용하였다. 헬라와 로마 시들이 그의 저서에 종종 인용되고 있으며, 시편을 즐겼다. 그는 자연적인 아름다움을 잘 표현하였다. 칼빈은 성경을 통해 언제나 살아있는 하나님을 보았고 어린 아이와 같은 두려움으로 코람 데오 하였다. 그는 음악, 조각, 언어, 형태 등 모든 것은 하나님의 주권적 사역으로 그분과 깊이 연관 되었다고 믿었다(사 10:22; 출 15:11). 칼빈에게 미는 오직 하나님의 위엄과 영광의 빛나는 광채였다. 그러므로 하나님과 미를 분리하는 것은 우상숭배요 배교 행위이다. 인간의 하나님과의 윤리적 관계 단절은 타락의 결과이다. 그 결과 인간은 하나님을 알지도 못하며 사랑하지도 않게 되어, 하나님의 마음에서 떠났다. 이러한 비참한 상태에서 인간은 소경이 되어 질서 의식과 사물을 헤아리는 능력을 상실하였다. 단지 겉으로 나타난 것만 볼 수 있게 되었다. 따라서 미는 곧 우리를 하나님과 관계를 맺게 하지는 못한다. 그럼에도 불구하고 미는 하나님의 선과 지혜와 전능성과 의와 섭리적 간섭을 계시해 준다. 불신자들이 변명할 수 없음은 이 하나님의 의가 우주에 편만해 있기 때문이다. 언

---

21) Henry R. Van Til, 「칼빈주의 문화관」, 이근삼 역, (성암사 1972), 148.

제나 미는 명철과 표준과 완전으로 이루어졌다.

하나님의 영광은 아들 안에서 육체로 나타났다. 예수 그리스도는 모양도 우리가 흠모할 고운 맵시도 없다. 아름다움도 없으나 우리가 흠모할(사 53:2) 영적인 아름다움이 그에게 있다. 그러므로 그를 본 자는 아버지를 본 자이다(요 14:9). 그의 영광을 바라보고 아버지의 독생자의 영광을 보게 된다(요 1:14). 그러므로 예수 그리스도는 하나님을 실재모습으로 보여주는 최고 최상의 실존이다. 그분은 영원한 생명을 주시는 하나님이다. 그를 믿으면 영생을 얻는다. 하나님은 일반 은총을 통해 하나님의 미적 감상력을 갖고, 즐기며, 나아가 창작할 수 있다. 이것은 곧 창조주 하나님이 주신 은혜이다. 철학자 플라톤도 미는 미술가만이 갖는 독자적인 원리라기보다는 영원히 활동하는 지혜와 영원한 창작의지의 빛이라고 하였다.[22] 인간에게 부여된 천성적인 본능에서 미를 바라 볼 때 예술로서 미를 창작하고 전달하려는 마음이 불붙듯이 일어나게 된다.

이것은 하나님의 형상대로 창조함을 받은 인간에게 부여된 창조 목적 실현을 위해 하나님이 주신 선물이다. 비록 범죄 타락했어도 소멸되지 않고 인간이 즐길 수 있는 은총이다. 하지만 죄가 인간의 충절을 변조시켜 피조물 가운데 계시는 창조주를 찾지 않고 오히려 피조물을 찾기에 이른 것이다. 죄인으로서의 인간은 나타나는 실존만을 받아들이고 심지어 그것을 절대화하여 그것을 예배하게 되었다. 죄인은 외양만 그럴듯한 미를 찾음으로 허망한 기쁨과 감각적 욕망만을 가져다주는 육적인 미만을 추구한다. 이것은 곧 배신행위요 무가치한 삶이다. 그러나 예술은 자연적인 선물이며 인간의 것이다. 예술가는 재창조자다. 그는 하나님이 세상을 만드신 것처럼 예술작품을 만든다. 예술가는 다른 사람보다 창조의 미를 더 잘 볼 수 있는 재능을 가진 자이다. 그러므로 예술가는 하나님이 만든 피조세계를 바라보는 주관, 특별히 신앙적 주관을 가져야 한다. 그는 겸손해야

---

22) Henry R. Van Til, 「칼빈주의 문화관」, 이근삼 역, (성암사 1972), 154.

하며, 인내를 갖고 통찰력 있게 준비해야 한다. 인간의 행위가 하나님의 창조의 행위를 지향할 때 예술은 비로소 창작적인 것이 된다.

예술가는 성경과 성령을 통해 배우고 순종해야 한다. 자연은 인간 교육을 위해 하나님께서 주신 것이지만 맹목적으로 자연에 따라가서는 안 된다. 작품은 정신 속에 있어야 하며 창조의 의미와 목적을 따라야 한다. 우상숭배로 얼룩진 헬라의 예술처럼 예술을 위한 예술을 추구해서는 안 된다. 기독교적인 예술은 구속받은 성도들의 은총에 대한 감사로, 이 땅에 하나님의 나라를 견고하게 할 목적으로 진행되어야 한다. 예술은 두가지로, 기계적인 것과 자유로운 것이다. 전자는 건축이나 조형미술, 후자는 음악과 회화, 문학 등이다. 결국 예술은 하나님의 정하신 규칙 안에서, 창조의 질서 안에서 더욱 영적으로 성숙해야 한다. 이러한 관점에서 건축에 대해 칼빈은 이교도들은 그들의 사원에 외부적 미를 과시하려고 채색하였다. 그러나 종교적 미는 형식보다는 신자들의 정신적 결합, 연합에 있다고 하였다. 그러므로 가톨릭처럼 말씀과 어긋나는 예배를 드리면서 아름다운 교회 당 만을 건축하는 것은 허영이다.[23] 피조물을 위해 자연의 법칙을 어기고 자연에게 신성을 부여하는 것은 우상숭배이다. 이러한 예술을 함부로 예배에 참여해서는 안 된다. 지상적인 것이 창조되지 않은 신령한 것을 대신할 수는 없기 때문이다. 예배 의식은 피조세계가 그렇듯이 하나님의 영광을 반영해야 하는 것은 하나님이 이 모든 것의 중심이기 때문이다. 하나님은 한 분이시기 때문에 단순해야 하며 그는 거룩하기 때문에 예배는 순결해야 한다. 지혜로 만물을 지으셨기에 예배는 질서가 있어야 한다.

음악은 예배에 합당하다는 점에서 예술의 최고이다. 음악의 대상은 하나님이며 그의 피조물이다. 하나님의 영광과 인간의 승화가 음악의 목적이며, 영감받은 시는 음악의 수단이다. 인간이 부르는 노래는 우주를 통해

---

23) Henry R. Van Til, 「칼빈주의 문화관」, 이근삼 역, (성암사 1972), 156.

발산하는 하나님의 선에서 오기 때문에 하나님이 노래의 중심 사상이며, 중심의 감정이 되어야 한다. 그러므로 신령과 진정으로 그분의 이름을 높여야 한다. 칼빈은 공예배시에 찬송가를 금하지 않았으나 다윗의 시를 즐겨 사용하였다. 노래는 우리의 마음을 움직여 하나님의 이름을 더욱 진지하게 부르도록 하므로 무한한 힘의 저장소이다. 노래를 통해 우리가 유혹에 빠질 때 혹은 박해를 받을 때 힘을 얻으며, 우리의 영을 새롭게 한다. 16-17세기 박해 시에 스코틀랜드의 언약도들과 프랑스의 개혁자 위그노들이 즐겨 불렀다.[24] 노래를 통해 교회가 서며, 성도들은 거룩한 사랑의 유대로 하나가 된다. 칼빈은 비록 세속적인 음악도 그것이 하나님의 손에서 나온 피조물을 대상으로 하기 때문에 귀하게 취급하였다. 그러므로 우리 마음의 기쁨과 환희를 통해 하나님께 영광을 돌려야 한다. 타락케 하고 좋은 습관을 해치는 일은, 무엇보다 육을 찬양하는 음악, 소위 세속 음악은 거부되어야 한다. 건전하지 못한 가사나 요염한 행동이 사람의 마음에 침투하는 것은 마치 술이 목구멍을 통해 들어가 생명을 해치는 독소가 되는 것과 같다.

　듀멜규는 칼빈이 시편 예배를 도입하여 문화에 혁명적인 변혁을 가져왔다고 하였다. 칼빈 이전에는 예배 시에 시편 찬송을 몰랐다는 것이다. 1537년 칼빈은 냉냉한 회중을 자극하여 기도하며 하나님을 찬양하기 위하여 제네바에서 회중이 찬송을 부를 것을 제안하였다. 칼빈은 1539년 자신이 제네바에서 추방 된 후 스트라스부르그에서 자작 시를 포함하여 시편에 음율을 붙여 사용하였다. 그 중에 시 36편과 68편이 전쟁 시에 사용되었다. 사실 당시 로마 가톨릭 교회가 지나칠 정도로 음악을 남용하고 또는 오용하였기 때문에, 츠빙글리와 루터, 칼빈 당시의 교회의 부패상을 들추어냈다. 칼빈의 이같은 창조적인 예배 개혁의 발상은 시편의 음율과 강략, 다양한 곡을 발전시키는 결과를 낳았다.[25]

---

24) Henry R. Van Til, 「칼빈주의 문화관」, 이근삼 역, (성암사 1972), 157.

칼빈에게 음악과 함께 많은 저술과 저작은 고상한 예술이었다. 그는 성
경을 귀중히 여겼으나 일반은총을 존중하였다. 하지만 참된 신자들은 이
땅의 문화를 보충하고 자극하여 피조물을 생동감 있게 깨우쳐야 한다. 그
러므로 신앙심이 없는 자의 수고와 노력으로 이루어지는 학문, 예를 들면
물리학, 윤리학, 수학, 예술 및 과학을 이용하여 주님을 기쁘시게 할 수
있다면, 최대한 그것을 이용해야 한다. 그렇지 않으면 하나님이 우리에게
값없이 주신 축복을 무시하여, 사용하지 않음으로 배은망덕의 죄를 짓는
것이 된다. 그러나 칼빈은 언제나 타락 이후 존속하는 자연의 선물은 부
패되었으며, 의미 없는 지식만을 낳게 할 뿐이라고 하였다.[26) 하나님은
얼마간에 신의식을 남겨 두셨기 때문에 그들이 무시하여 불신앙에 떨어졌
다는 변명을 할 수 가 없다. 그러나 그들은 눈 앞에 있는 대상을 보고도
진리로 향하지 못하며 거기에 도달할 수는 없다. 이것은 마치 사람이 동
굴 속에서 벽을 등지고 앉아 있기 때문에 그림자의 모습만을 볼 수 있다
는 필라톤의 동굴의 비유를 상기 시킨다. 칼빈은 플라톤을 가장 종교적이
고 현명한 철학자였으나 드넓은 지구안에서 자신을 잃은 학자였다고 하였다.

칼빈의 저술 중에 성경을 해석한 주석이 있지만 무엇보다 기독교 강요
는 당시 이후 지금까지 그 어떤 것도 비교될 수 없는 작품이었다. 그는
천성적으로 자제성의 결함과 통제, 바보처럼 대중의 취미를 따르는 것을
싫어하였다. 비록 짧은 글이라도 그의 문체는 연속성과 논리성, 독자성과
종속성이 돋보였다. 칼빈은 요리문답과 교리, 예배 모범에 관한 논문집과
소논문집, 그리고 서한 집을 남겼다. 그는 일관된 사상, 신학적 체계 안에
서 때로는 예민하고 조급했으나 모든 것을 하나님 절대 주의 신앙으로 극

---

25) 개혁 당시 가톨릭 교회는 사제와 함께 예배 시에 성가를 부르면, 회중들은 나는 그대
에게 반했어도, 사랑은 눈물의 씨앗이예요. 나는 당신을 사랑해요 같은 세속 음악을
불렀다. 이 같은 교회의 습관을 개혁하기 위해 많은 사람들이 노력했으나 종교 개혁
이후 200년 동안 아베 마리아 곡들이 유행가에 맞추어 사랑의 노래곡이 되었다.
Henry R. Van Til, 「칼빈주의 문화관」, 이근삼 역, (성암사 1972), 158.

26) 3: 2. 16 참조.

복하였다.

(9) **교육관:** 칼빈은 일반은총을 소중하게 생각하는 등, 예를 들면 불신자들의 예술도 때로 우리의 스승이 된다는 것으로 매우 폭넓은 견해를 가졌지만, 그리스도와 사탄 간의 공존하는 대립과 반대를 잊지 않았다. 칼빈에게 교육은, 특별히 제네바의 젊은이들을 위한 관심은 제네바 아카데미의 설립으로 열매를 맺었다. 많은 난관 속에서 칼빈은 1558년 학교 부지를 마련하고 시 의원들을 설득 한 후 마침내 승인받았다. 그는 학교 설립에 소요되는 자금을 지원하기 위하여 스스로 기부를 청하고 적금운동을 벌였다. 유언 때에는 그들의 자산을 기증하도록 촉구하였다. 그리하여 1563년 건물이 완공되었고, 교수 확보를 위해 온 힘을 기울였다. 1559년 9월 5일 베자는 교장 취임사에서 제네바를 미신에서 풀려나기 위해 학교를 설립한 것을 축하하였다. 칼빈은 자신이 설립한 학교 였지만 예배 시에 간단한 기도로 대신하였다. 그는 제자 베자를 교장으로 하여 자신을 내세우지 않고 후원하였다.[27] 칼빈은 제네바 아카데미의 설립으로 미래를 위한 요새를 구축하였고, 최초의 자유의 본지가 되게 하였다.

제네바 교육의 기본 목적은 하나님과 피조물을 알고 하나님을 섬기는 것이었다. 이것은 고전에 나타난 역사와 자연과학을 통한 자연의 연구로서 얻을 수 있는 것이다. 그러나 인간의 타락 이후 자연인은 중생하지 않고는 하나님을 아는 참 지식과 세상을 아는 지식에 이르지 못한다. 그러므로 인간은 다만 중생을 통해 성경에 나타난 하나님의 계시를 깨닫고 올바른 발전을 할 수 있다. 칼빈은 우리는 인간의 지혜와 문화를 그리스도의 빛 아래서 보지 않는다면 그것은 연기와 같으며, 인간의 모든 예리한 통찰력을 가지고 하나님의 신비의 지식을 해득하려는 것은 마치 당나귀가 음악의 화음을 이해하려는 것처럼 어리석은 것이다. 예술과 과학의 연구

---

26) 서요한, 「종교개혁사」, (도서출판 그리심, 2013), 351-373 참조.

는 인간의 천재를 찬양하고 선택된 소수의 즐거움을 위한 것이 아니고 하나님의 보다 큰 영광을 위함이다. 칼빈은 학문이란 개인적 관심이 아니고 다른 사람을 가르치는 것이며, 이 과정은 하나님에 대한 봉사와 그의 나라에 이바지하는데 수종들게 함에 있다. 인문교육은 인생의 목적 즉 하나님의 뜻을 행하기 위해 성경을 이해하는 것에서 출발해야 한다. 인문과학은 우리의 눈이 성령으로 열리기 전에는 참되 하나님의 지식을 주지 못한다. 철학과 수사학의 연구는 그 궁극적 목적이 성경을 통해 말씀하시는 하나님의 계시를 보다 더 깊이 이해하는데 있다.

4. 결론

문화 신학자 칼빈은 모든 문화 현상을 통해 그리스도의 말씀을 이 세상에 이식하려하였다. 신앙으로 인간은 의롭게 되며 중생으로 그리스도의 형상으로 새롭게 된다. 그러므로 성화하는 말씀의 감화는 세상에 있는 사람의 모든 실존에까지 넓혀야 한다. 모든 인간은 문화적 요구를 완수할 신성한 사명을 갖고 있다. 왜냐하면 만물은 모두 우리의 것이고 우리는 그리스도의 것이기 때문이다. 하지만 하나님 앞에서(Coram Deo), 주를 위하여 삶으로 절제하며 인내하고, 우리의 매일의 사명에 충실해야 할 것이다. 칼빈은 인간이 미래를 바라보는 존재, 종말론적으로 정리하였다. 그러므로 모든 것은 영원한 빛 아래서 조명 되어야 한다. 이 세상은 잠깐 있다고 없어지기 때문에 세상 것에 사로잡히지 않고 그것을 소유할 줄을 알아야 한다. 문화는 없어지지 않기 때문에 하나님께 영광을 돌리며 그를 봉사하도록 해야 한다. 하나님께 영광을 돌리지 않는 인간의 행위는 자기 패배에 지나지 않는다. 오직 하나님께만 영광이!(*Soli Deo Gloria!*). 이것은 구원에 이르게 하는 그리스도와 인간의 문화 활동에 대한 칼빈의 삶의 표어요 목표였다. 그는 진정 사도 바울처럼 그리스도에게 붙잡힌 하나님의 사람이었다.

제자도의 원리

칼빈주의와 신앙
-개혁주의 신앙고백서-

부록 II: 칼빈주의와 신앙: 개혁주의 신앙고백서

1. 서론

16세기 격동기에 종교 개혁자들은 자신들의 믿는바 신앙을 일목요연하게 신앙고백서에 기술하였다. 이 후 여러 형태의 고백서들이 출현하여, 발전하는 과정에서 교파마다 신앙의 목적과 신학적 내용, 그리고 적용 방식이 다르지만 역사적 전통과 신학적 중심은 칼빈주의였다. 세속주의의 도전과 자유주의 신학의 등장으로 극히 일부 교회와 교단을 제외하고는 대체로 고백서들은 성경의 계시와 영감을 기초로, 철저히 성경의 권위에 종속되었다. 그리하여 믿는 자의 구원과 축복, 교회의 본질과 사명을 성취하는데 헌신하였다. 예를 들면, 찬양과 경배, 복음전파와 교육, 구제와 신앙의 변호 등이었다. 개혁주의 고백서들은 칼빈의 모범을 따라서 믿고, 행하고, 무엇보다 교회 밖의 사람들에게 어떻게 복음을 전파해야 하는지를 지혜롭게 가르쳐 주었다. 그리하여 칼빈은 제네바를 제2의 비텐베르크로 만들었다.[1]

---

1) 자크 바전, 「새벽에서 황혼까지 1500-2000: 서양문화사 500년」, 이희재 역, (민음사, 2012), vol. I., 89-90.

특별히 17세기 정통시대에 각각의 전통을 따라서 칼빈주의 신앙을 수호, 증진시키며, 로마 가톨릭교회와 개신교 내 다른 단체들과 개혁주의 교회를 구분하는데 활용되었다. 그 신앙고백서들 중에 중심은 칼빈의 저술들로 제네바 교리문답(1537), 제네바 신앙고백서(1536) 등이며, 그 후 칼빈의 저술을 모델로 여러 나라와 지역에서 작성된 것들로, 제1, 2스위스 신앙고백서(1536, 1566), 스위스 일치신조(1675)로 대표되는 스위스-헝가리 계통의 신앙고백서, 스코틀랜드 신앙고백서(1560), 영국의 39개 신조(1563), 웨스트민스터 총회에서 제정된 웨스트민스터 신앙고백서(1647), 대소요리문답(1648)의 스코틀랜드와 양국 계통의 신앙고백서, 벨직 신앙고백서(1561), 하이델베르크 요리문답(1563), 돌트신조(1618-1619)로 대표되는 네덜란드-독일 계통의 신앙고백서 등이다.[2] 이 중에서 현재 개혁주의 교회들이 가장 선호하는 고백서들은 벨직 신앙고백서, 스코틀랜드 신앙고백서, 하이델베르크 요리문답, 돌트 신조, 제2스위스 신앙고백서, 웨스트민스터 신앙고백서와 대소요리 문답서 등이다.

2. 존 칼빈의 신앙고백서

(1) **제1제네바 요리문답서**(The 1st Geneva Catechism, 1537): 이 교리문답은 1536년 11월과 1537년 1월 사이 칼빈이 작성하였다. 이것은 그가 1536년 8월 우연히 제네바를 들린 중에 당시 가톨릭 신부들과 어려운 싸움을 벌리고 있던 종교 개혁자 윌리암 파렐(Guillaume Farel)의 요청과 설득으로 개혁 운동에 가담한 몇 개월 후 작성한 것이다. 이후 칼빈은 제네바시의 소의회(Le Petit Conseil)로부터 인준 받은 후, 1537년 2월 인쇄, 배포하였다. 칼빈은 본 교리교육서의 특징을 루터의 대요리문답서(Grosser Katechismus)를 모델로, 십계명 – 사도신경 – 주기도문 – 교회(성례)의 구조

---

2) 조엘 비키, 58.

로 나타냈다. 그러나 내용은 1536년 판 '기독교강요'의 요약이었다. 전체 58개 조항의 문답서는 신앙고백적 서술 형태이며 1536년 프랑스판과 1537년 라틴어 판으로 출간되었다.

칼빈은 문답서를 기독교 강요 첫 장과 같이 '하나님과 사람에 대한 지식'으로 시작하였다. 세부 주제들은 아래과 같이 정리되었다. 모든 인간은 하나님을 인식(예배: 라틴판)하기 위해 태어났다. 참 종교와 거짓 종교의 차이, 우리가 하나님께 대하여 인식해야 할 일, 인간과 자유의지, 죄와 죽음, 구원과 생명의 회복, 율법(십계명 소개)과 율법의 요약 및 의의(율법의 1, 2, 3용법 소개), 우리는 신앙을 통해 그리스도를 인식한다. 선택과 예정, 신앙은 하나님의 은혜이다. 우리는 믿음을 통해 그리스도 안에서 의롭게 된다. 우리가 신앙을 통해 거룩하게 된 것은 율법에 복종하기 위함(3용법)이다. 회개와 중생, 선행과 신앙의 관련성, 사도 신경 소개, 주기도문 해설, 성례전: 세례와 성찬(영적 임재설), 교회의 목사들과 그들의 권위 존중, 인간의 전통에서 교회 질서의 존중, 권징, 정부, 즉 국가 위정자의 권위 존중 등이다.

(2) 제네바 신앙고백서(The Genevan Confession, 1536): 칼빈(J. Calvin)은 자신의 '제1 제네바 요리문답'을 21개 조항으로 요약하여 '제네바 신앙고백서'를 작성하였다. '제네바 요리문답'은 성도들의 신앙 교육용이었지만, 이 고백서는 제네바 전체 시민들이 서약하도록 공적 권위를 강화하였다. 따라서 개혁교회 신조들 중에서 공적권위를 부여한 최초의 고백서였다. 1항의 특징은 성경의 권위 강조이며, 이 후 내용은 "영적 통치를 위해 다른 교리를 거부하고 더 넣지도 빼지도 않으며 오직 우리 하나님의 명령인 성경만을 받아들인다." 한 분이신 하나님, 만민을 위한 하나님의 법칙(십계명), 본성적 인간, 범죄한 인간, 예수 안의 구원, 예수 안에 의로움, 예수 안의 새로 태어난 삶, 신자에게 항상 필요한 죄 사함, 하나님의 은혜에 의한 선과 믿음, 하나님께 구하는 기도와 그리스도의 중

보, 바른 기도, 성례전: 세례(유아세례 인정)와 성만찬(영적 임재설 제시, 화체설은 우상숭배임), 인간의 전승과 교회질서, 교회의 본질은 말씀과 성례전이 교회의 기초, 권징, 하나님의 말씀에 쓰임 받는 사람으로서의 목사, 마지막 내용은 정치적으로 국가 위정자의 권위를 인정하였다.

(3) 제2제네바 요리문답(The 2nd Geneva Catechism, 1541): 칼빈은 1541년 9월 제네바 시 행정부의 요청에 의해 스트라스부르그에서 제네바로 귀환하였다. 그때 칼빈은 자신이 목회직 재수락 조건으로 '교리문답 교육'을 제시했으며 귀국 후 수정 된 두 번째 '요리문답서'를 1541년과 1542년에 프랑스 판, 1545년에 라틴어 판을 출간하였다. 그 후 일종의 총리 자격으로 제네바를 우지좌지하려는 군주와 맞서 싸웠다. 칼빈은 조언과 위협, 유화책을 섞어 가면서 개신교 정착에 온 힘을 기울였다. 그 과정에서 그는 어떤 사소한 교리상의 양보도 용납하지 않았다.[3] 이것은 '제1 요리문답'과 달리 목사와 학생의 대화체 '문답 형태'로 구성되었고, 전체 373문을 55과로 나누어 1년 동안 매주 교육하게 하였다.

라틴어판에서 칼빈은 그리스도의 교훈을 자녀들에게 가르치기 위한 교리문답이다.' (hoc est, formula erudiendi pueros in doctrina Christi)라는 제목으로 시작하였다. 55과는 곧 55주일로 구성(52주와 3절기)된 바, 그 구조는 첫 번째와 달리 '사도신경-십계명-주기도문-교회(성례)'의 구조로 전환하였다. 이런 구조적 특징에서 칼빈의 율법에 대한 중요한 이해가 발견된다. 즉 십계명을 사도신경 뒤에 둠으로 루터의 문답서에 나타나는 '율법과 복음'의 구조가 '복음과 율법'의 구조로 전환된 것이다. 칼빈은 율법의 제3 용법을 통해 율법이 단지 구원받는데 필요한 것이 아니라 구원 받은 이후에도 성도들의 '삶의 규범'으로 하나님의 뜻을 제시해 주는 것으로 이해

---

3) 자크 바전, 「새벽에서 황혼까지 1500-2000: 서양문화사 500년」, 이희재 역, (민음사, 2012), vol. I., 89.

하여 성경 교육의 중요성을 강화시켰다. 이 밖에 예정론의 세밀한 내용과
위정자에 대한 내용은 학생들을 위한 요리문답서란 이유와 특징으로 제외
하였다.[4]

3. 스코틀랜드 제1 신앙고백서(The Scots Confession, 1560)

격동의 16세기 존 낙스의 스코틀랜드 개혁교회는 기즈의 메리(Mary of
Guise, 1515-1560)가 죽고 프랑스 군대가 철수하자 이 기회를 틈타 영국의
메리 여왕이 도착하기 전에 1560년 8월 1일 에든버러에 의회를 소집하
였다. 이들은 교회 문제와 관련하여 로마 가톨릭의 교황 제도를 추방하
고 예배와 권징의 순수성을 회복하며, 경건한 목사를 후원하기 위한 교
회의 수입을 마련하며, 학문을 장려하고 가난한 자들을 구제하는 방식을
수립하자는 청원서를 의회에 제출하였다. 청원서에 대한 대안으로 개혁
교회의 목사들로 하여금 이 정신을 대변할 수 있는 신앙고백서를 제정할
것을 건의하였다. 이 청원에 따라서 소위 6명의 존, 녹스(J. Knox)와 윈램
(J. Winram), 스포티스우드(J. Spottiswood), 윌록(J. Willock), 더글라스(J.
Douglas), 로우(J. Row) 등이 고백서를 작성하였다.

---

4) 이 밖에 (1) 제네바교회 헌법(The Ecclesiastical Ordinances of Church of Geneva,
1541): 칼빈과 파렐이 스트라스부르크에서 제네바로 돌아온 후 시의회에 제네바 교회
개혁 법안을 제출하였다. 이 헌법은 이 후 스코틀랜드 치리서와 웨스트민스터 정치모범
의 기초가 되었다. 내용의 핵심은 월 1회의 성찬 실시, 권징의 권한은 국가가 아니라 개
교회 당회가 소유할 것, 개 교회의 치리회 구성 제안, 시편 찬송과 교리문답(신조) 교육
의 실시가 포함되었다. (2) 제네바 교리문답(Catechism of The Church of Geneva,
1552): 피기우스(Albert Pighius)가 예정론을 비성경적인 것으로 비판하자 1542년 이
후 칼빈은 예정론 교리의 보존을 위해 논쟁에 참여하였다. 또한 1550년경 제롬 볼섹
(Jerome Bolsec)의 예정론 공격으로 개혁교회가 예정론에 심각한 도전을 받았다. 이
과정에서 칼빈은 예정론을 신조에 보존하고자 '제네바 신조'를 작성하였다. 주로 피기
우스에 대한 반박을 통해 성경적 예정론을 정립하였으며, 칼빈이 작성하고 제네바 목사
들이 서명하였다. 그러나 베른, 바젤, 취리히 등 제네바 밖에서는 소극적이었다.

이 신조는 1560년 8월 18일 귀족, 성직자, 평민이 공동으로 수용할 것을 결의하고 특별히 '무오하신 하나님의 말씀에 기초한 교리' 라는 문구를 담았다. 그러나 정치적 갈등으로 1567년 의회에 의해 공적으로 승인되었다. 의회는 '복음을 설교하는 목사들과 본 스코틀랜드 신앙고백서에 따라 그리스도를 고백하는 사람들만이 스코틀랜드 안에서 유일하고 참되며 거룩한 예수 그리스도의 교회' 라고 선포하면서 신앙고백서의 권위를 높였다. 향후 이 고백서와 함께 스코틀랜드는 공교육이 강화되었다.[5]

전체 구조는 25개 조항이며, 세부 항복은 아래와 같다. 1장 삼위일체 하나님, 2장 인간의 창조, 3장 원죄, 4장 약속의 계시, 5장 교회의 지속과 증가, 6장 성육신, 7장 이성일인격, 8장 선택론, 9장 그리스도의 죽음, 고난, 장사, 10장 부활, 11장 승천, 12장 성령(구원의 주최), 13장 선행은 하나님의 열매, 14장 선행의 기준은 십계명, 15장 율법의 요구(3 용법), 16장 교회의 본질(선택 받은 신앙 공동체), 17장 영혼의 불멸, 18장 참된 교회와 거짓 교회 구분(말씀의 참된 설교, 성례전의 올바른 집행, 권징의 신실한 시행), 19장 성경의 권위, 20장 총회와 그 힘과 권위, 소집 이유(권위 존중), 21장 성례전(영적 임재설), 22장 성례전의 올바른 집행(로마 가톨릭교회의 화체설 반대, 여자 집례 반대), 23장 성례전 참여자(당회의 조사 요구), 24장 국가 위정자 인정, 25장 교회에 주신 은사들을 취급하였다.

4. 벨직 신앙고백서(1561)

이 고백서는 위에 언급한 신앙고백서 중에 초기의 것이다. 본래 명칭은 컨페시오 벨지카(Confessio Belgica)로 17세기에 통용된 라틴어에서 기원하였다. 그 말의 뜻은 현재의 네덜란드와 벨기에 어로 구분되는바, 베네룩스

---

5) 자크 바전,「새벽에서 황혼까지 1500-2000: 서양문화사 500년」, 이희재 역, (민음사, 2012), vol. I., 98-99.

대륙 전체를 가르친다. 따라서 벨직 신앙고백서는 네덜란드 신앙고백서라고 부른다. 역사적으로 이 고백서는 1559년 존 칼빈의 계획아래 프랑스 개혁주의 신앙을 진술한 프랑스 신앙고백서를 따라 작성되었다. 이 신조는 사라비아(Adrien de Saravia, 1532-1613)와 오렌지 공(Willem III van Oranje, 1650-1702)의 궁정 목사인 모데투스(H. Modetus)와 윙켄(G. Wingen)의 도움을 받아서 '귀도 드 브레스'(Guido de Bres)가 프랑스어로 작성한 것이다.

그 후에 엔트웹의 왈룬(Walloon)과 보르쥬(Bourges)의 프렌시스 유니우스(Francis Junius)에 의해 좀 더 명확한 칼빈주의적 정신이 포함된 형태로 완성되었다. 당시 이 고백서는 네덜란드의 통치자 필립 2세에게 보내졌다. 그렇게 한 이유는 필립 2세가 개혁교회를 극심하게 핍박하였기 때문에 이 정책에 항거하는 저항의 방식이었다. 이들은 로마 가톨릭교회의 옹호자인 왕이 이것을 읽고 관용 정책을 펼칠 것과 동시에 거절될 때에는 참되고 바른 신앙정신인 무엇인지를 순교를 각오하고 보여주고자 했다. 그러나 필립 2세는 받아들이지 않았다.

당시 개혁교회 성도들이 이렇게 신앙고백을 통해 저항할 수밖에 없었던 것은 당시 개혁교회의 신자들이 반역 행위를 하고 있다는 비난을 받았기 때문이다. 그 결과 10만 명 이상이 죽임을 당하였고 또 앞으로 더욱 극심한 핍박이 예상되었기 때문이다. 그리고 이들은 신조에 담은 이런 표현을 통해 합법적인 것이라면 정부의 모든 명령에 묵묵히 복종하지만 그렇지 않고 참된 신앙 정신을 파괴시키는 도전이라면 "이 신앙고백에 표현된 바의 진리를 거부당하기 보다는 차라리 등에 채찍을 받고, 혀를 잘리며, 입에 재갈이 물리며, 온 몸이 불구덩이에 던져지는 편이 더 낫다."고 할 정도로 이 고백서를 통해서 저항정신을 분명히 하였다. 이 신앙고백서는 엔트웹 회의(1566)과 베셀 회의(1568)에서 공식적으로 승정되었고, 또한 1619년 4월 29일 돌트 총회에서는 알미니안주의 자들이 본문의 수정을 요구했으나 총회는 그대로 공인하였다.

그리고 총회는 본 고백서를 불어, 라틴어, 화란어 개정판을 출간하였다. 현재 미주개혁(화란)교회 성직자들의 교리적 표준서이며 총 37장이다. 벨직 신앙고백서는 전통적 개혁주의 신학의 순서, 대개 초대교회에 작성된 사도신경을 따라 하나님에 관한 교리(신론, 제1항-제11항), 인간에 관한 교리(인간론, 제12항-제15항), 그리스도에 관한 교리(기독론, 제16항-제21항), 구원에 관한 교리(구원론, 제22항-제26항), 교회에 관한 교리(교회론, 제27항-제35항), 종말에 관한 교리(제37항), 그리고 제36장은 민간 정부의 신정론적 본질, 하나님 중심 신학을 취급하였다.

5. 하이델베르크 요리문답(1563)

하이델베르크 요리문답은 독일 팔라틴 지역의 선제후 프레드릭 3세의 칼빈주의 교리 교육을 위한 요청으로 작성되었다. 이 경건한 왕자는 젊은 이들과 목사들, 교사들을 교훈하기 위하여, 당시 하이델베르크 대학의 신학교수 약관 28세의 자카리우스 우르시누스(Zacharius Ursinus, 1534-1583)와 프레드릭을 위한 궁정 설교가 당시 26세의 카스파르 올레비아누스(Caspar Olevianus, 1536-1587)에게 개혁주의 요리문답을 준비하라고 요청하였다. 따라서 두 사람 중에 우르시누스가 주로 요리문답의 내용을, 올레비아누스가 최종 구성과 편집을 맡았다. 하이델베르크 요리문답은 1563년 1월 열린 지역 종교회의에서 승인되었고, 그해 라틴어와 독일어, 제4판이 오랫동안 요리문답의 공식문으로 채택되었다.

초기에 하이델베르크 요리문답은 독일어 성경의 절 구분이 없었던 관계로 난외주에 실려 있었다. 그리하여 라틴어 번역본은 절을 추가하고 번호를 매김으로 보완하였다. 하이델베르크 요리문답은 다른 신앙고백서에 비해 많은 증거 본문을 제시하는 바, 저자들이 요리문답이 성경의 메아리가 되기를 원했기 때문이다. 프레데릭은 서문에서 바로 이점이 요리문답의 중요부분으로, "자녀들의 믿음을 확증해 주는 성경 구절들은 하나님의 감동으로 된 성경으로부터 발췌한 본문들"이라고 하였다.

　하이델베르크 요리문답은 모두 3부, 129개 질문과 대답으로 구성되었다. 1부는 1-11문으로 사도 바울의 로마서 1:1-3:20을 따라서 "인간의 비참함에 관하여"를 문답한다. 그 중에 서론인 1문답에서 2문답은 하이델베르크 요리문답의 전체주제이며, 3문답에서 11문답까지는 타락한 인간의 상태를 설명하며, 율법, 인간의 부패, 하나님의 공의에 대해 고백한다. 2부는 12-85문답: 롬 3:21-11:36에 기초하여 예수 그리스도를 통한 인간의 구원을 취급한다. 주로 사도신경의 해설로 성부와 성자, 성령 하나님께서 구원을 위해 어떤 일을 하셨는가를 설명하는 삼위일체적인 구조로 되어있다. 특히 65-85문은 세례와 성찬으로 성례를 다룬다. 3부는 86-129문: 롬 12-16장을 기초로 그리스도로 구속 된 새 피조물이며 하나님 나라의 백성이 된 성도들의 감사와 구체적인 삶의 방향을 가르치며 구원받은 자가 청기기로서 봉사하며, 감사하는 길을 설명하기 위해 사도신경과 십계명, 주기도문을 언급한다. 특히 끝부분에는 예수 그리스도의 주기도를 해설함으로써 주님과 함께 삶을 영위하는 모든 성도가 충실하게 살면서 의지해야 할 기도의 내용을 가르친다.

　정리하면 하이델베르크 요리문답은 내용이 명료하고 온화하게 교리를 설명하며, 내용은 객관적 보다는 비교적 주관적이며 교리적이기 보다는 영적이다.[6] 요리문답의 출간 몇 개월 후, 피터 가브리엘(Peter Gabriel)은 네덜란드 목회자들이 하이델베르크 요리문답을 매주일 오후에 설교할 것을 판례로 제정하였다. 그 후 요리문답은 1568년의 바젤 종교 회의, 1571년의 엠든 종교회의, 1578, 1618-1619년의 돌트 종교회의, 1586년 헤이그 종교회의에서 승인되었고, 네덜란드의 공식적인 세 신조 중에 하나로 채택되었다. 이 후 하이델베르크 요리문답은 모든 유럽 국가의 언어로 번

---

6) 1563년 페르투스 다세너스(Petrus Dathenus)가 하이델베르크 요리문답을 네덜란드어로 번역하였고, 1566년 운율적인 성시집 형식으로 출간하였다.

역되었고, 10여개의 아시아와 아프리카 국가들의 언어로 번역, 출간되어 널리 보급되었다.

6. 제2스위스 신앙고백서(1566)

제2스위스 신앙고백서는 1536년 스위스 공통의 신앙고백을 제공하여 개혁주의 교훈을 통일시키고, 강화하기 위해 시작되었다. 마틴 루터가 본 신앙고백서의 진가를 인정했음에도 주의 만찬(성만찬)에 있어서 그리스도의 참된 임재에 대한 불일치로 제2스위스 신앙고백서 작성되었다. 그 후 1549년 작성된 취리히 일치 문서(Consensus Tigurinus)를 통해 참된 임재에 대한 문제가 칼빈주의자들과 츠빙글리주의 자들 사이에서 합의되었다. 제2스위스 신앙고백서는 중요성에도 불구하고 비교적 개인적인 기원을 갖는다. 역사적으로 제2스위스 신앙고백서(1566)는 츠빙글리(Zwigli)의 제자 하인리히 블링거(Henry Bullinger)에 의해 작성되었다. 그는 스스로 이 신앙고백에 따라서 살고, 죽기를 원하는 마음으로 이 작업을 수행하였다. 1562년 라틴어 초본이 작성된바, 주로 블링거 개인의 고백과 증언 형식으로 구성되었다. 1564년 취리히를 휩쓴 흑사병으로 블링거는 죽음을 예감하고 자신의 초기 저술을 개정하였다. 이 때 그의 아내와 세 딸은 사망했는데, 블링거는 자신의 운명을 예감하고 사망 직전 이 고백서에 동의했던 순교자 피터 마터(Peter Martyr)에게 초안을 보여주고 혹 자신이 죽으면 이것을 잘 정리하여 취리히 시장에게 보내 줄 것을 부탁하였다.

그런데 당시 혼란이 가중 되던 때 팔라티네이트의 경건한 선제후 프레드릭 3세(Fredrik Ⅲ)는 자신이 개혁 교회를 승인하고 하이델베르크 요리문답서를 공포함으로 평화조약을 위배했다고 주장하는 루터파 제후들의 위협에 직면하였다. 이에 선제후는 1565년 블링거에게 이단과 견해를 달리하는 자들에게 자신의 입장을 변호하고 또 그들을 공격할 수 있는 분명하고 구체적인 개혁파 신앙 해설서를 준비해 줄 것을 요청하였다. 바로 그 때 불링거는 자신이 이미 준비한 신앙고백서 필사본을 보내 주었다. 그리하여 본 신앙고백서는 1566년 아우구스부르크 회의 때 Fredrik 3세가 왕과 루터주의자들 앞에서 목숨을 걸고 자신의 신앙적 입장을 주장하였다. 그 후 몇 차례 수정을 거친 후 베른, 비엘, 제네바, 그라우빈덴주, 뮬하센, 샤프하우젠, 세인트 갤과 같은 도시들에서 인정되었다. 그 후 제2스위스 신앙고백서는 스코틀랜드와 헝가리, 폴란드, 그리고 여러 곳에서 승인되었다.

제2스위스 신앙고백서는 30장, 약 2만여 단어로 구성된 개혁주의 신학의 교과서이다. 이 고백서는 로마 가톨릭의 반동 종교 개혁과 트렌트 공의회(1545-1563)의 배경뿐 아니라 존 칼빈의 기독교 강요 1559년 최종판의 배경을 언급하며 개혁주의 신학을 포괄적으로 정리하였다. 따라서 제2스위스 신앙고백서는 성경에서 출발하여 개혁주의적이며, 또한 칼빈주의적인 신학의 중심을 이루었다. 따라서 제1장은 하나님의 말씀에 대한 설교가 곧 하나님의 말씀이라는 것과, 제10장, 그리스도께서 우리의 선택을 고찰하게 만드는 거울이심을 취급한다. 그리고 섭리와 예정은 하나님의 독립적 사역이며, 그리스도의 살과 피를 육신적으로가 아니라 영적으로, 즉 성령으로 받는 것을 다룬다. 또한 실제적이며 경건한 문제들로, 결혼과 독신, 그리고 위정자들의 역할뿐 아니라(제29-30장), 기도와 찬양, 거룩한 날들에 대한 질문, 신앙문답, 환자를 위한 병문안, 죽은 자의 장례 문제도 논의(제23-26장)하였다. 따라서 제2스위스 신앙고백서는 16세기 후반의 개혁주의 신학을 더욱 발전시키며, 주변의 여러 나라들, 네덜란드와 영국, 폴란드, 이탈리아, 마자르와 터키어로 번역되었다.[7]

---

7) 이와 함께 1581년 제네바 신앙고백의 일치서(Harmony of the Confessions of Faith)가 칼빈의 제자 베자(Theodore Beza, 1519-1605)에 의해 출간되었다. 베자는 루터파의 '일치신조'처럼 개혁 교회의 통일 된 신앙 고백의 필요성을 인식하고 새로운 신앙고백서를 작성했다(A Complete Summary of Christianity, summa totius christianismi, 1581) 그러나 개혁교회 전체의 입장을 모두 포함할 수 없었기 때문에 넓

7. 돌트 신조(1618-1619)

이 신조는 1618-1619년 네덜란드 돌트헤르트 시의 돌트 종교회의에서 채택된 교리적 진술서이다. 당시 총회는 네덜란드 개혁교회가 소집한 국가회의였으나 돌트 신조는 국제적인 성격을 띠었다. 그 이유는 당시 총회에 참석한 62명의 네덜란드 대표 외에도, 영국과 스위스, 독일과 다른 다섯 개 국가의 대표 27명이 참석했기 때문이다. 당시 프랑스 정부는 칼빈주의 신학자를 이 종교 회의에 참석시키지 않았다. 돌트 신조는 알미니우스의 발흥으로 야기된 네덜란드의 심각한 신학논쟁을 정리하기 위해 개최되었다.

(1) 논쟁의 발단: 역사적으로 알미니안주의는 보통 시조로 알려진 제임스 알미니우스(Jacobus Arminisu, 1560-1609)의 이름에서 비롯되었다. 본래 알미니우스는 엄격한 칼빈주의자였다. 그러나 제네바에서 유학하는 중에 칼빈의 예정론과 원죄론에 의문을 가졌다. 조국 네덜란드로 귀국한 후 레이든 대학교에서 교수하였다. 그가 교수 하는 동안 디릭 볼켑트스준 코른헬트(Coornhart, 1522-1590)가 "시험"(Test)이라는 문서를 정부에 제출하였다. 그 문서는 벨직신앙고백서가 가르치는 칼빈주의를 부정하고, 인간의 자유의지를 내세웠다. 암스테르담 시장은 알미니우스에게 코른헬트의 주장이 잘 못되었음을 칼빈주의 관점에서 반박할 것을 요청하였다. 그러나 알미니우스는 코른헬트의 글을 읽는 중에 오히려 그 주장에 동조하였다.

그 후 알미니우스는 노골적으로 벨직 신앙고백서의 수정을 주장하였다. 그러자 알미니우스의 주변에 추종자들이 모여들며 세력을 형성하였다. 이 때 이 교회에서 함께 목회하고 있던 피터 프란키우스(Peter Plancius)는 알

게 수용되지는 못했다. 1부는 유럽의 개혁교회 신조들 항목 소개했으며, 2부는 대표적인 개혁교회의 신조항목들을 제시했다.

미니우스를 꾸짖고, 벨직 신앙고백서 제15조, "아담의 원죄가 전체 인류에게 미쳤기에 모든 사람은 죄인이라"는 고백을 근거로 반박하였다. 알미니우스는 자신의 신변 안전을 위하여 내심 믿지 않으면서도 겉으로 벨직 신앙고백에 따를 것임을 천명함으로 위기를 모면하였다. 그의 사후 시몬 에피스코피우스(Simon Episcopius, 1583-1643)[8]와 야누스 위텐보갈트(Janus Uytenbogaert, 1577-1644)가 알미니안주의의 중심이 되었다. 그들은 알미니우스의 주장을 5가지로 정리하고, 1610년, 목사 46명의 서명을 붙여 "항의서"(Remonstrance) 제목으로 네덜란드 의회에 제출하였다.

(2) 논쟁의 전개: 1610년 알미니우스 추종자들이 의회에 제출한 항의서는 이 후 알미니안주의의 5대 교리로 불렸다. (i) 선택과 정죄는 하나님의 예지, 즉 인간의 신앙 혹은 불신앙을 조건으로 하는 조건 예정론, (ii) 그리스도께서 모든 사람을 위해 죽으셨으나 그를 믿는 자들에게만 구원의 은혜가 임한다는 보편 속죄론, (iii) 타락한 인간을 구원하는 것은 오직 믿음 뿐이지만 그 믿음은 자신에게서만 나온다는 부분 타락론, (iv) 구원하시는 하나님의 은혜는 인간에 의해 거부되어질 수 있다는 가항적 은혜론, (v) 성도가 최후에 구원에 이르게 될 것인지는 그가 죽을 때까지 지켜 보아야 알 수 있다는 불확실론 등이다. 그들은 이렇게 개혁교회의 교리적 표준과 전통을 수정하고 알미니안주의의 견해를 정부 차원에서 보호해 줄 것을 요청하였다. 이 후 알미니안주의와 칼빈주의자들의 갈등과 대립은 극심하여 시민전쟁을 유발할 정도였다. 결국 1617년 의회는 3.4의 투표로 알미니안주의의 문제점을 취급할 총회를 소집하였다.

---

8) 정통 칼빈주의에 맞서 인간의 자유 의지를 더 강조한 항변파 가운데 한 사람이었다. 돌트 종교회의(1618~19) 이후 다른 12명과 함께 네덜란드에서 추방되어, 1626년까지 파리와 안트웨르펜, 루앙에서 살았다. 1634년 암스테르담에 있는 항변파 신학교 학장이 되었고 저술로는 「신학 강요」(Institutiones theologicae, 1650~51)가 있다. 그는 이 책에서 하나님의 주권과 인간의 자유의지가 양립될 수 있다고 주장하여 항의파 교리의 체계적인 기초를 제공하였다.

항의서가 의회에 제출되자 알미니우스의 동료 교수 프란시스 고마루스
(Francis Gomarus, 1563-1641)[9]는 칼빈주의 입장에서 알미니안주의자들의
"항의서"에 맞서 "반항의서"(Counter-Remonstrance)를 제출하였다. 이로
써 알미니안주의와 칼빈주의는 각각 항론파와 반항론파로 불리게 되었다.
네덜란드 의회는 쌍방 간의 화해를 위해 여러 차례 회의를 도모했으나 오
히려 갈등과 대립이 격렬해졌다. 마침내 의회는 오랜 준비과정을 거쳐 범
국가적인 회의, 총회를 소집하였다. 그리하여 1618년 11월부터 1619년 5
월까지 돌트 총회는 총 154회 회집되었다. 총회는 의장 요하네스 보겔만
을 포함하여 84명의 교회 대표와 18명의 의회 대표가 참석하였다. 참석자
들은 "나는 이 회의 기간 동인 내 생각과 뜻을 항상 감찰하시는 하나님을
믿고 섬길 것을 하나님 앞에서 서약한다. 나는 사람의 기록을 용납하지
않고 오직 하나님의 말씀만을 신앙의 규범으로 받아들인다".

　참석자들 중에 58명은 네덜란드인이었고, 나머지는 외국 파송 대표들
이었다. 여기에 알미니안주의자 13명도 포함되었다. 당시 시몬 에피스코
피우스(Simon Episcopius)가 이끄는 13명의 알미니안 신학자들은 종교 회
의를 지연시키고 대표자들을 분열시키려 했으나 성공하지 못했다. 그리고
요하네스 보헤르만(Johannes Bogerman)의 지도아래 있던 알미니안주의는
해산되었다. 한편 돌트 총회는 돌트 신조를 발전시키고, 1610년 알미니안

---

9) 자유주의적 입장을 지닌 신학자 야코부스 아르미니우스에 맞서 칼빈의 예정론을 설파하
　는 중에 네덜란드 개혁교회 전체를 논쟁의 장으로 내몰았다. 1587년 프랑크푸르트 암마
　인의 네덜란드 개혁교회의 목사로 프로테스탄트 박해 때문에 신도들이 흩어진 1593년
　까지 이 교회에서 사역하였다. 1594년 레이든의 신학교수로서 아르미니우스의 반대파
　를 이끌었다. 1603년 아르미니우스가 동대학으로 오자 논쟁은 더욱 격렬해졌다. 1608
　년 네덜란드의 지역 통치 조직인 신분제 의회에서 아르미니우스와 논쟁을 벌였으며,
　1609년 역시 같은 회의에서 각각 5명의 고마루스파와 5명의 아르미니우스파가 벌이는
　논쟁에 참여하였다. 이 논쟁에서 아르미니우스는 모든 인간에게 구원의 가능성이 잠재
　해 있다고 주장했으나, 고마루스는 아담의 원죄 이전에 선택된 사람들만이 구원받는다
　는 엄격한 칼뱅주의 입장을 고수했다. 그 뒤 자우무어와 그로닝겐에서 교수하였고,
　1618-19년 돌트 총회가 아르미니우스주의를 정죄하는데 중요한 역할을 하였다

주의자의 항의서를 철저히 배격하였다. 논쟁적인 교리들에 대하여 개혁주
의 교리를 성경에 기초하여 영적, 실제적으로 제시하였다.

(3) **알미니안 5대 교리**[10]: 알미니안주의는 그리스도를 통한 구원의 가
능성은 모든 영혼에게 열려 있으며, 예정론은 절대적이 아니라 조건적이
다는 것이다. 하나님이 인간을 선택한 것이 아니고 예수님을 믿으면 구원
받는다는 조건을 선택했다는 주장이다. 이는 누구나 각자의 노력과 선택
을 통해 하나님의 은총을 얻는 데 일조할 수 있고 구원을 받을 수 있다.
이들에게 구원, 믿고 안 믿고는 인간 각자의 자유의지에 달려있다.[11] 이
사상은 이 후 존 웨슬리가 창시한 감리교가 계승하였으며, 그 밖에 현대
자유주의적 침례교와 극히 일부 자유주의적 장로교주의자들에게 확대되
었다. 이에 맞서 정통 칼빈주의는 하나님께서 구원의 조건뿐 아니라 어떤
사람이 믿을 사람인지 믿지 않을지를 만세 전에 주권적으로 결정하셔서
구원을 통해 영광을 받으신다는 것이다. 이것이 바로 칼빈주의이다.

(i) **자유의지 혹은 인간의 능력**: 비록 인간의 본성은 타락으로 인해 심
각한 영향을 받았지만 인간의 영적 상태가 전적으로 무력한 상태에 처한
것은 아니다. 하나님은 은혜롭게 모든 죄인으로 하여금 회개하게 하시고
믿게도 하시지만 인간의 자유를 침해하지 않는 방식으로 하신다. 죄인은
각각 자유의지를 소유하고 있으며 그의 영원한 운명은 그가 그것을 어떻
게 사용하는가에 달려 있다. 인간의 자유는 영적인 문제들에 있어서 선과
악을 선택할 수 있는 그의 영역으로 구성되어 있다. 인간의 의지는 그의
죄된 본성에 종속되어 있는 것이 아니다. 죄인은 각자 하나님의 성령과
협력하여 중생을 얻거나 혹은 하나님의 은혜를 거부하여 멸망에도 이를

---

10) 알미니우스의 5대 교리는 필자가 독자들의 이해를 돕기 위해 원문에 따라 일부 재정
   리하였다.
11) 자크 바전, 「새벽에서 황혼까지 1500-2000: 서양문화사 500년」, 이희재 역, (민음사,
   2012), vol. I., 87-88.

수 있는 능력을 가지고 있다. 유기된 죄인은 성령의 도우심을 필요로 하는 것이 사실이지만, 그 자신이 믿기 전에 성령에 의하여 중생되지는 않는다. 그 이유는 믿음은 인간의 행위이고 새 생명으로 탄생하는 일에 선행하는 것이기 때문이다. 즉 인간은 구원 얻는 일에 공헌할 수 있다.

(ii) 조건적 선택: 하나님께서 세상을 창조하시기 전에 구원에 이르는 어떤 사람들을 선태하신 근거는 그들이 하나님의 부르심에 응답할 것이라는 하나님의 예지이다. 하나님께서는 스스로 자유롭게 복음을 선택하여 믿음을 가진 자들을 미리 아시고 그들만을 선택하셨다. 그러므로 선택은 인간이 무엇을 하느냐에 따라 결정되어지고 또 제약을 받게 된다. 하나님께서 미리 아시고 선택의 근거로 삼으시는 믿음이란 이런 의미에서, 하나님께서 죄인게 주시는 선물이 아니라 인간 의지의 결과일 따름이다. 아떤 사람이 믿음을 가질 수 있는가 없는가의 여부는 전적으로 인간에게 달려 있는 것이며, 따라서 구원을 받게 되는 선택 역시 그러하다. 하나님은 스스로 자유의지를 가지고 그리스도를 선택할 자들을 미리아시고 그들을 택하셨다. 결국 구원의 궁극적인 원인은 하나님이 죄인을 선택하는 것이 아니라 죄인이 그리스도를 선택하는 것이다.

(iii) 보편적 구속 혹은 일반적 속죄: 그리스도의 구속사역은 모든 사람들로 하여금 구원받는 일을 가능하게 한 것은 사실이지만 모든 사람의 구원을 실제적으로 보장하는 것은 아니다. 비록 그리스도께서 모든 사람과 각 사람들을 위해서 죽은 것은 사실이지만 오직 그를 믿는 자들만 구원을 얻을 수 있다. 그리스도의 죽으심이 죄인들을 용서하는 일에 능력이 있는 것은 사실이지만, 그를 믿는다는 구원의 조건이 있으므로 실제적으로 모든 사람의 죄를 물리치신 것은 아니다. 그리스도의 구속은 인간이 그것을 받아들인다는 선택을 하는 조건에서만 효과적이다.

(iv) 성령은 효과적 거부: 성령은 복음의 초청에 의해 외적으로 부름을 입은 자들을 내적으로 부르신다. 성령은 죄인들이 구원 얻기에 필요한 모

든 일들을 하신다. 그러나 인간은 그가 자유한 만큼 성공적으로 성령의 부르심을 거부할 수 있다. 성령은 죄인이 믿지 않는 한 중생시킬 수 없다. 즉 믿음(인간이 공헌하는 부분)이 선행해야만 중생이 가능하게 되는 것이다. 결국 인간의 자유의지는 그리스도의 구속사역을 적용함에 있어서 성령을 제한한다. 성령은 그와 함께 걸어가고자 하는 자들만을 그리스도에게로 인도할 수 있다. 죄인이 응답하기 전에는 성령께서 생명을 주실 수 없다. 그러므로 하나님의 은총은 거부되어질 수 있다. 하나님의 은혜는 인간에 의하여 거부될 수 있고 방해받을 수도 있으며, 또한 종종 그렇게 되고 있는 것이 사실이다.

(v) 은총으로부터의 타락: 믿고 진실로 구원을 얻는 자들도 믿음과 그 이외의 것을 지키는 데 실패하면 그들의 구원을 상실할 수 있다. 모든 알미니안주의자들이 이 점에 대해서 일치하는 것은 아니다. 즉 어떤 사람들은 신자들이 그리스도 안에서 영원히 안전하다고 주장하는데 결국 죄인이 한번 거듭나게 되면 그는 결코 유기될 수 없다는 것이다. 여기서 인간의 반응은 결정적 요소이다. 하나님은 모든 사람들을 위하여 구원을 예비하셨지만 그 예비는 인간 각자 스스로의 자유의지에 의하여 하나님과 더불어 협동할 것을 선택하여 그분의 은총을 수용하는 자들에게만 효과가 있다. 인간의 의지는 결정적인 상황에서 결정적인 역할을 한다. 이와 같이 하나님이 아니라 인간 스스로가 자신이 구원의 은총을 받을 자인지 아닌지를 결정한다.

(4) 돌트신조[12]: 돌트 신조 5대 교리는 칼빈주의 신앙과 전통을 거부하고 도전한 알미니안주의에 대응하는 과정에서 역설적으로 작성되었다. 그 교리는 영문 첫 글자를 따서 만든 단어 튤립(TULIP)으로 전적 무능력(Total Inablity), 무조건 선택(Unconditional Election), 제한된 속죄(Limited

---

[12) 돌트 신조, 5대 교리는 필자가 독자들의 이해를 돕기 위해 원문에 따라 일부 재정리하였다.

Atonement), 불가항적 은총(Irresistible Grace), 성도의 견인(Preserance of the saints)이다. 공교롭게 튤립은 총회를 소집한 네덜란드의 국화이다.

(i) 전적 무능 혹은 전적 부패: 인간은 타락으로 말미암아 구원을 얻기 위해 복음을 믿는 일에 있어서 전적으로 무능력해졌다. 죄인은 하나님의 일들엘 관해서는 죽었고, 눈이 멀었으며 듣지 못하는 상태이다. 그의 마음은 거짓으로 가득 차 있고 전적으로 부패해 있다. 인간의 의지는 자유하지 못하며 그것은 그의 악한 본성에 지배를 받는다. 그러므로 죄인된 인간은 영적인 영역에 있어서 악에 대하여 선을 택하지 않으며 사실은 할 수도 없는 상태이다. 결국 죄인을 그리스도에게로 인도하기 위해 성령의 사역을 능가할 수 있는 것은 아무것도 없으며, 성령의 다시 살게 하심과 새로운 본성을 주시는 사역에 의해 죄인은 중생하게 된다. 믿음은 인간이 구원을 얻음에 있어서 무엇인가 기여할 수 있음을 보여주는 것이 아니라 그 자체가 하나님의 구원의 선물임을 보여주는 것이다. 즉 믿음은 죄인에 대한 하나님의 선물이지 하나님에 대한 죄인의 선물은 아닌 것이다.13)

---

13) 보충적 설명: 여기 무능력은 구원 얻기에 합당한 선이나 그 의지가 없음을 말한다. 우리 인간은 스스로 구원을 위하여 수많은 종교 생활을 해 왔다. 그러나 뚜렷한 결론을 내리지 못하였기 때문에 종교 다원화를 인정하고 절대적인 종교관을 갖지 못했다. 그것은 당연한 결과이다. 인간의 이성은 타락한 본성이며 시대를 살아가는 지식뿐이다. 영원한 진리를 스스로 알 수 없으며 특히 영생으로 가는 구원을 아무도 창안할 수 없고 깨달을 수 없다. 엡 2:1-2, 너희의 허물과 죄로 죽었던 너희를 살리셨도다 그 때에 너희가 그 가운데서 행하여 이 세상 풍속을 좇고 공중의 권세 잡은 자를 따랐으니 곧 지금 불순종의 아들들 가운데서 역사하는 영이라. 창 8:21, 여호와께서 그 향기를 흠향하시고 그 중심에 이르시되 내가 다시는 사람으로 인하여 땅을 저주하지 아니하리니 이는 사람의 마음의 계획하는 바가 어려서부터 악함이라 내가 전에 행한 것 같이 모든 생물을 멸하지 아니하리니. 욥 15:14-16, 사람이 무엇이관대 깨끗하겠느냐 여인에게서 난 자가 무엇이관 대 의롭겠느냐 하나님은 그 거룩한 자들을 믿지 아니 하시나니 하늘이라도 그의 보시기에 부정하거든 하물며 악을 짓기를 물 마심 같이 하는 가증하고 부패한 사람이겠느냐. 렘 13:23, 구스인이 그 피부를 표범이 그 반점을 변할 수 있느뇨 할수 있을진대 악에 익숙한 너희도 선을 행할 수 있으리라. 렘17:9, 만물보다 거짓되고 심히 부패한 것은 마음이라 누가 능히 이를 알리요 마는. 시 58:3, 악인은 모

(ii) 무조건적 선택: 하나님께서 세상을 창조하시기 전에 구원을 목적으로 특정한 사람들을 선택하신 것은 오직 그의 주권적인 의지에 근거하는 것이다. 특정한 죄인에 대한 하나님의 선택의 근거는 결코 죄인이 가지는 믿음이나 회개등과 같은 미리 알 수 있는(예지할 수 있는) 반응에 의한 것이거나 인간의 순종이 아니다. 오히려 하나님이 그가 선택하신 각 사람에게 믿음과 회개를 허락하시는 것이다. 결국 믿음과 회개는 하나님이 선택하신 결과이지 원인은 아니다. 하나님의 선택은 인간이 가지는 어떤 덕이나 예지할 수 있는 행위에 근거해서 결정되거나 제약받는 것이 아니라, 하나님께서 주권적으로 선택한 자들에게 주시는 성령의 능력을 통하서 그리스도를 받아들임으로써 이루어지게 된다. 그러므로 구원의 궁극적인 원인은 죄인이 그리스도를 택함으로 이루어지는 것이 결코 아니며 오직 하나님이 죄인을 선택하시는 것에 있다.14)

태에서부터 멀어졌음이여 나면서부터 곁길로 나아가 거짓을 말하는도다. 롬 3:10-12, 기록한바 의인은 없나니 하나도 없으며 깨닫는 자도 없고 하나님을 찾는 자도 없고 다 치우쳐 한가지로 무익하게 되고 선을 행하는 자는 없나니 하나도 없도다. 인간의 죄는 첫 아담의 죄가 전가된 것이다. 롬 5:12-14, 이러므로 한 사람으로 말미암아 죄가 세상에 들어오고 죄로 말미암아 사망이 왔나니 이와 같이 모든 사람이 죄를 지었으므로 사망이 모든 사람에게 이르렀느니라 죄가 율법 있기 전에도 세상에 있었으나 율법이 없을 때에는 죄를 죄로 여기지 아니하느니라 그러나 아담으로부터 모세까지 아담의 범죄와 같은 죄를 짓지 아니한 자들 위에도 사망이 왕 노릇 하였나니 아담은 오실 자의 표상이라.

14) 보충적 설명: 구원의 근거가 인간의 의지에서 시작된 것이 아니라 살아 계신 하나님의 선택 여하에서 어느 민족은 택하신 선민이고 어느 민족은 악하게 내버려두신다(롬 9장) 혹 어떤 이는 구원하시고(행 13:48), 어떤 이는 버려진 상태(유기)로 두신다는 것이다. 이 선택론은 이성주의로는 부당하다. 그러나 인간의 생사가 하늘에 근거한다는 것처럼(人命在天) 구원 여부를 인간 스스로 결정 할 수가 없음을 인정해야 한다. 이 예정설은 존 칼빈의 신학 이전에 성경의 가르침이며 하나님 의지의 성격이시다.
신 7:7-8, 여호와께서 너희를 기뻐하시고 너희를 택하심은 너희가 다른 민족보다 수효가 많은 연고가 아니 라 너희는 모든 민족 중에 가장 적으니라 여호와께서 다만 너희를 사랑하심을 인하여 또는 너희 열조에게 하신 맹세를 지키려 하심 을 인하여 자기의 권능의 손으로 너희를 인도하여 내시되 너희를 그 종 되었던 집에서 애굽 왕 바로의 손에서 속량하셨나니. 엡 1:4-5, 곧 창세전에 그리스도 안에서 우리를 택하사 우리로

(iii) 특별한 구속 혹은 제한적 속죄: 그리스도의 구속사역은 피택자들만 구원하려는 것으로써 실제적으로 그들만의 구원을 보장한다. 그리스도의 죽으심은 어떤 특정한 죄인들을 대신해서 당하신 형벌로써 대속의 인내였다. 그리스도의 죽으심은 자기 백성의 죄를 사하시는 것과 더불어 자신에게 그들을 연합시키시는 일은 물론 그들의 구원에 필요한 모든 일을

사랑 안에서 그 앞에 거룩하고 흠이 없게 하시려고 그 기쁘신 뜻대로 우리를 예정하사 예수 그리스도로 말미암아 자기의 아들들이 되게 하셨으니. 롬 8:29-30, 하나님이 미리 아신 자들로 또한 그 아들의 형상을 본받게 하기 위하여 미리 정하셨으니 이 는 그로 많은 형제 중에서 맏아들이 되게 하려 하심이니라 또 미리 정하신 그들을 또한 부르시고 부르신 그들을 또한 의롭다 하시 고 의롭다 하신 그들을 또한 영화롭게 하셨느니라. 롬 9:11-13, 그 자식들이 아직 나지도 아니하고 무슨 선이나 악을 행하지 아니한 때에 택하심을 따라 되 는 하나님의 뜻이 행위로 말미암지 않고 오직 부르시는 이에게로 말미암아 서게 하려 하사 리브가에게 이르시되 큰 자가 어린 자를 섬기리라 하셨나니 기록된바 내가 야곱은 사랑하고 에서는 미워하였다 하심과 같으니라. 요 15:16, 너희가 나를 택한 것이 아니요 내가 너희를 택하여 세웠나니 이는 너희로 가서 과실을 맺게 하고 또 너희 과실이 항상 있게 하여 내 이름으로 아버지께 무엇을 구하든지 다 받게 하려 함이니라. 살후 2:13-14, 주의 사랑하시는 형제들아 우리가 항상 너희를 위하여 마땅히 하나님께 감사할 것은 하나님 이 처음부터 너희를 택하사 성령의 거룩하게 하심과 진리를 믿음으로 구원을 얻게 하심이니 이를 위하여 우리 복음으로 너희를 부르사 우리 주 예수 그리스도의 영광을 얻게 하려 하심이니라. 엡 2:8, 너희가 그 은혜를 인하여 믿음으로 말미암아 구원을 얻었나니 이것이 너희에게서 난 것이 아니요 하나님의 선물이라. 살전 1:4, 하나님의 사랑하심을 받은 형제들아 너희를 택하심을 아노라. 롬 11:5, 그런즉 이와 같이 이제도 은혜로 택하심을 따라 남은 자가 있느니라. 벧전 1:2, 곧 하나님 아버지의 미리 아심을 따라 성령의 거룩하게 하심으로 순종함과 예수 그리스도의 피 뿌림을 얻기 위하여 택하심을 입은 자들에게 편지하노니 은혜와 평강이 너희에게 더욱 많을찌어다. 행 13:48, 이방인들이 듣고 기뻐하여 하나님의 말씀을 찬송하며 영생을 주시기로 작정된 자는 다 믿더라. 요 13:18, 내가 너희를 다 가리켜 말하는 것이 아니라 내가 나의 택한 자들이 누구인지 앎이라 그러나 내 떡을 먹는 자가 내게 발꿈치를 들었다 한 성경을 응하게 하려는 것이니라. 롬 11:25, 형제들아 너희가 스스로 지혜 있다 함을 면키 위하여 이 비밀을 너희가 모르기를 내가 원치 아니하노니 이 비밀은 이방인의 충만한 수가 들어오기까지 이스라엘의 더러는 완악하게 된 것이라. 마 20:23, 가라사대 너희가 과연 내 잔을 마시려니와 내 좌우편에 앉는 것은 나의 줄 것이 아니라 내 아버지께서 누구를 위하여 예비하셨든지 그들이 얻을 것이니라. 마 26:24, 인자는 자기에게 대하여 기록된 대로 가거니와 인자를 파는 그 사람에게는 화가 있으

보장한다. 믿음의 은총은 성령을 통하여 그리스도께서 대신 죽어 주신 모든 자들에게 골고루 적용되며, 따라서 그들의 구원은 확실하게 확증된다.[15]

(iv) 성령의 효과적 부르심 혹은 불가항력적 은총: 복음을 듣는 모든

리로다 그 사람은 차라리 나지 아니하였더면 제게 좋을 번 하였느니라.. 요 13:11, 이는 자기를 팔자가 누구인지 아심이라 그러므로 다는 깨끗지 아니하다 하시니라. 요 6:64, 그러나 너희 중에 믿지 아니하는 자들이 있느니라 하시니 이는 예수께서 믿지 아니하는 자들이 누구며 자기를 팔 자가 누군지 처음부터 아심이러라. 한편 영아(어린 젖먹이)의 구원 문제에서 죽음은 어른이나 아이나 원죄의 결과이다. 롬 6:23, 죄의 삯은 사망이요 하나님의 은사는 그리스도 예수 우리 주 안에 있는 영생이니라. 시 51:5, 내가 죄악 중에 출생하였음이여 모친이 죄 중에 나를 잉태하였나이다. 엡 2:3, 전에는 우리도 다 그 가운데서 우리 육체의 욕심을 따라 지내며 육체와 마음의 원하는 것을 하여 다른 이들과 같이 본질상 진노의 자녀이었더니. 어린 아이들은 도덕적 죄는 없으나 원죄로 죽는 것이며 원죄를 안고 태어났다. 따라서 죄인으로서 죽는 것이다. 그런데 예수님은 천국의 주인은 어린 아이라 하셨다. 이 말씀은 어린이는 누구나 구원을 얻는다는 말씀이 아니다. 만약 그렇게 되면 유산하는 것은 그를 구원하는 길로 가게하는 결과가 될 것이다. 결국 구원은 예수를 믿는 신앙의 고백으로 이루어진다. 롬 10:10, 사람이 마음으로 믿어 의에 이르고 입으로 시인하여 구원에 이르느니라. 생명의 하나님은 특별한 경우를 제외하고는 아기를 키울 수 있도록 하실 것입니다. 그런데 특별한 예로, 예수님 탄생 시에 많은 아기가 죽었는데(마2장) 이 아기들은 구원을 받았을까? 확정할 수 없으나 예수 때문에 죽은 것으로 미루어 구원 받았을 것이다. 성도의 가정에서 태어난 자녀, 약속의 자녀는 성경적으로 구원의 자녀로 보아야 할 것이나, 유산은 살인이다.

15) 보충적 설명: 그리스도의 죽으심은 이단을 위한 것이 아니다. 성경의 예언은 이미 지옥 갈 자들이 정해져 있다. 이단도 정해져 있다. 하나님은 모든 이가 구원 얻기를 원하시고 초청하신다. 그러나 인간은 그것을 거부한다. 끝까지 거부할 때 우리는 그를 선택받지 못한 자로 간주 할 것이다. 성경에 모든 이가 구원 얻는 것을 바라시는 말씀은 하나님의 사랑의 무한대를 말씀하며 순종하는 모든 이에게 구원을 주신다는 뜻이다. 이것을 두고 그리스도의 죽으심은 제한된다는 것이다. 딤전 2:4, 하나님은 모든 사람이 구원을 받으며 진리를 아는데 이르기를 원하시느니라. 딤전 4:10, 이를 위하여 우리가 수고하고 진력하는 것은 우리 소망을 살아 계신 하나님께 둠이니 곧 모든 사람 특히 믿는 자들의 구주시라. 마 1:21, 아들을 낳으리니 이름을 예수라 하라 이는 그가 자기 백성을 저희 죄에서 구원할 자이심이라 하니라. 요 5:21, 아버지께서 죽은 자들을 일으켜 살리심 같이 아들도 자기의 원하는 자들을 살리느니라.

사람들을 향한 구원의 외적 부르심에 더하여 성령께서는 택함받은 자들을 향해 반드시 구원에 이를 수 있도록 지속해서 모든 사역을 하신다. 외적 소명(모든 사람들에게 구별없이 하시는 소명)은 거부될 수도 있고 종종 그렇게 된 것도 사실이다. 그러나 내적 소명(오직 택한 자만을 부르시는 소명)은 거부될 수 없다. 성령의 내적 소명은 인간을 항상 회개로 초대한다. 이런 특별한 소명을 통하여 성령께서는 죄인들을 그리스도에게로 인도하신다. 성령께서는 구원을 적용시키심에 있어서 결코 인간의 의지에 제한받지 않으시며, 구원의 성공에 있어서도 결단코 인간과 협동하지 않으신다. 성령께서는 그의 은혜로 택함받은 죄인을 협력하게 하시고, 믿게 하시고, 회개케 하시며, 자유롭고 기쁜 마음을 가지고 그리스도께 나오게 하신다. 그러므로 하나님의 은혜는 도저히 거부할 수 없으며, 또한 그 은혜가 미치는 사람들에게는 반드시 구원이 이루어진다.[16)]

(v) **성도의 견인**: 하나님에 의해 선택받고, 그리스도에 의해 구속받으며, 성령에 의해 믿음을 부여받은 모든 자들은 영원히 구원을 받게 된다. 그들은 전능하신 하나님의 능력으로 믿음을 유지하며, 그 결과 끝까지 인

---

16) 보충적 설명: 하나님이 우리를 구원하실 때 우리가 거부할 수 없는 주권적 능력으로 이루신다는 뜻이다. 하나님의 단독적 행위로 이루어진다는 것이다. 빌 2:10-11, 하늘에 있는 자들과 땅에 있는 자들과 땅 아래 있는 자들로 모든 무릎을 예수의 이름에 꿇게 하시고 모든 입으로 예수 그리스도를 주라 시인하여 하나님 아버지께 영광을 돌리게 하셨느니라. 요 3:3, 예수께서 대답하여 가라사대 진실로 진실로 네게 이르노니 사람이 거듭나지 아니하면 하나님 나라를 볼 수 없느니라. 요 10:28-29, 내가 저희에게 영생을 주노니 영원히 멸망치 아니할 터이요 또 저희를 내 손에서 빼앗을 자가 없느니라 저희를 주신 내 아버지는 만유보다 크시매 아무도 아버지 손에서 빼앗을 수 없느니라. 겔 11:19, 내가 그들에게 일치한 마음을 주고 그 속에 새 신을 주며 그 몸에서 굳은 마음을 제하고 부드러운 마음을 주어서. 엡 1:19-20, 그의 힘의 강력으로 역사하심을 따라 믿는 우리에게 베푸신 능력의 지극히 크심이 어떤 것을 너희로 알게 하시기를 구하노라 그 능력이 그리스도 안에서 역사 하사 죽은 자들 가운데서 다시 살리시고 하늘에서 자기의 오른 편에 앉히사. 창 18:14, 여호와께 능치 못한 일이 있겠느냐 기한이 이를 때에 내가 네게로 돌아오리니 사라에게 아들이 있으리라.

내하는 것이다. 구원은 삼위일체 하나님의 전적인 능력에 의해 성취된다. 아버지는 자기 백성들을 선택하시고, 아들은 그들을 위해 죽으셨으며, 성령은 택한 자들을 믿음과 회개에 이르게 하심으로 그리스도의 죽으심을 효과 있게 만드셨다. 또한 그렇게 하심으로써 그들이 복음에 기꺼이 순종하게 하셨다. 모든 과정(선택, 구속, 중생)은 하나님의 사역이며 오직 은혜로 말미암는 것이다. 그러므로 인간이 아니라 하나님이 구원의 은총을 받을 자를 결정하신다. 택함을 받은 자는 그리스도로 말미암아 구속을 받고 성령에 의해서 중생을 입을 뿐만 아니라 하나님의 전지전능하신 능력으로 신앙을 지킨다.

하지만 성도의 견인교리는 기독교 신앙을 가졌다고 고백하는 모든 사람에게 천국을 보장한다는 것을 뜻하지 않는다. 성령으로 부름받아 구별된 성도들은 끝까지 견인하는 자이다. 그리스도를 참으로 믿고 살아있는 신앙을 가진 자들은 그리스도 안에서 궁극적인 구원과 안전이 보장된 자들이다. 믿는다고 고백한 많은 사람들이 타락했지만 그들이 결코 은혜 안에 있었던 자들이 아니기 때문에 은혜에서 떨어진 것은 아니다. 참된 신자들도 시험에 빠지며 슬픈 죄를 범하기도 한다.[17] 그러나 이러한 죄들이

---

[17] 성도가 혹 낙심하여 하나님을 멀리하고 나중에는 그리스도를 떠난 자리에 이르렀어도 결국 하나님께로 돌아오게 된다는 것이다. 사람은 누구도 처음부터 구원 할 수 없으며, 구원은 하나님이 주시는 선물로 결국 하나님이 구원하실 자는 구원하시고야 만다는 것이다. 19세기 영국의 설교자 찰스 스펄전은 이것을 항해 중에 넘겨져도 배 위에 넘어진 것이라고 비유하였다. 기독교인으로 살다가 자살이나 타 종교로 개종하는 경우 어떻게 이해하면 좋을까? 하나님을 올바로 믿는 자는 하나님을 떠나 개인 생각으로 구원을 생각하지 않는다. 결코 다른 종교를 취급할 수 없다. 그렇다면 다른 종교를 선택한 자는 본래 하나님을 진심으로 마음에 찾지 못한 자이다. 사 54:10, 산들은 떠나며 작은 산들은 옮길지라도 나의 인자는 네게서 떠나지 아니하며 화평케 하는 나의 언약은 옮기지 아니하리라 너를 긍휼히 여기는 여호와의 말이니라. 딤후 4:18, 주께서 나를 모든 악한 일에서 건져내시고 또 그의 천국에 들어가도록 구원하시리니 그에게 영광이 세세 무궁토록 있을지어다 아멘. 살후 3:3, 주는 미쁘사 너희를 굳게 하시고 악한 자에게서 지키시리라. 결국 기독교에서 가장 중요한 것은 "나는 구원을 받았는가?" 하는 구원의 확신을 정립하는 것이다. 바울은 우리 속에 예수가 있는가? 확정하라고 하

그들을 그들의 구원에서 영원히 떠나게 하는 것은 아니며 그들을 그리스
도에게서 완전히 분리시키지도 못한다.[18]

(5) **총회의 결과:** 1618년 11월 13일부터 1619년 5월 9일까지 총 154
회 소집된 돌트 총회는 칼빈주의자들의 승리로 종식되었다. 총회는 알미
니우스의 5개 항의서를 만장일치로 부결하고, 벨직 신앙고백서와 하이델
베르크 요리문답을 성경적인 교리로 재확인하였다. 그리하여 돌트 총회는
알미니우스주의자들의 항의서에 맞서 5개 항의 돌트 신조를 작성, 채택하,
서명하여, 이후 지금까지 전 세계 개혁교회의 신앙고백서가 되었다.

8. 웨스트민스터 신앙고백서(1647)

17세기 중엽, 정치적 혼란기에 영국 런던 소재 웨스트민스터 사원에
찰스 Ⅰ세가 소집한 총회에서 청교도들이 장기간 논의와 심의 끝에 작성한

였다. 고후 13:5, 너희가 믿음에 있는가 너희 자신을 시험하고 너희 자신을 확증하라
예수 그리스도께서 너희 안에 계신 줄을 너희가 스스로 알지 못하느냐 그렇지 않으면
너희가 버리운 자니라. 우리는 자신의 구원을 확신할 수 있을 때 남을 구원할 수 있다.
기독교는 구원의 확신을 가지는 것이 타 종교와 다른 점이다. 다윗은 참으로 자신의
구원을 확실히 고백했다. 시 139:13-16, 주께서 내 장부를 지으시며 나의 모태에서 나
를 조직하셨나이다 내가 주께 감사하옴은 나를 지으심이 신묘막측 하심이라 주의 행
사가 기이함을 내 영혼이 잘 아나이다 내가 은밀한 데서 지음을 받고 땅의 깊은 곳에
서 기이하 게 지음을 받은 때에 나의 형체가 주의 앞에 숨기우지 못하였나이다 내 형
질이 이루기 전에 주의 눈이 보셨으며 나를 위하여 정한 날 이 하나도 되기 전에 주의
책에 다 기록이 되었나이다. 실로 구원은 전적으로 하나님의 선물이요 은혜이다. 구원
의 은총에 감사하며 날마다 우리의 소명을 새롭게 해야 할 것이다.

18) 웨스트민스터 신앙고백서는 이 교리를 다음과 같이 말하고 있다. "하나님께서 자기의
사랑하시는 자 안에서 용납하시고 실제로 부르시고 또한 성령으로써 거룩하게 하신
자들은 은혜의 자리에서 전적으로 또는 최종적으로 타락할 수는 없다. 그들은 마지막
날까지 그 상태에 있을 것이며 또한 영원히 구원을 받을 것이다." 이러한 교리는 다음
과 같이 성경적 지지를 받고 있다: 사 43:1-3, 54:10; 렘 32:40; 마 18:12-14; 요 3:16,
36, 5:24, 6:35; 고후 4:14,17; 에 1:5, 13-14, 4:30, 골 3:3,4; 살전 5:23-24; 딤후 4:18;
히 9:12, 15, 10;14, 12:28; 벧전 1:3-5 요일 2:19, 25, 5:4,11-13, 20; 유 1, 24-25.

웨스트민스터 신앙고백서는 종교개혁 이후 기독교회에 가장 영향력 있는
문서 중에 하나이다. 웨스트민스터 신앙고백서는 17세기 개혁주의 신학의
강해서로 냉철한 문장을 사용하여 작성 당시의 혼란했던 상황을 묘사하였
다. 당시 찰스 1세는 왕권신수설을 주장하며 권력으로 의회를 탄압하고,
세금과 군비징수를 자신의 정치 안정을 위해 의회를 소집하였다.

하지만 청교도 의원들의 공격에 3주 만에 해산하였다. 그 해 다시 군비
지출을 위해 재소집하자 의회는 켄터베리 대주교 라우드를 투옥하고 감독
정치의 폐지하며 새로운 종교회의를 웨스트민스터에 개최하였다. 1643년
8월 영국의 찰스 1세와 의회 간의 긴장이 지속 되는 중에 영국의 의회는
대표들을 스코틀랜드 교회에 파송하여 삼국의 보전과 안전을 위한 수단으
로 동맹을 체결하였다.[19) 1643년 9월 25일 소집된 총회는 처음에 헨리7
세의 예배당에서, 갑작스런 추위로 10월 2일 웨스트민스터 사원에 위치한
예루살렘 회의실로 옮겨, 강력한 집단을 형성하였다. 총회는 다양한 문서
제작을 위해 총회 위원회 회원들에게 오후까지 연구케 하여, 다음날 아침
총회 석상에서 연구 주제를 토의케 하였다. 대부분 청교도인 총대들은 엘
리자베스 1세 때 작성된 영국국교의 39개 신앙조항[20)을 개정, 새로운 영
국 교회의 신조, 정치, 의식을 제정코자 하였다.

---

19) Yohahn Su, The Contribution of Scottish Covenant Thought to the Discussions
of the Westminster Assembly(1643-1648) and its Continuing Significance to the
Marrow Controversy(1717-1723), (University of Glamorgan, Ph.D thesis, 1993),
136-146. Cf. 서요한, 「언약사상사」, (CLC, 1994) 참조.

20) 1549년 영국의 에드워드 6세 치세아래 토마스 크랜머는 니콜라스 리들리, 존 낙스 등
은 가톨릭 교리를 거부하고 제네바의 칼빈의 전통 개신교 교리를 따르는 42개 신조를
작성하였다. 신조에는 믿음을 통한 구원 인정, 화체설과 마리아 숭배, 그리고 연옥 교
리를 거부하였다. 에드워드 6세가 갑작스런 죽음으로 메리가 등극하여 가톨릭으로 복
귀하였다. 메리는 성공회와 청교도들을 극심히 탄압하였다. 이어 등극한 엘리자베스 1
세는 1566년 42개 신조를 39개 신조로 개정하여 의식은 가톨릭의 7성사를, 교리는 칼
빈주의와 루터주의를 따르는 중용정책을 펼쳤다. 이 후 지금까지 영국 성공회는 이 신
조를 고백하고 있다.

앞서 언급한 대로 1643년 영국 의회와 스코틀랜드 언약도들 간에 맺어진 엄숙 동맹의 서명으로, 의회는 영국교회를 스코틀랜드 장로교회의 교리와 실천에 합일시키기 위하여 신학적이고 교회적인 신앙고백을 구성하는 특별하고도 엄밀한 사역을 확대하였다. 이를 위해 스코틀랜드 교회는 총회 성직자 중에서 저명한 교회 관료 알렉산더 헨더슨(Alexander Henderson, 1583-1646), 개혁신학의 대표 사무엘 루터포드(Samuel Rutherford, 1600-1651), 비범한 재능의 조지 길레스피(George Gillespie, 1613-1648), 청교도 언론인 로버트 베일리(Robert Baillie, 1602-1662), 로버트 다글라스(Robert Douglas)와 시무 장로 아치발드 존스톤(Sir Archibald Johnson of Warriston, 1611-1663)등을 총회의 대표로 웨스트민스터 총회에 파견하였다.21) 청교도들은 칼빈의 신학을 기초로 왕정과 주교제의 폐지뿐 아니라 이를 확대하여 스코틀랜드와 아일랜드까지 통합하는 새로운 신앙지침서의 제정에 박차를 가하였다. 이를 위해 이들은 제임스 어셔(James Ussher, 1581-1656)가 제정한 아일랜드 신조22)를 기초로 웨스트민스터 신앙고백서를 작성하였다. 당시 작성한 4대 표준 문서는 웨스트민스터 신앙고백서, 대소요리문답, 예배모범과 교회 정치(정치 편람)이다. 그 중에 웨스트민스터 신앙고백서는 소요리 문답과 함께 장로교주의에 관하여 칼빈의 기독교 강요보다 훨씬 더 영향을 끼쳤다.23)

총회가 지속되는 동안 지도자 올리버 크롬웰(Oliver Cromwell 1599-1658)은 국왕 찰스 1세를 반역죄로 처형하고 공화정을 실시하였다. 그러나 1658년 갑자기 사망하자 의회 내 왕당파들이 청교도들을 추방하고, 1660년 찰스2세를 왕으로 옹립하였다. 찰스 2세는 즉시 왕정을 복고하고

---

21) Yohahn Su, 146-187. 보다 자세한 것은 서요한, 「언약사상사」, (CLC, 1994), 179-245; 「개혁신학의 전통」 (도서출판 그리심, 2014), 49-187을 참조하라.

22) James Usher, *A Body of Divinity: The Sum and Substance of Christian Religion*, (London, 1861), 1-548.

23) 조엘 비키, 71.

청교도들을 회유하며 박해했으나 1688년 명예혁명으로 영국은 새로운 변화에 직면하였다. 이 후 영국은 국왕이 명목상 왕권을 유지하되 의회가 정치와 종교에 영향력을 행사하였다. 그 후 영국은 급속한 사회 변화 속에서 18세기와 19세기에 걸쳐 세 가지 신앙 운동을 이끌었다.[24] 한편 한국교회는 1917년 9월 1일 제6차 총회에서 웨스트민스터 4대 표준문서를 채택하였고, 1959-1960년 예장 총회의 합동과 통합 분열 시에, 예장 합동이 교단의 신앙고백서로 채택하여 오늘에 이르렀다.

(1) 웨스트민스터 신앙고백서(1647): 총 33장으로 구성된 고백서는 제1, 2스위스 신앙고백서, 일치신조, 아일랜드 신조를 따라서 먼저 신적 지식의 근원인 성경을 기초로 언약적 관점에서 기독교 교리를 체계화 하였다. 그리고 계속해서 하나님과 그분의 계획과 창조 섭리, 타락 문제(제2-6장)를 다루며, 은혜언약과 그리스도의 사역, 구속의 적용 문제를 취급하였다(제10-18장). 고백서는 교회론과 성례(제25-29장), 그리고 마지막 종말(제32-33장) 뿐 아니라 계명과 자유 등의 주제를 다루었다. 고백서는 잘 훈련된 저명한 신학자들이 작성한 바, 심원한 목회와 설교 경험이 탁월하게 반영되었다.

(2) 웨스트민스터 소요리문답(1648): 신앙고백서 외에 총회는 두 권의 요리문답을 작성하였다. 소요리문답은 총 107개의 질문과 단답식으로 구성되었다. 형식은 대체로 웨스트민스터 신앙고백서를 따르면서도 신학적 정의는 간소화하였다. 그 중에 우리에게 익숙한 첫 번째 질문은 사람의

---

24) 이 시기에 출현한 운동은 (1) 존 웨슬리(1703-1791)의 '복음주의 운동'이다. 웨슬리는 기도서에 따른 성찬례와 기도생활을 강조하되 동시에 개인의 신앙적 체험과 감동을 중요시했다. (2) 18세기 중엽 옥스퍼드 대학 성직자들과 신학자들이 주도한 '옥스퍼드 운동'이다. 이 운동은 세속 권위보다 교회와 성직의 권위가 더 신성하다고 주장했고 기독교 역사의 오랜 예배 전통을 회복하려 했다. (3) 18세기 이후의 산업 혁명이 가져온 부작용을 비판한 '기독교 사회주의 운동'이다. 이 운동은 복음이 말하는 하나님 나라의 질서가 반영된 사회에 대한 고민과 교회의 사회적 책임을 강조했다.

제일되는 목적은 무엇인가? 대답은 사람의 제일되는 목적은 하나님을 영화롭게 하고 영원토록 그분을 즐거워하는 것이다. 그 목적을 성취하기 위해서는 하나님의 말씀과 뜻에 순종해야 하므로 제41-81문답처럼 십계명 주해가 첨가되었다. 그들에게 하나님의 뜻을 아는 지식은 하늘에 계신 하나님이 성경에 계시하신 것처럼 성령의 능력을 통해 그리스도를 위해 헌신하는 것이다.

(3) 웨스트민스터 대요리문답(1648): 소요리문답에 비해 대요리문답은 덜 알려졌으나 더욱 상세한 내용을 갖고있다. 총 196문답으로 구성되었으며 많은 답변들이 100단어 이상의 문장으로 구성되었다. 주로 교리적 주제를 따라 기술되어 설교자들의 중요한 지침서가 된다. 내용을 정리하면 첫 5개 질문은 하나님이 누구신지, 우리가 어떻게 하나님을 알 수 있는지, 하나님께서 무엇을 요구하시는지를 다룬다. 그리고 제6-90문은 하나님에 관하여 무엇을 믿어야 하는지를, 나머지 제91-196문은 그리스도인의 삶과 의무를 설명해 준다. 소요리문답처럼 대요리문답은 그리스도인의 순종을 강조하되, 그리스도 안에 있는 하나님의 은혜의 완전한 이해를 동시에 제시한다. 본 고백서들을 작성한 청교도들은 가장 사려 깊고 경건한 말씀의 사람들이었다.

9. 칼빈주의 침례교 신앙고백서

1640년대 중반 런던에 청교도적 배경을 가진 칼빈주의적 침례교회가 7개 있었다. 이 교회들의 초기 지도자들은 존 스필스버리(John Spilsbury), 윌리엄 키핀(William Kiffin), 그리고 제1런던 신앙고백서를 작성한 사무엘 리차드슨(Samuel Richardson)이다. 이들은 신자들에게 세례를 주는 방법 때문에 재침례교도로 간주되었다. 이런 상황에서 이들은 1644년 자신들의 신앙고백서를 출간하여, 이러한 혼란을 제거하고 자신들에게 제기된

고소에 맞서, 서유럽의 칼빈주의자들과의 일치를 도모코자 하였다. 이 신앙고백서는 웨스트민스터 총회가 웨스트민스터 신앙고백서를 출간하기 전에 출판되었다. 제1런던 신앙고백서는 출판 첫해에 재판되었다. 웨스트민스터가 완성된지 4일 후, 1646년 11월 30일 약간의 수정을 거쳐 출간되었다. 그리고 1650년 초에 두 종류의 판이 더 출간되었다.

이 고백서는 자신들이 누구인지, 무엇을 추구하는지, 무엇보다 청교도들과 무엇이 다른지를 분명히 하였다. 그리하여 칼빈주의적 침례교가 이단이 아님을 역설하였다. 하지만 제1런던 신앙고백서가 절판되자, 성경으로부터 벗어나고자 한 퀘이커 교도들이 출현하였다. 이즈음 이들의 지도자 토마스 콜리어(Thomas Collier)가 정통 신앙에서 이탈하였다. 그 후 1660-1688년까지 찰스 2세는 온갖 권력을 동원하여 청교도들을 박해하자 생명을 걸고 투쟁하였다. 그 결과 1677년 존 오웬과 토마스 굳윈이 작성한 회중교회의 사보이 선언(1658)과 웨스트민스터 신앙고백서에 기초한 새로운 신앙고백서를 발간하였다. 이것은 후에 제2런던 신앙고백서로 알려졌으며, 모든 침례교 신앙고백서에 가장 크게 영향을 끼친 새로운 침례교 신앙고백서가 되었다.25) 그리고 1688년 명예혁명과 함께 박해가 종식되자 이듬해 열린 제1회 칼빈주의 침례교 총회가 이 신앙고백서를 다시 출간하여, 마침내 1689 신앙고백서로 불리게 되었다.

10. 결론

16세기 종교개혁 이후 역사를 보통 학자들은 정통시대로 명명한다. 그 과정에서 국가별로, 언어를 따라서, 그리고 교단의 신앙과 신학을 따라서 다양한 형태의 신앙고백서가 선언되었다. 하지만 상기한 신앙고백서들의 공통된 특징은 종교개혁자 존 칼빈의 신앙과 신학을 바탕으로 형성되었

25) 조엘 비키, 76-77.

다. 상기한 신앙 고백서들이 역사적 기독교, 특별히 정통 신학을 계승한 교회와 교단들에게 모두 중요하지만, 그 중에서 중심적인 것은 웨스트민스터 신앙고백서를 포함한 4대 표준문서이다. 이 문서들은 하나님의 주권과 인간의 책임, 그리스도의 구원과 회개의 은총, 가정과 직장, 교회와 국가 간의 관계 등을 잘 정리하였다. 한국의 장로교회들, 대표적으로 예장 합동과 고신, 그리고 합신은 본 고백서를 교단의 표준문서로 고백하고 있다. 본 고백서는 단지 신학만이 아니라 우리의 생활에 필요한 모든 것, 예를 들면, 사회, 문화, 정치, 종교, 예술 등을 포괄하기 때문이다. 그러므로 우리의 삶 속에 고백서를 잘 활용하는 지혜가 요청된다. 롬 10:13, 누구든지 예수의 이름을 부르는 자는 구원을 얻을 것이다.

참고문헌

Bibliography on Discipleship and Discipling

A. A. Hodge, *Outline of Theology*, (New York City, 1860; enlarged ed., 1878; reprinted 1996)

A. B . Bruce., *The Training of the Twelve*, Kregel, (1971(reprodcuced from 4th ed., 1894)

Alan Richadson and John Bowden(ed.), "A New Dictionary of Christian Theology", (SCM Press, 1983)

Andrew Bonar, *The Life of Robert Murray Mccheyne*, (Banner of Truth, 1960)

Anton Baumohl, *Making Adult Disciples*, (1984)

Archdeacon J. C. Hammond, "In Understanding Be Men", (I.V.P., 1961)

Archt Bald Alexander, "The Log College", (Banner of Trust, 1968)

Arnold Dallimore, *George Whitefield*, (Banner of Trust, 1970)

_____, *C. H. Spurgeon*, (Banner of Trust, 1985)

A. W. Pink, "The Sovereignty of God", (Banner of Trust, 1961)

Bill Hull, "Jesus Christ Disciple Maker", (NavPress, 1984)

Bruce J. Nicholls, "The Church?God' s Agent for Change", (The Paternoster Press: World Evangelical Fellowship, 1986)

Billie Hanks Jnr. and William A. Shell(eds.), *Discipleship: The Best Writings from the Most Experienced Disciple Makers*, (Zondervan, 1981)

Carl Wilson, "With Christ in the School of Disciple Building", (Zondervan, 1976)

C. D. Maire, "Learnign to Live for God", (Evangelical Press, 1979)

Charles Hodge, *Systematic Theology*, 3 vols, (New York, London and

Edinburgh: C. Scribner and company, T. Nelson and sons, 1872?73)

C. H. Spurgeon, "An All Round Ministry", (Banner of Trust, 1965)

_____, "Lectures to My Students", (London: Marshall, Morgan and Scott, 1964)

_____, Sermon on "The Church-Conservative and Agressive", (Metropolitan Tabernacle Pulpit, vol 7., 1861)

Christopher Catherwood, *Five Evangelical Leaders*, (Hodder and Stoughton, 1984)

_____, *Martyn Lloyd-Jones, Chosen by God*, (Highland Books, 1986)

Colin Brown(ed.), *The New International Dictionary of New Testament Theology*, vol. 1., Zondervan, 1975)

Communication Institute, "What in the World is Real?", (L' Abri Fellowship, 1982)

Daniel Wray, *The Importance of the Local Church*, (Grace Publication, 1985)

David J. Ellis and W. Ward Gasque(co.), "In Gos' s Community", (Illisnois: Wheaton, 1979)

_____, "I Believe in Evangelism", Hodder and Stoughton, 1976)

Derek Prime, "Leadership", (Hodder, 1964)

Donald A. McGavran, "How About That New Verb 'To Disciple?' ", (Church Growth Bulletin, vol. 15, No. 5., May, 1979)

Donald Macleod, "Shared Life", (Scripture Union, 1987)

Eifion Evans, "Daniel Rowland and the Great Evangelical Megazine of Wales", (6-7, 1980. vol. 19. No. 3)

E. M. Bounds, *Power Through Prayer,* (Baker, 1963)

Florence Highan, "Faith of our Fathers", (Student Christian Movement

Press, 1939)

Francis A. Schaeffer, "True Spirituality", (Tyndale House Publishers, 1971)

Francis M. Cosgrove Jr., Essentials of New Life, (Colorado: NavPress, 1978)

Frederick and Elizabeth Catherwood, "Martyn Lloyd-Jones", (Evangelical Library of Wales, 1984)

Gary W. Kuhne, *The Dynamics of Personal Follow-Up*, (Zondervan, 1976)

Gene A. Getz, "Sharpening the Focus of the Church", (Victor Books, 1976)

Geoffrey Thomas, "Dr.Lloyd-Jones", (Evangelical Megazine of Wales, 10. 1986, vol. 25., No. 5-7)

G. E. Ladd, *The Gospel of the Kingdom*, (Eerdmans, 1959)

Gerhard Kittel(ed.), *Theological Dictionary of the New Testament*, vol. 4(translated' edited by G. Bromileay, Eerdmans, 1967)

G. Vos, Biblical Theology: Old and New Testaments, (Philadelphia, PA: Theological Seminary of the Reformed Episcopal Church, 1934)

Handley C. G. Moule, "Charles Simeon", (I.V.P., 1948)

Howard Guinness, Sacrifice, (I.V.P, 1964)

Howard A. Snyder, "Wine Skins", (I.V.P., 1970)

_____ , "Liberating the Church", (Marchalls, 1983)

Hugh Evan Hopkins,, (Grove Books, No. 18., 1979)

Iain H. Murray, D. *Martyn Lloyd-Jones*, (Banner of Trust, 1983)

_____ , *Forgotten Spurgeon*, (Banner of Trust, 1974)

_____ , *Our Great Lost*, (Banner of Trust Magazine, 1981, May. No. 212)

_____ , *Thirty Years at Westminster*, (Banner of Trust Magazine,

(1968. 6., No. 57)

J. C. Carlile, *C. H. Spurgeon*, (The Religious Tract Society and Kingsgate Press,   1934)

J. D. Dauglas, *The New International Dictionary of the Christian Church*, (Zondervan, 1978)

James Montgomery Boice, *God and History*, (I. V. P., 1981)

J. Oswald Sanders, *Spiritual Leadership*, (Marchal, Morgan and Scott, 1967)

_____, *Problems of Christian Discipleship*, (O. M. F. Books, 1982)

James Orr, *The International Standard Bible Encyclopaedia*, (WM. B. Eerdmans, vol. III., 1939)

John Moore and Ken Neff(co.), *A New Testament Blueprint for the Church*, (Moody   Press, 1985)

John Murray, *Collected Writings of John Murray*, (Banner of Trust, vol. 11., 1977)

J. Oswald Sanders, *Christ Incomparable*, Marchall, Morgan and Scott, 1952)

J. I. Packer, *Keep in Step with the Spirit*, (I. V. P., 1985)

John Peters, *Martyn Lloyd-Jones-Preacher*, (The Paternoster Press, 1986)

John Tiller, *Puritan, Pietist, Pentecostal*, (Gove Books, 1982)

Juan Carlos Ortiz, *Disciple*, (Laneland, 1976)

Kathy Triggs, *C. H. Spurgeon,* (Pickering Paperbacks, 1984)

Keith Hinton, *Mission and Churches: Parasitic or Symboitic?*, (The Aust. Evangelical, March-April, 1984)

Keith Phillips, *The Making of a Disciple*, Kingsway Publications, 1982)

LeRoy Eims, "Be the Leader You were meant to be", (Victor Books, 1984)

_____, "The Lost Art of Disciple Making, (Zondervan, 1978)

_____ , "Disciples in Action", (NavPrss, 1981)

_____ , "What every Christian should know about Growing", (Victor Books, 1980)

_____ , "Be a Motivatinal Leader", (Victor Books, 1985)

Leslie Stephen and Sidney Lee(eds.), *Dictionary of National Biography*, (London, 1908)

Marcus L. Loane, *Makers of Religious Freedom*, (I. V. P., 1960)

Michael Botting, *A Beginner's Guide to Spirituality*, (Grove Books, No. 2., 1982)

Michael Griffiths, *The Example of Jesus*, (Hodder of Stoughton, 1985)

Michael Yousset, *The Leadership Style of Jesus*, (Victor Books, 1976)

Millard J. Erickson, *Christian Theology*, vol. I., (Baker Book House, 1985)

Nigel Lacey, Gos' *Plans for the Local Church*, (Grave Publication, 1985)

Paul E. Little, *Know what you believe*, (Scripture Union, 1984)

Paul Helm, *The Callings*, (Banner of Trust, 1987)

Ralph Winter, *The Two Structures of God's Redemptive Mission*, (Booklet reprinted from Missiology, Jan. 1974)

Richar Baxter, *The Reformed Pastor*, (Banner of Trust, 1974)

Richard S. Taylor, *The Disciplines Life*, (Bathany House Publishers, 1962)

Ro Bong-Rin and Marlin L. Nelson(eds.), *Korean Church Growth Explosion*, (Word of Life Press, 1983)

Robert Coleman, *The Master Plan of Evangelism*, (Eleming Revell, 1964)

Roger S. Greenway, *The Pastor-Evangelist*, (Presbyterian and Reformed Publishing Company, 1987)

Roy Robertson, *The Timothy Principle*, (NavPress, 1986)

Sinclair B. Ferguson, *The Christian Life*, (Hodder and Stoughton, 1981)

_____, *Being Like Jesus-Christlikeness*, Discipleship Journal, (NavPress, November, vol. 4., 1984)

Terry White, *The Church and the Parachurch, an uneasy marriage*, (Multonah Press, 1983)

Tom Wells, *A Vision For Missions*, (Banner of Trust, 1985)

Walter A. Henrichsen, *Disciples are made, not born*, (Victor Books, 1972)

Walter Chantry, *God's righteous Kingdom*, (Banner of Trust, 1980)

Warren Wiersbe, *Great Christians You should Know*, (I. V. P., 1986)

William Greaver Wilkinson, *Modern Masters of Pulpit Discourse*, (Funk and Wagnalis Company, 1905)

Waylon B. Moore, *Multipying Disciples*, (NavPress, 1981)

Walter A. Elwell, *Evangelical Dictionary of Theology*, (Marshall Pickering, 1985)

W. Y. Fullerton, *C. H. Spurgeon*, (Williams and Norgate, 1920)

William Hendriksen, *The Gospel of Matthew*, (Banner of Trust, 1974)

William Williams, *The Experience Meeting*, (Evangelical Press, 1973)

서요한 교수 저술과 논문

학력:
- 총신대학교 신학과 및 합동신학대학원 졸업
- 영국 런던신학교
- 스코틀랜드(에든버러) 자유교회대학(Post-Dipl., in Theo.,)
- 영국 애버딘대학교 신학석사(Th.M., 역사신학)
- 영국 남 웨일스 글라모르간대학교(Ph.D., 역사신학)
- 영국 옥스퍼드대학교, Green College(Post Doctoral)
- 총신대학교 신학대학원 교수 역임(역사신학)

- 2022년 3월 현재, 청교도개혁신학연구소장
- 2022년 현재 한국가곡세계선양회(최영섭) 부회장 겸 사무총장

저서:
- 언약사상사(Ph.D.), (1994, 2020)-(영국 대영도서관 인증 박사논문)
- 초대교회사, (1999, 2003, 2010)
- 중세교회사, (2003, 2010)-(제21회 기독교출판문화상 최우수상 수상)
- 종교개혁사, (2013)
- 개혁신학의 전통, (2014)
- 스코틀랜드 교회와 한국장로교, (2015)
- 청교도 유산, (2016)
- 근현대교회사, (2018)
- 제자도의 원리와 실제(2022)

- 만화초대교회사 I, II(2015)
- 만화중세교회사 I, II(2016)
- 설교집(I): 빈들에 임한 계시(2015)
- 설교집(II): 광야에서 맺은 사랑(2015)

- 시집1권: 내 가슴에 타는 불은(2013)
- 시집2권: 연풍연가(2022) 출간예정
- 시집3집: 밧모섬 초상(2022) 출간예정
- 청교도의 역사적 기원과 발전 외 다수
- 2009년 문학21 안도섭 선생 추천 시인 등단

영어 논문:

- The Contribution of Scottish Covenant Thought to the Discussions of the Westminster Assembly 1643-1648 and its Continuing Significance to the Marrow Controversy 1717-1723(Ph.D., 1994)-(A doctoral thesis certified by the British Library)

- A Study of the Scottish Covenanters on Church Government from 1638 to 1648(Th.M., 1990)

- Discipleship for the Church Ministry Today(Post-Dipl., in Theology, 1988)

- A Study on the Theological Tradition of the Free Church of Scotland-10 years Conflict from 1834 to the Disruption of 1843, (2013)

예술 활동: 성가곡과 찬송가, 서정가곡 작사 및 연주

- 서요한 작사/최영섭 작곡(그리운 금강산), 성가곡, 찬송가, 서정가곡 모음집 (1), 영광의 주 여호와, 환란 많은 세상에서, 설악산 아, 억새꽃 향기, 어머니 사랑, 사랑의 아리랑, 아 독도여, 영원하라 무궁화여, 그리워라 풍악산아 등 총 99곡(2018) 출간
- 서요한 작사/임긍수 작곡(강건너 봄이 오듯), 성가곡, "나는 가리라"와 "영원한 사랑",
  서정가곡, "님의 찬가"(2021. 3), 잠실 롯데 콘서트홀 시연.
  서정가곡, "신데렐라", 윤봉길 기념관 시연(2021. 10).
- 서요한 작사/임채일 작곡, 사랑의 흔적, 회상, 아 찬란한 태양이여
- 서요한 작사/신귀복 작곡, 어화둥둥 내 사랑

찬송가 및 복음 송가

- 서요한 작사/최종길 작곡, 감람산 정상에서, 옥합을 깨뜨리어(2012)
- 서요한 작사/장욱조 작곡, 창조주는 여호와, 주님께 받은 사랑, 지금까지 살아온 길(2022)
- 서요한 작사/김석균 작곡, 어둔 죄악에 빠져(2022)

서요한 교수 저서

초대교회사
양장 / 신국판 / 670면

저자는 지금까지 일반적으로 채택해 온 온 방식에서 벗어나 초대교회사를 보다 새롭고 폭넓게 다루고 있다.

중세교회사
양장 / 신국판 / 886면

하나님은 중세 교회를 외면치 않으시고 16세기 여러 개혁자들을 통해 당신의 이상(理想)을 실현하셨다.

종교개혁사
양장 / 신국판 / 832면

16세기 종교개혁은 1517년 젊은 대학 교수 마틴 루터의 95개 항의문을 필두로 1572년 스코틀랜드 개혁자 존 낙스의 사망까지 약 50년 동안 급속히 전개되었다.

스코틀랜드 교회와 한국장로교
양장 / 신국판 / 520면

한국교회의 장로교 전통은 스코틀랜드 교회를 제외한다면 탁상공론이 될 것이다. 격동기 스코틀랜드와 유럽의 국가들의 성세한 고찰.

개혁신학의 전통
양장 / 신국판 / 462면

스코틀랜드 장로교 전통과 유럽과 영국교회의
신학적 전통 정통신학 혹은 개혁신학은 어떻게
계승되어 왔는가? 방대한 역사와 신학을 통합
하여 일관되게 정리

청교도 유산
양장 / 신국판 / 590면

지난 역사 속에 수많은 운동들이 있었지만 청
교도 운동은 우리에게 가장 매력적인 신앙 전
통 중의 하나이다.. 청교도 유산과 그들의 역사
와 신학적 이상을 삼도있게 정리.

근현대교회사
양장 / 신국판 / 800면

제1부 종교개혁과 기독교 선교
제2부 신학 논쟁과 정체성 확립
제3부 현대 기독교의 갈등과 대립
제4부 자유주의의 도전과 교회의 역할
제5부 결론 및 부록
제19장 근현대교회사의 역사적 평가와 전망,
제20장 부록(1) 사이비 이단 천부교 경전 하
　　　나님 말씀 비판

제자도의 원리와 실제

초판1쇄   2022년 4월 15일

지은이   서요한
펴낸이   이규종
펴낸곳   엘맨출판사
출판등록   제10-1562(1985. 10. 29)
등록된곳   서울 마포구 토정로222 422-3
            한국출판콘텐츠센터 422-3
전화   02-323-4060
팩스   02-323-6416
이메일   elman1985@hanmail.netwww.elman.kr
            www.elman.kr

IBSN   978-89-5515-016-2   03230

값 20,000원